금융방정식

나남
nanam

나남신서 1962

금융방정식

사칙연산으로 보는 금융의 원리

2018년 4월 10일 발행
2018년 4월 10일 1쇄

지은이   손영채
발행자   趙相浩
발행처   (주) 나남
주소   10881 경기도 파주시 회동길 193
전화   (031) 955-4601 (代)
FAX   (031) 955-4555
등록   제 1-71호 (1979.5.12)
홈페이지   http://www.nanam.net
전자우편   post@nanam.net

ISBN 978-89-300-8962-3
ISBN 978-89-300-8655-4 (세트)

나남신서 1962

금융방정식

사칙연산으로 보는 금융의 원리

손영채 지음

나남
nanam

The Equation of Finance

Looking through a lens of
the four fundamental arithmetic operations

by

Young-Chae Son

nanam

거기엔 아무것도 없다고 해도 낙타는 사막이 싫지 않다. 내리쬐는 태양을 정면으로 향해 선 채로도 몸의 열을 식힐 줄 안다. 달리기를 잘하지 않느냐고 물어도 좀처럼 달리지 않는다. 먹을거리나 마실 물이 없어도 등에 있는 혹에 저장된 에너지를 이용하면서 며칠을 견딜 수 있다. 사람들 곁에서 살아가지만 낙타는 사람과 아주 다른 특성들을 많이 가지고 있다.

낙타에게 돈을 보여 주면 무슨 생각을 할까? 돈 냄새를 좋아할까? 낙타가 돈을 씹어 먹는 모습을 우리 아이들이 본다면, 어린 동생은 신기하다며 재미있게 바라보겠지만 형은 금세 안타까운 마음에 얼굴을 찌푸릴 것이다.

언제부터인가 우리 아이들도 돈을 좋아한다. 아주 어릴 적엔 설날에 세배를 하면 왜 종이쪼가리를 선물로 주는지 몰랐었는데, 요즘은 설날이 기다려지는 가장 큰 이유가 세뱃돈인 것 같다. 돈의 맛을 아주 조금 알게 된 동생이 자기가 받은 돈 중에서 얼마를 형에게 주면서 으쓱해 한다. 형은 뜻밖의 값진 선물에 할 말을 못 찾고 고마운 마음에 그윽한 표정을 짓는다.

설날 아침에 가족과 함께 먹는 떡국은 국물 맛이 가장 중요하다. 멸치와 다시마를 우려내고 생굴을 함께 넣어 끓인 국물 맛은 설날을 기다린 이유가 바로 이거다, 하고 느끼게 한다. 그러나 반 그릇 정도 먹고 나면, 이제 떡국이 주는 기쁨은 처음에 비해 아주 작아진다. 국물 한 수저, 떡 한 조각, 굴 하나의 가치가 처음 맛보았을 때보다 훨씬 줄어든다. 첫 번째 떡국의 값이 5천 원이라면, 두 번째 그릇은 3천 원도 못 된다. 세 번째 그릇의 떡국은 공짜로 준다고 해도 못 먹을 지경이다.

떡국이나 찌개 등을 먹을 때 아이들과 어른의 차이점이 있는데, 아이들은 맛있는 걸 늦게 먹으려고 아껴두는 반면, 어른들은 맛있는 것을 먼저 먹는 경우가 많다. 작은 아이는 떡국에 들어 있는 굴을 별로 좋아하지 않아서 남겨 두지만, 큰 아이는 굴과 쇠고기를 좋아하기 때문에 가장 나중에 그 맛을 즐기려고 한다. 가장 맛있는 것을 마지막까지 남겨 두고 뿌듯한 감정을 즐기면서 떡국을 먹는 방법과 가장 맛있는 것을 먼저 먹고 난 후 남은 음식을 먹는 방법 중에서 어느 것이 더 좋다고 말하기는 쉽지 않다. 두 가지 모두 떡국을 즐기는 멋진 방법이다. 여러 가지 음식을 많이 먹어 본 필자는 이제는 맛있는 것을 먼저 먹는 편이다. 그렇다고 맛난 것 남겨 두는 친구를 어린아이 같다고 놀리지는 않을 것이다. 어쨌든 떡국을 입에 떠 넣는 횟수가 늘어날수록 그 맛이 점점 처음과 달라진다. 세뱃돈과 떡국은 설날이 주는 최고의 선물이지만 두 가지는 분명 다른 면이 있다.

돈은 대부분의 사람에게 꼭 필요한 아주 중요한 생활 수단이다. 거의 모든 사람이 돈을 좋아하기 때문에 어떤 사람의 돈을 대하는 태도가 그의 인생관이고 세계관이라고 말할 수도 있다.

돈은 우리 삶에 필요하고 아주 가치 있는 것이지만 사람들은 돈 때문에 자주 나쁜 일도 서슴없이 한다. 돈 그 자체가 나빠서라기보다는 돈을 가진 사람들이 돈을 잘못 사용하기 때문이다. 돈을 중심으로 돌아가는 사회의 구조가 잘못 만들어져 있기 때문이기도 하다. 우리 자신도 모르게 돈은 우리 삶의 모습들을 많이 바꾸어 버렸다. 돈에 대한 마음가짐이 잘못된 방향으로 헝클어지면 종이 주인이 되고 수단이 목적이 되고 친구가 원수가 될 수도 있다.

돈이 중요한 만큼 우리 삶에는 돈이 바꾸어서는 안 되는 소중한 것들이 많기 때문에 돈에 관하여 반드시 마음에 새겨야 할 몇 가지를 아이들에게 제대로 가르쳐 주고 싶었다. 자기 돈을 함부로 쓰지 말고 어른이 되면 스스로 돈을 벌어야 한다는 것, 그리고 남에게 돈을 함부로 빌려주거나 남의 돈을 쉽게 빌려 쓰려고 하지 말라고 말해 주고 싶었다. 아이가 왜 그래야 하냐고 물으면 어떻게 설명해 줄까? 이 책을 쓴 이유이다.

Money is Interest'ing.

이 문장이 처음 내 생각의 마당 안으로 들어온 때는 2015년 여름이었다. 미국의 수도 워싱턴에 있는 재무부(Treasury) 건물 주변을 산책할 때였다. 재무부 건물 서쪽은 백악관(White House)이고, 동쪽에는 '로비스트'란 말이 생겨난 곳으로 유명한 호텔(Willard Washington)이 있다. 북쪽으로는 미국의 대표적 은행인 'Bank of America'가 있고 남쪽으로는 백악관을 품고 있는 공원(Ellipse)이 있다.

세계의 금융중심지인 미국에서 발생한 세계적인 금융위기에 대처하기 위해 뿌려진 세계적인 규모의 달러와 유로를 두고 세계적으로 말이 많은 때였다. 필자는 당시 세계은행(World Bank)에 잠시 근무하고 있었다. 세계은행은 미국 재무부와 가까운 거리에 있는데, 달러 뿌리기를 결정하는 연방준비은행(FRB)과의 거리도 엇비슷하다. 미국의 재무부와 연방준비은행은 걸어서 20분 정도의 가까운 거리에 위치하고 있는데, 그 사이에 연방예금보험공사(FDIC)와 금융소비자보호국(CFPB)이 자리 잡고 있으며, 국제통화기금(IMF)도 그 부근에 위치하고 있다. 그 많은 돈은 다 누구의 주머니에 있고, 무슨 일을 하고 있을까, 라는 생각을 할 수밖에 없는 곳에 있었다.

연방준비은행 사무국 건물 바로 옆에는 커다란 분수가 더위를 식혀 주고 있었고, 이 건물에 접해 있는 북쪽 잔디밭에는 야구 경기에 열중하고 있는 투수와, 포수, 그리고 타자와 심판의 동상이 있었다. 연방준비은행 스스로를 심판(referee)에 비유하는 듯, 아니면 세계 경제의 원동력이라고 자부하는 듯 생동감 있는 '배터리'(battery)의 일시 정지된 모습이 인상적이었다.

많은 사람들이 점심을 먹는 그 시간에도 그들의 월급이 계속 쌓여 가듯이, 그 많은 돈이 끊임없이 어디선가 이자(interest)를 매기고 있다는 생각을 하는 순간, 돈이라는 게 참으로 '웃기는'(interest'ing) 것

미국 워싱턴 D.C. 연방준비은행 뒤뜰에 있는 야구 동상(2015.6.)

이라는 생각을 하게 되었다.

웃기는 그것을 쉽고 재미있게 배울 수 있는 방법을 찾아보겠다고 결심한 후, 과연 얼마나 쉽게 이야기를 풀어갈 수 있을까에 대해 거듭해서 고민하였다. 청소년을 위한 금융교육에 관한 OECD의 발간물[1]을 포함하여 세계은행·IMF 등에서 발표한 글들을 닥치는 대로 찾아보았지만 크게 도움을 얻지는 못했다. 여러 글들 중에서 가장 인상적으로 다가온 것은 한국금융투자자보호재단에서 2010년에 번역하여 발간한 미국 윌리스 교수의 《금융교육에 대한 새로운 시각》이라는 책자에 적힌 글이었다.[2] 일반 사람들을 마치 금융전문가로 만

---

1 OECD, *Financial Education for Youth*, 2014.

들 것 같은 허황된 목표를 가지고 금융교육사업을 추진해서는 안 된다는 경고였다.

충분한 자산을 가진 가정이 금융전문가에게 의지하겠다는 결정을 한다면 합리적이고 효율적이다. 충분한 자산을 가지지 못한 가정이 금융전문가를 찾지 않고 금융이해력을 높이려고 한다면 합리적이지도 효율적이지도 못할 것이다. 금융이해력이 평균 수준인 사람은 스스로 금융전문가가 되려할 때 필요한 엄청난 시간과 노력을 그 사람이 얻을 수 있는 직업이나 즐거운 여가시간, 또는 사회적 봉사나 공동체 활동에 투입한다면 보다 높은 수준의 복지를 쉽게 얻을 수 있다.

금융은 어떤 옷을 입고 있을까? 각자 자기의 일로 바쁘게 살아가는 사람들에게 금융(finance)이라는 말이 스트레스를 더해 주는 것은 아닐까? 금융은 돈을 빌려주고 약속한 시간에 되돌려 받는 일이고, 그 과정에서 돈을 빌려 쓴 사람으로부터 이자를 받는 게 핵심장치이다. 그래서 금리(金利, 이자율)라는 용어가 등장한다. 사람마다, 금융계약마다, 금융시장의 자금사정에 따라 돈을 빌려주는 조건이 다르기 때문에 금리의 종류도 다양하다. 여유자금을 투자하는 것은 남에게 돈을 빌려주는 것으로 보면 된다. 얼마의 이자(수익)를 기대할 수 있는가가 판단의 기준이 된다. 바라는 이자나 수익이 높을수록 되돌려

---

2 Lauren E. Willis, *Against Financial Literacy Education*, 2008. 이 책을 번역한 비매품 소책자《금융교육에 대한 새로운 시각》의 110쪽에 적힌 글이다.

받지 못할 위험이 커진다.

이 정도의 지식만 가지고 있다면 '금융'에 대해 특별하게 생각하지 않고도 자기의 맡은 일을 하면서 별다른 문제없이 살아갈 수 있다. 그런데 요즘에는 주변에서 자꾸 '금융'을 공부하라고 꼬드기는 것 같다. 금융은 보기보다 복잡하고 어렵기 때문에 많은 시간을 들여 공부해야 한다고, 그렇게 하지 않으면 실패하는 인생('루저')이 된다고 속삭이는 것 같다. 그렇지 않다는 것을 우리 아이들에게 직접 보여주고 싶었다.

그 해 겨울 크리스마스를 보내고 새해를 맞이하기 전 샌디에이고 (San Diego)에서 'Death Valley'로 향해 가는 끝없는 길을 운전하면서 문득 또 하나의 생각이 떠올랐다.

'죽음의 계곡'으로 가는 이 길이 **뺄셈**기호를 닮았다. 나의 삶도
이 길처럼 **뺄셈**이다.

뺄셈의 뿌리를 힘껏 잡아당기니 덧셈과 곱셈이 자연스럽게 따라 나왔다. 나눗셈은 다른 나무의 뿌리에 엉켜서 쉽사리 당겨지지 않았다. 시간을 두고 비와 바람의 도움을 구할 수밖에 없었다. 흙속에 묻혀 있던 나눗셈 뿌리를 뽑아낼 때에는 땅속에서 기름진 열매를 맺은 땅콩뿌리를 캐는 것처럼 즐거웠다. 뺄셈, 덧셈, 곱셈 그리고 나눗셈. 네 종류의 뿌리를 깨끗하게 씻어 햇빛에 말려 놓고 보니 그럴싸해 보였다.

이 책의 핵심내용은 사칙연산에 비유해서 만든 기초 금융지식이다. 뺄셈, 덧셈, 곱셈, 나눗셈 순서대로 돈과 관련된 사람들의 활동을 살펴본 후에 제5장에서 기회비용이라는 렌즈를 이용해 요약 정리하였다.

① **소비와 소득**. 사람은 살기 위해 돈을 써야 하는데(−), 어른이 되면 자기가 쓸 돈을 스스로 벌어야 한다(│ 또는 +). 소비는 돈을, 소득은 시간을 주된 비용으로 하는데, 자기 행동의 기회비용을 잘 따져보고 가치 있는 곳에 돈과 시간을 써야 한다.

② **저축 또는 투자**. 돈의 가치를 지키기 위해서는 적절한 이자를 벌 수 있는 방법으로 굴려야 한다(×). 시간이 흐르면서 물건의 값이 오를수록 돈의 가치가 떨어지기 때문이다. 돈을 빌려주는 사람은 돈을 제대로 돌려받지 못하게 될 위험을 이자율에 반영시킬 수 있지만, 그래도 위험이 없어지지는 않는다.

③ **대출**. 빌린 돈은 이자를 더해서 갚아야 하는데 미래 돈의 흐름은 불확실하므로 빌린 돈을 다 갚는 일이 마냥 쉽지는 않다(÷). 그러므로 돈을 빌리거나 빌려줄 때에는 갚을 능력이 되는지를 꼼꼼히 살피고 여러 번 확인해야 한다. 돈을 빌린 사람은 명시적인 이자 부담 외에도 암묵적인 다른 기회비용을 부담하게 되므로 이 점을 정확히 알고 돈을 빌릴지 여부를 결정해야 한다.

제2부의 글들은 제1부의 글이 흥미롭다고(*interesting*) 여기는 독자들이 마음을 열고 읽어보기를 바라는 마음에서 덧붙였다. 사칙연산으로 돈에 관한 전체적인 개념정리를 한 후에 도전해 보는 응용 또

는 심화과정으로 볼 수 있다. 제2부의 글은 제1부 때문에 가치가 더해졌지만, 제2부에 들인 정성과 그 자체의 가치가 제1부에 비해 부족하다고 말하고 싶지는 않다. 어쩌면 제1부보다 더 흥미롭게 읽어줄 분들이 있으리라 믿는다.

제3부에서는 최근 세계적으로 중요성이 부각되고 있는 금융교육에 관하여 필자의 몇 가지 생각들을 실었다. 이 책에 수록된 의견은 필자 개인의 견해이고, 필자가 속한 기관의 입장과는 얼마든지 다를 수 있다.

돈에 관한 이야기는 사칙연산에서 멀리 벗어나기 어렵지만, 억지로 사칙연산의 테두리에 가두어 둘 필요는 없다. 우리 아이들의 머릿속에 사칙연산의 뿌리를 튼튼하게 심어 두면, 이를 기초로 해서 복잡한 분수(分數)와 소수(小數)의 계산을 하게 되고, 나아가 수열과 극한을 이해하고, 나중에는 뺄셈과 나눗셈에서 미분(*differential*)으로, 덧셈과 곱셈에서 적분(*integral*)으로 이어지는 길도 찾아낼 수 있다. 마찬가지로 사칙연산으로 배운 돈에 관한 생각도 좀더 복잡하고 색다른 여러 가지의 다른 모습으로 얼마든지 뻗어나 자라갈 수 있다. 한 나무가 좋은 땅에 뿌리를 든든하게 내리고 있으면 물과 영양분이 줄기를 타고 힘차게 올라 나무 곳곳에서 푸른 햇빛을 발현할 수 있듯이, 이 책은 그 물관과 체관의 출발점인 나무의 뿌리를 다지는 데 목적이 있다. 시작이 반이라고 하듯이, 출발을 잘하면 그 다음은 처음보다 훨씬 더 여유로울 것이다. 필요하다고 느낄 때 언제라도, 이어서, 다시 하면 된다.

월급을 주는 회사를 다니면서, 무럭무럭 자라나는 아이들의 아빠, 그리고 해야 할 일이 나처럼 많은 아내의 남편으로서, 글 쓰는 시간을 만들기는 거의 항상 최후선의 일이었다. 그래도 눈치를 보면서 틈틈이 글을 쓴다고 시간을 함께 갖지 못한 아빠를 나무라지 않고 지원해 준 식구들에게 먼저 감사한다.

　여러 분들이 도와주셨기에 이 모습으로 책이 나올 수 있었다. 필자와 같은 회사에 다니는 이기찬 선배의 소개에 흔쾌히 필자를 만나 주시고 출간을 허락해 주신 나남의 조상호 회장님, 여러 군데 표현을 다듬고 나남의 책 모양새로 만들어 준 신윤섭 부장에게 큰 감사를 드린다. 필자의 섣부른 출간 아이디어를 흥미롭다고 들어주고 응원해 준 각지의 친구들과 선후배의 우정도 큰 힘이 되었다. 2018년 무술년부터 무슨 일이든지 술술 풀리기를, 생각대로 안 되면 술술 풀리고 있는 거라고 마음을 다잡고 모두 행복하시길!

2018년 봄

손영래

금융방정식

사칙연산으로 보는 금융의 원리

차례

제 1 부 　 사칙연산으로

보는

경제와

금융의

원리

1
소비는
뺄셈이다

고속도로를 달리는 재미의 하이라이트는 휴게소에 있다. 참새가 방앗간을 그냥 지나칠 수 없다. 아이들만 그런 게 아니다. 나이가 든 나도 그렇지만 아내도 분명 그렇다. 남녀노소가 북적대고 빠른 박자의 옛날 노랫소리가 크게 들리는 휴게소는 옛 추억과 새로움에의 기대가 만나는 곳이다. 그런데 휴게소에서 파는 어묵값은 우리집 부근 튀김집에서 파는 것보다 2배가량 비싸다. 라면도 좀 비싼 편이지만 여행의 들뜬 기분에 그냥 주문하게 된다. 국물 맛이 당기는 우동은 1인분이라고 보기에는 좀 부족한 면이 있다. 면이 조금 더 있었으면 좋겠다.

고속철도가 놓이기 전 옛날, 부산이나 목포에서 서울로 가는 밤기차는 대전역에서 10여 분간 정차했다. 허기진 승객들이 가락국수로 배를 채울 수 있게 다른 역에서보다 조금 더 기다려 주었다. 가락국수를 먹지 못하더라도 기차를 타면 삶은 계란과 함께 사이다를 마실 수 있었다. 지금의 기차들보다야 훨씬 느렸지만 특급열차는 철로 위를 쏜살같이 달렸다.

그 옛날 영화의 제목은 기억나지 않는다. 삶의 형편이 아주 어려웠던 여자 주인공이 어떤 남자를 만나서 결혼을 하게 되었는데 그 남자는 아주 가난할뿐더러 글자와 숫자를 알지 못했다. 결혼서약문에 자기 이름을 적어야 하는데 글자를 쓸 줄 몰라 그냥 짧은 막대기 하나를 가로로 그었다. 결혼서약서에 적힌 그 남자의 이름은, 그의 인생이, 그와 함께 그 여자의 인생도 결국에는 마이너스(−)라는 암시를 하는 것 같았다.

삶은 달걀 그리고

자기를 '바보'라고 부르기를 좋아했던 고(故) 김수환 추기경이 어느 날 '인생은 무엇일까요?'라는 질문을 받고 '삶은 계란입니다'라고 대답하였다고 한다. 얼핏 듣기에 '아재개그'의 최고봉이라 할 만한 대답이다.

농담은 인간의 본성이 아닐까 생각한다. 그 수준과 격이야 사람마다 다르겠지만, 농담 없이 인생을 살아야 한다면 우리의 삶은 삶은 계란 맛보다 훨씬 못할 것이다. '호모 사피엔스 사피엔스'는 원래 '호모 농다무스 사피엔스'였다고 필자는 믿고 있다.

계란은 약하면서도 딱딱한 껍질 안에 생명을 품고 있다. 원래는 잘 날아다녔던 어미 닭의 좁은 골반을 더 잘 통과하기 위해 타원형으로 진화했다는 이론도 있다. 병아리는 그 껍질을 안에서부터 깨고 나와야 새로운 생명으로 건강하게 살아갈 수 있다. 병아리가 되지 못하는 계란은 밖에서 가해지는 충격에 껍질이 부서진다. 끓는 물에 삶아진 후에 껍질이 벗겨지거나, 껍질이 깨뜨려져 생란 채로 뜨거운 기름에 튀겨진다. 사람들은 안에서든 밖에서든 껍질이 깨진 계란 덕분에 더 윤택하게 살아간다. 계란이 먼저인지 닭이 먼저인지는 알 수 없다. 그래서 김 추기경이 삶은 계란이라고 말했던 것일까?

사람은 어머니의 골반을 통과해 나올 때 어떤 껍질을 입고 있을까? 그 껍질은 언제 깨뜨려지는 것일까? 안으로부터, 아니면 밖에서부터? 러시아의 무소르그스키〈Mussorgsky〉가 작곡한 〈전람회의 그림〉에 등장하는, 껍질이 덜 떨어진 병아리의 모습으로 살아가고 있는 것은 아닐까?

계란을 두고 이런저런 생각을 하고 있자니, '삶은 계란'이라는 고인의 말이 보통의 농담이 아닌 것 같다. 스스로를 바보라고 뽐낼 수 있는 정도의 사람이라야 할 수 있는 말인 것 같다.

암탉은 정성을 다해 알을 낳는다. 그 알이 사랑스러운 병아리로 태어날 줄로 아는지 모르는지 자리를 뜨지 못하고 알을 낳고 품는다. 되풀이되는 암탉의 무식함〈ignorance〉 때문에 사람들이 달걀을 먹을 수 있다.

계란은 특히나 어린 아이들과 학생들에게 인기가 좋다. 노란색의 얇은 계란프라이가 덮인 오므라이스를 싫어하는 아이들이 얼마나 될

---

1 닭의 알이라서 '달걀'이라고 불린다.

까? 도시락 뚜껑을 열어 보고 계란프라이가 하얀 밥 위에 덮여 있으면 아이들의 입가에 웃음꽃이 핀다. 금방 배고파〈hungry〉 하는 아이들에게 계란은 고소한 맛을 줄뿐더러 건강에 좋은 영양분도 준다. 아이들이 좋아하는 떡볶이는 맵기 때문에 삶은 계란을 함께 먹으면 좋다. 냉면은 면발과 국물 맛이 좋지만 그것들만으로는 영양분이 부족해서인지 삶은 달걀을 반쪽 넣어 주는 경우가 많다. 비빔냉면에 삶은 계란을 넣어 주는 이유는 아무래도 물냉면보다는 떡볶이에 가까울 것 같다. 김밥에도 계란이 빠지면 서운하다.

노른자까지 다 익힌 계란프라이나 삶은 달걀을 먹을 때는 목이 막힐〈thirsty〉 수 있으므로 물이나 다른 음료수를 곁에 두는 것이 좋다. 계란을 먹을 때 또 주의할 건 계란이 상하기 쉬운 음식이라는 점이다. 계란이 상한 것을 모르고 먹으면 금세 배가 아프고 몸에 힘이 빠진다〈sick〉. 운동을 하지 않았는데도 몸에서 갑자기 땀이 나기도 한다. 그럴 때는 빨리 약을 먹거나 병원에 가야 한다. 계란에 대한 인기는 앞으로도 줄어들지 않을 것이다. 동서양을 막론하고 계란은 인기 식품이다.

달걀과 구슬은 생긴 모양이 다르다. 구슬은 탁자에서 굴러 떨어져 깨지거나 가구 밑으로 숨어 버릴 수 있지만, 달걀은 적당히 넓은 탁자 위에서는 굴러 떨어지지 않는다. 어느 정도 멀어지다가도 다시 제자리로 돌아올 수 있는 모양으로 만들어진 게 신기할 뿐이다. 자기 스스로 동그란 궤적을 그리면서 다시 엄마 품으로 되돌아올 수밖에 없는 모양으로 생겼다.

우리의 삶도 달걀처럼 어디론가 돌아가는 길 위에 있는 것일까? 멀

스페인 은행의 광고 포스터(2017.6.)

닭이 계란을 보며 하는 말. "왜 월급을 들고 오지? 디지털이든 사무실 안에서든 네가
필요로 하는 관리자를 선택해. 우리는 항상 연결되어 있거든." 4차 산업혁명의 키워드로
"초연결, 초지능"을 들기도 한다. 지능에 있어서는 닭이 인간에 비해 부족하겠지만,
연결에 있어서는 닭이 인간에 뒤지지 않은지도 모르겠다.

리 멀리 갔어도 돌아오는 길을 다시 찾게 되는가? 런던 지하철을
'tube'라고 부르기도 하는데, 십여 년 전 'Tube Map'이라는 지하철
노선도 책자 한 쪽에 'IKEA'라는 가구회사가 다음과 같은 문장을 적
은 광고를 냈다. "Travel is a means to an end: Home." 여행의 의
미를 찾는 사람들에게 여행이란 바로 이런 것이구나, 생각하게 하는
문장이다.

We are THIRSTY. 아침에 어쩔 수 없이 눈을 뜨면 눈꺼풀이 무거울 때가 많다. 시원하게 물을 한 잔 들이마시고선 화장실로 향한다. 마실 물이 늘 가까이 있다는 사실이 참 고마운 일이다. 세수를 하다가도 가끔은 물이 귀한 사막의 모습이 문득 떠오른다. 이렇게 많은 물을 써도 되는지 생각하게 된다. 어슴푸레 뜬 눈에 물을 적시면 무거웠던 눈꺼풀이 조금 가벼워지는 듯하다. 눈에 물을 묻혔는데 눈이 더 가벼워진다는 건 물리학적으로 설명하기가 쉽지 않다(물리학은 물의 이치를 따지는 학문이 아니라서 그런가 보다).

피곤한 몸을 쉴 수 있는 집이 있고, 집에 있는 수도꼭지를 틀 때마다 손과 얼굴을 씻거나 마실 수 있는 물이 콸콸 나온다면, 그런 집에 사는 사람은 아주 행복한 사람이다. 수도꼭지를 틀었는데 아무런 반응이 없으면 우리 삶의 모습이 어떻게 변할까? 끔찍하다. 새삼 물이 고맙게 느껴진다. 지구가 우리에게 줄 수 있는 깨끗한 물은 점점 더 귀해진다. 반면 우리는 점점 더 많은 물을 사용하는 데에 길들여지고 있다. 우리가 먹는 것과 입는 것, 만지는 것들이 모두 물을 필요로 하는데, 우리는 더 많이 먹고, 더 자주 옷을 갈아입고, 여러 가지 새로운 것들을 만지면서 놀고 싶어 한다. 아마 우리는 앞으로 점점 더 목말라질지도 모른다.

물이 부족한 사막의 나라가 아니어도 요즘은 마실 물을 그때그때 돈을 주고 사는 데 익숙해졌다. 집에서 편하게 세수하고 음식을 해 먹으려면 수도시설을 갖추어야 하고 수도요금을 꼬박꼬박 잘 내야 한다. 최소한 우물에서 물을 운반해 올 바구니나 물병이라도 구입해야 한다. 우리는 자주 목마르다. 물줄기는 우리 삶의 터전이다.

서강대교 남단 한강공원에 세워진 조형물(2017.2.)
서강대교는 서울 서부의 중추동맥이다. 이곳에 있던 나루터가 서강진인데,
예전 서울 서부지역 물류의 집산지 역할을 했다. 현재 서울시의 수돗물을
아리수라고 부르는데 고구려 시대 한강의 지명에서 유래했다.

We are HUNGRY. 냉장고 수납 칸에서 콩나물 봉지를 발견하고는 아차 놀라 꺼냈다. 일주일 전에 사 둔 콩나물이 신선함을 잃어가고 있는 줄도 모르고 지냈다. 미리 요리하지 못한 걸 후회하면서 미끌미끌하고 까매진 껍질을 골라내 버리고 시들어진 뿌리부분은 잘라냈다. 눈이 아프도록 후회하면서 다듬은 콩나물을 수돗물에 깨끗하게 씻은 다음 약간의 물과 소금을 넣고 13분간 삶았다. 아삭아삭해진 뜨거운 콩나물을 꺼내 양푼에 넣고 다진 마늘을 버무려 콩나물무침을 만들었다. 참 쉬운 요리법이다. 직접 요리해 먹는 식사는 삶의 즐거움을 더해 준다. 콩나물과 함께 두부를 먹는 날은 오랜만에 먹는 다이어트 건강식이라서 마음도 배부르다. 김과 참치캔이 있으면 더 좋고, 김치와 멸치조림까지 있으면 더할 나위가 없다. 필자가 잘 만드는 음식은 또한 김치볶음밥인데, 계란을 두 개 정도 깨 넣고 함께

밀레의 〈이삭 줍는 사람들〉(1857년)
당시 일꾼들이 추수를 하며 한 번 지나간 곳은 다시 거둘 수 없게 하는
법이 있었다. 들판에 남은 이삭은 먹을 것이 없는 사람들의 몫이었다.

볶아줘야 고소한 맛이 더해진다. 간편하게 직접 만들어 먹을 수 있는
몸에 좋은 음식의 종류를 조금씩 늘려갈 생각이다.

사람은 신진대사(新陳代謝)를 하는 유기체이므로 매일 먹어야 제
대로 힘을 쓰면서 살 수 있다. 금식(禁食)은 몸과 마음을 단련시킬
필요가 있을 때 잠시 동안만 할 수 있다. 장례식을 치르는 상주(喪
主)도 손님들에게 대접할 음식을 신경 써야 한다. 목마르고 배고픈
것은 새와 짐승도 마찬가지이다. 들에 핀 꽃과 잡풀도 공기나 땅에서
물과 양식을 얻지 못하면 죽고 말 것이다. 밥과 빵은 우리의 주식(主
食)이지만 가끔은 과자나 아이스크림도 먹게 된다. 어떤 아이들은
치킨이나 라면 등을 주식으로 생각하기도 한다. 콜라를 곁들이면 마
냥 즐겁다. 금방 배가 고파지는 우리에게 음식은 삶의 거름이다.

We are IGNORANT. 배우고 때때로 익히면 또한 즐겁지 아니한가 (學而時習之 不亦悅乎)! 필자가 고등학교 때 영어 단어가 잘 외워지지 않으면 머리가 좋지 않아서 그런가 보다, 라고 생각할 때가 많았다. 그래도 반복해서 외우고 잊어버리면 또 외우고 하면서 영어 어휘력(vocabulary)이 늘어나는 경험을 했다. 결과적으로는 좋은 일이었지만 배우는 과정이 그리 즐겁지는 않았다.

강원도 횡성에 있는 민족사관고등학교에서는 학생들에게 영어 상용(常用)을 주문한다. 그 학교 홈페이지에서는 영어 상용의 목적을 다음과 같이 천명하고 있다 ─ "영어는 앞서간 선진 문명 문화를 한국화하여 받아들여 한국을 최선진국으로 올리기 위한 수단이며, 그 자체는 결코 학문의 목적이 아니다". 한국에서 영어공부를 힘들게 해 보았거나 아직도 영어 때문에 스트레스를 받는 많은 사람들에게 비장하게 들리는 말이다.

배워야 산다. 배우지 않고 어떻게 다른 사람들에게 하고 싶은 말을 잘 전달하고 살아가는 데 필요한 돈을 벌 수 있을까? 책에 적힌 글이든 몸으로 익히는 기술이든 우리는 배워야 산다. 글을, 기술을, 지식을 먹어야 하기 때문에 '마음의 양식'이라고 하는가? 세계의 많은 사람들이 알고 싶어 하는 한국의 빠른 경제발전의 몇 가지 비결들 가운데 빠질 수 없는 것이 뜨거운 교육열이었다. 문맹을 퇴치하고 산업 기술을 익히는 것은 모질게도 가난한 나라의 경제를 일으키는 데 꼭 필요하고 시급한 일이었다. 배움을 통해 얻은 지식이 직접 돈을 만들어 주지 않아도 인격을 높이고 삶의 지혜를 얻기 바라는 우리에게 배움은 평생에 걸쳐 해야 하는 일이다. 배움은 우리 삶의 발걸음이다.

1960년 경 우리나라의 어느 학교의 풍경.
학생들의 체격이나 머리 모양을 보니 중학생으로 보인다. 교과서가 없는
아이들도 있다. 칠판에 'Lesson Eleven'이라는 글이 멋진 필기체로 쓰였다.
복장과 수업진도를 보건대 기말고사 치를 날이 얼마 안 남은 것 같다.
사진 속 선생님은 고인(故人)이 되신 필자의 아버지이다.

We are SICK. 감기(感氣)를 앓는 사람들이 많다. 한의학에서 감
기는 외부의 풍한(風寒) 등과 같은 나쁜 기운(邪氣) 때문에 생긴다고
한다. 몸의 면역력이나 영양분이 부족하면 감기 바이러스에 쉽게 노
출되어 나쁜 기운에 당하기가 쉽고 한번 감기에 걸리면 오래 간다고
한다. 감기에 한번 걸리면 낫는 데에 보통 2주일이 걸리고, 병원에
가서 약을 받아먹으면 보름 정도가 걸린다고 한다. 감기 이야기를 하
면 떠오르는 시가 있다. " … 그 강가에는 봄이, 여름이, 가을이, 겨
울이 나의 나이와 함께 여러 번 다녀갔다. 가마귀도 날아가고 두루미
도 떠나간 다음에는 누런 모래둔과 그리고 어두운 내 마음이 남아서
몸서리쳤다. 그런 날은 항용 감기를 만나서 돌아와 앓았다. … "(김
기림, 〈길〉 중에서)

베트남전쟁 참전용사 기념공원의 추모비(2016.7. 미국 워싱턴 D.C.)
쓰러진 전우 옆의 간호병과 동료들의 슬픈 표정과 절박한 몸짓은 전쟁의
참혹함을 말하는 것 같다. 하늘이나 땅을 바라보거나 전우를 보고 울었다.
천지인(天地人)이 함께 울었다. 전쟁이 아니어도 우리는 아프고 병든다.

　누구든지 병치레를 한다. 아픔의 빈도와 강도는 사람마다 다르다.
어떤 사람은 평생 한 번도 병원 신세를 지지 않고 작은 병치레를 거
뜬히 이겨 내면서 살아갈 수 있지만, 태어나면서부터 고질병을 안고
살아야 하는 사람들도 많다. 약국과 병원을 집 가까운 곳에 두고 있
는 우리들은 행복한가? 아프면 약국에서 약을 사거나 병원에서 치료
를 받아야 한다. 하지만 공짜는 없다. 약이나 의료는 고가의 대가를
요구한다. 다행히 나라에서 전체 국민을 위한 의료보험 체계를 잘 갖
추고 있으면 보험료를 미리 내면서 병에 걸렸을 때의 큰 비용 부담에
미리 대비할 수 있다. 병이 들더라도 훨씬 저렴하게 치료를 받을 수
있다면 어려움을 훨씬 더 쉽게 이겨나갈 수 있을 것이다. 그런 나라
에 사는 사람들이나 그렇지 못한 사람들이나, 수시로 아픈 우리들에
게는 때때로, 자주 삶의 회복이 필요하다.

삶은 이런 것일까?

목말라서(*Thirsty*) 물을 마시고, 배고파서(*Hungry*) 밥을 먹고, 지식이 없어서(*Ignorant*) 공부하고, 아프기 때문에(*Sick*) 치료받는 것은 우리 인생에서 지울 수 없는 모습이다. 너무 간단한 도식이겠지만 이렇게 말할 수도 있을 것 같다. 우리는 이렇게 만들어졌다: We are made to be T·H·I·S.

가만히 보면, 우리가 하는 말들 중에 이것(T·H·I·S)만큼 자주 하는 말도 많지 않을 것 같다. "목말라." "배고파." "공부했니?" "아파."

이것(T·H·I·S) 말고도 우리가 살아가기 위해 소비해야 하는 것들은 훨씬 더 많다. 우리나라 통계청에서 3개월마다 발표하는 가계 동향 자료에서는 소비 지출 항목을 12가지로 나눈다. 이 가운데에서 'T·H·I·S'에 직접 포함되지 않는 항목들에는 교통·통신, 주거·연료, 술·담배, 옷·신발, 가정용품·가사서비스, 오락·문화 등이 있다. 이 중에서 상대적으로 비중이 큰 항목인 교통·통신과 주거·연료는 'T·H·I·S'의 'T'(목마름)에 포함시켜 볼 수 있다. 우리가 집에서 수돗물을 이용할 수 있는 것은 땅속에 만들어진 거대하고 복잡한 파이프라인(*pipeline*)들의 체계가 우리집에도 연결되어 있기 때문이며, 내 삶이 다른 사람의 삶과 연결되어 있고 그 연결의 한 끝에서 지친 몸을 뉘일 수 있는 거처가 있기 때문이다.

주거는 수도시설과 뗄 수 없고, 연료는 계절의 변화에 따라 주거지를 살 만하게 만드는 필수품인데, 현대 사회에서는 파이프라인의 연결기술을 수반할 수밖에 없다. 교통·통신과 주거·연료를 '파이프라인'을 고리로 해서 '목마름'(*Thirsty*)과 연결시켜 보았다.

그 밖에도 술·담배, 옷·신발, 가정용품·가사서비스, 오락·문화 등 우리가 소비하는 물건들이 다양하기 때문에 목마름과 배고픔, 무식함과 아픔, 이 네 가지로 우리 삶의 복잡한 모습들을 다 담아내려는 것은 지나친 욕심이다. 하지만 최소한 그 네 가지 어려움은 모든 사람이 겪어야 하고 적어도 그 네 가지 면에서 우리가 삶에 지친 사람들에게 실질적인 도움을 줄 수 있다는 점은 확실하다. 우리 모두는 적어도 이것(T·H·I·S) 때문에 소비를 해야 하고 소비할 돈을 필요로 한다.

뺄셈의 삶

뺄셈 기호(−)는 짧고 곧은 선분이다. 왜 평평한 선일까? 똑바른 것처럼 보이지만 사실 완전히 곧은 선이 아니어도 된다. 물결무늬(∼)처럼 구부러져도 그것은 얼마든지 '마이너스'를 의미할 수 있다. 5∼3 = 2.

사람마다 태어나면서부터 시간의 흐름을 따라 살아가는 모양이 각각 달라도 모두가 어떤 길을 부단히 걸어간다. 때로는 여태 가보지 않은 길을 가야 하고 남들이 잘 가지 않은 길을 일부러 골라서 갈 때도 있다. 우리의 삶은 쭉 뻗었거나 구불구불하거나 간에 뺄셈 기호와 비슷한 점이 있다.

사람의 몸은 항상 에너지와 음식, 쉼터와 옷 등을 필요로 한다. 그래서 우리는 죽는 날까지 계속 무언가를 소비하며 살아간다. 병든 몸

예술가의 드라이브 코스(Artist Drive) (2015.12. 미국 캘리포니아 주 Death Valley)
9마일의 일방통행 도로이다. 광물의 산화작용으로 마치 보라색, 녹색 등 다양한 물감을
풀어놓은 것 같은 Artist Palette가 5마일 거리에 있고, 여러 모양의 크고 작은 민둥산과
좌우상하로 굽은 길들이 예술가들의 다양한 면모를 보여준다. 사람이 살아가는 인생 여정이
일방통행으로 놓인 그 길을 닮았고 그것이 뺄셈의 길이라는 생각을 하게 된다.

을 치료하거나 여가를 즐기기 위해서도 무언가를 소비해야 한다. 그
러므로 우리는 태어나면서부터 뺄셈의 길을 걸어간다고 할 수 있다.
　막 태어나서는 엄마가 주는 젖만 있어도 충분하지만 자라면서 우
유와 주스를 마시고 과자와 햄버거도 먹는다. 마음의 양식이라는 말
이 있듯이 책에 적힌 글자도 먹어야 사람답게 살 수 있고, 몸이 아프
면 약을 먹어야 한다. 소비하지 않으면 살아갈 수 없다. 우리는 원래
부터 목마르고(*Thirsty*) 배고프며(*Hungry*), 무식하고(*Ignorant*) 아
프기(*Sick*) 때문이다.

가격과 인플레이션

인간은 소비한다. 'Homo Consumericus.'

사람은 태어나면서부터 돈을 써야 한다. 부모나 가까운 친척, 아니면 정부나 사회단체 등이 아이가 먹고 마시고 건강하게 자랄 수 있도록 필요한 물건을 공급해 주어야 한다. 정상적인 사회인으로 자라는 데 필요한 교육도 해주어야 한다. 인생은 시작부터, 불가피하게 뺄셈(−)이다. 사람이 자라서 스스로 돈을 벌기 시작하기까지 돈을 버는 데 필요한 지식과 기술을 익힐 돈과 시간이 필요하다. 그래서 만약 '경제헌법'이라는 것이 있다면 제1조는 다음과 같을 것이다.

제1조. 모든 사람은 소비할 권리가 있다.

소비(*consumption*)란 어떤 '물건'(물품과 서비스를 통틀어 의미하는 표현)을 어느 정도의 양만큼 얼마의 가격의 돈을 주고 사는 것이다. 뺄셈이 우리 삶에 미치는 영향력은 우리가 소비하는 물건의 가격에서 나타난다. 같은 값이면 더 좋은 품질의 물건을 사려고 한다. 같은 품질이라면 가능한 한 더 낮은 가격의 물건을 고를 것이다. 가격〔價〕에 비추어 물건의 성능〔性〕을 판단해서 이른바 **가성비**(價性比)가 좋은 걸 선호한다.

소비와 관련하여 독일 통계학자 **엥겔**(Ernst Engel)이 만든 의미 있는 지표가 있다. 엥겔이 19세기 중반 독일 가계의 지출 품목과 금액에 관해 조사한 결과 가난한 집일수록 전체 지출금액 중에서 식료품비가 차지하는 비율이 높은 현상을 발견하였다. 식료품은 삶의 필수품으로서 빈부 차이가 나더라도 최소한 얼마만큼은 소비해야 하고 어느 수준 이상으로는 지출할 필요가 없는 물품이다. 따라서 식료품비가 가계의 전체 지출액에서 차지하는 비율을 가리키는 '엥겔지수'는 소득수준이 높아질수록 낮아지는 편이다. 보통 엥겔지수가 0.5 이상이면 후진국이라고 한다. [2]

경제학의 소비이론에 **한계소비성향**이라는 개념이 있다. 어느 사람의 한계소비성향이란 그 사람의 소득이 한 단위씩 늘어날수록 그 소득 증가분 중에서 소비 지출이 차지하는 비율을 의미한다. 가령 어느 사람이 100만 원의 소득 증가분 중에서 60만 원을 소비에 지출한다면 그 사람의 한계소비성향은 0.6이다. 엥겔의 법칙에서 짐작할 수 있듯이 일반적으로 한계소비성향은 고소득층보다 저소득층이 더 높은 편이다. 이런 점에서 정부가 국민의 소득을 늘려 경제 전체의 소비를 증가시키려고 하면 고소득층보다 저소득층의 소득이 늘어나게 하는 것이 경기 활성화 효과가 더 크다는 주장이 만들어진다.

한편, 같은 물건의 소비량을 하나씩 늘려갈수록 그 추가되는 소비로 인한 만족도가 떨어지는 경향이 있다. 설날 아침 떡국을 돈 주고 사 먹지는 않지만, 첫술의 떡국 맛에 비해 두 번째 그릇의 맛이 주는 감동이 훨씬 적은 것과 같은 원리이다. 어떤 물건을 소비하여 얻는

---

2 엥겔지수와 반대되는 의미를 가진 용어로 엔젤지수가 있다. 엔젤지수란, 가계의 소비지출 총액 중에서 수업료·과외교습비와 장난감 구입비, 용돈 등을 포함한 교육비가 차지하는 비율을 의미한다. 대개 엥겔지수는 저소득층이 높은 반면, 엔젤지수는 고소득층이 높다.

행복감은 소비하는 물건의 개수가 늘어날수록 감소하는 게 일반적인 법칙이다. 이 법칙을 일컬어 **한계효용 체감 법칙**[3]이라고 한다.

가격(*price*)은 각각의 물건이 거래되는 시장에서 **수요**(*demand*)와 **공급**(*supply*)의 힘이 서로 반대방향으로 작용해서 결정된다. 수요와 공급에 영향을 미치는 것들은 아주 많다. 예를 들어 농산물의 작황이 좋으면 배추나 과일이 많이 시장에 나와서 그 가격이 내려가는 힘이 생긴다. 그런데 과일이나 배추가 건강에 좋다는 뉴스가 많이 나와서 사람들이 소비량을 갑자기 늘리면 농산품의 가격이 오르는 힘이 생긴다. 어떤 물건이 아주 좋다는 텔레비전 광고를 보고 사람들의 마음이 알게 모르게 움직이면 그 물건의 가격도 올라갈 가능성이 크다. 반대로 물건의 가격이 높아지면 사람들은 소비를 줄이려 한다. 휘발유나 담배에 대해서 세금을 많이 매기는 것은 그 물건에 대한 소비를 억제하려고 하는 정부의 노력으로 봐줄 수도 있다.

어떤 물건에 대한 수요가 **탄력적**(*elastic*)이라는 말은, 탄력이 좋은 용수철이나 고무줄이 힘을 받아 잘 늘어나거나 줄어들듯이 물건의 가격이 올라갈(또는 내려갈) 때 그 물건에 대한 수요량이 상대적으로 많이 증가(감소)하는 것을 일컫는다. 일반적으로 쌀, 물, 학생들의 참고서, 응급약 등 생활에 꼭 필요한 물건들은 가격이 조금 변해도 수요량이 크게 변하지 않는 편이다. 따라서 생활필수품은 일반적으로 가격탄력성이 낮은 편이다. 그러므로 이런 물건의 가격이 오르면

---

3 '한계'란 전체 소비량 중에서 마지막 것을 가리킨다. 기준시점으로 볼 때 가장 최근에 소비하는 하나를 말한다. 영어로는 'marginal'이다. '한계소비성향'의 '한계'도 가장 최근 또는 가장 나중에 추가되는 소득을 의미한다.

대부분 사람들의 삶의 형편이 팍팍해진다. 가격이 올라도 어느 정도 일정한 양을 소비해야 하는데 소비에 드는 비용이 커지기 때문이다.

어떤 사람들은 자기가 파는 물건의 가격을 일부러 높게 정하거나 그 물건을 파는 다른 사람들과 비밀스러운 방법으로 약속해서 물건 가격이 어느 선 이하로는 내려가지 않게 한다. 이런 행위는 시장에서 자연스럽게 생기는 수요와 공급의 힘을 막아 물건의 가격을 높이므로 소비자들의 재산이 부당하게 줄어드는 결과를 초래한다. 정부는 특히 일반 사람들의 생활에 필요한 물건을 파는 기업끼리 몰래 합의해서 가격을 인위적으로 정하지 못하도록 감시와 단속을 한다. 우리나라에서는 공정거래위원회(Fair Trade Commission)가 이런 일을 담당한다.

사람들이 소비하는 물건의 가격을 종합적으로 나타내 주는 수치를 **물가**(物價)라고 한다. 정확히는 **물가지수**(price index)이다. 물가가 오르면 화폐가치가 떨어진다는 점은 누구나 잘 알아 두어야 하는 가장 중요한 사실이다. 뺄셈을 잘 하면서도 물가와 화폐가치의 관계를 모르면 안 된다.

사람마다 기호품이 다르고 개별 물건을 소비하는 양도 달라 각자 물가에 대하여 느끼는 정도가 다르다. 물가지수는 경제 전체적 관점에서 어느 대표적 사람이 소비하는 물건들의 가격 변화를 나타내기 위해 만들어졌다. 대표적인 물가지수인 **소비자물가지수**(Consumer Price Index)는 우리나라 통계청에서 작성하고 생산자물가지수는 한국은행에서 발표한다. 소비자물가지수는 일반 가계의 소비 지출비용을 나타내고, 생산자물가지수는 기업들 간에 이루어지는 거래의 가격 변화를 나타낸다.

물가가 3% 올랐다는 말은 비교하는 시점의 물가지수를 100으로 본다면, 지금 물가가 103이라는 말이다. 물가지수를 산출하는 데 포함된 각종 물건들의 가격이 평균적으로 3% 올랐다는 의미이다. 우리나라에서는 예전에는 물가가 전년도에 비해 10% 이상 오르는 적도 자주 있어서 서민들 삶의 걱정거리 중에서 빠지지 않았다. 2013년 이후로는 물가가 2% 이내에서 오르는 안정된 모습을 보이고 있다.

한 사회의 물가수준이 지속적으로 오르는 현상을 **인플레이션**(*inflation*)이라고 한다. 인플레이션이 발생하는 이유는 크게 두 가지인데, 시중에 돈의 양이 많아지거나 사람들의 소득이 증가해서 물건에 대한 수요가 커져서 물건 값이 오르는 경우가 있고, 다른 한편으로는 석유나 농산품 등 원료의 값이나 근로자 임금 등 물건을 만드는 비용이 올라서 물건 값이 오르는 경우이다.

적당한 수준의 인플레이션은 물건 값이 오를 것으로 기대하고 물건을 더 많이 만들어 내려는 기업의 기대감을 일으켜 경제를 성장시키는 원동력이 될 수 있다. 하지만 물가가 오르는 정도가 지나치면 화폐 가치가 급격하게 떨어져서 사람들이 물건들을 미리 사두었다가 나중에 팔아서 이익을 남기려는 충동이 생긴다. 그렇게 되면 부동산이나 귀금속 등 부자들이 선호하는 물건의 가격이 폭등하거나 식료품 등 누구에게나 필요한 물건 값들이 크게 올라 사회 혼란이 발생한다. 인플레이션이 일으키는 다른 중요한 문제는 부자와 가난한 사람들 간의 차이를 더 크게 할 수 있다는 점이다. 부자들은 여윳돈을 물가가 올라도 가치가 많이 떨어지지 않는 부동산이나 금융상품에 투자해 두는 경향이 있지만, 가난한 사람들은 생활비에 쓸 돈이 조금 남아 있을 때 그 돈을

인플레이션의 힘을
무시해서는 안 된다.
계란 값이 두 배로 오르면
이런 일이 벌어질 수 있다.

언제라도 빼 쓸 수 있는 은행계좌에 넣어 두는 게 일반적이다. 물가가 오르면 은행에 잠시 맡겨 둔 돈으로 살 수 있는 물건의 가치가 떨어지는 것과 마찬가지로 그 돈의 가치가 떨어진다. 반면 부동산과 같은 자산은 물가가 오르면 함께 오르는 경향이 있다. 그러므로 인플레이션은 한 사회의 부자와 가난한 사람이 가진 재산의 차이를 더 크게 만들어서 경제적 불평등과 사회의 분열을 더 심하게 만드는 경향이 있다.

그래서 각 나라의 중앙은행과 정부에서는 물가가 적정한 수준으로 유지되도록 사회 전체에 흘러 다니는 화폐의 양을 조절하고 중요한 물건들의 공급량과 유통체계 등을 관리한다.

인플레이션이 그렇게 무서운 것이라면 차라리 물가를 낮추는 방법이 모든 사람에게 더 좋은 것은 아닐까? 인플레이션의 반대편인 **디플레이션**(*deflation*)은 물가가 내려가는 현상이다. 물가가 내려갈 때의 가장 큰 문제는 기업들이 물건을 만들 유인이 사라진다는 점이다. 기업이 제대로 움직이지 않으면 직원들에게 줄 월급을 만들기가 어려워져서 직원들을 해고하는 일이 늘어난다. 직장에 다니며 월급을 받던 사람이 갑자기 그 직장을 그만두게 되면 그 사람은 물론이거니와

가족들의 생활비가 줄어든다. 실업으로 인해 돈을 벌 기회($|$)[4]가 사라지게 되므로 실업은 덧셈 기호($+$)를 뺄셈 기호($-$)로 되돌리는 역할을 한다. 소득이 줄어든 가정은 소비를 줄일 수밖에 없고, 그에 따라 기업이 만든 물건에 대한 수요가 감소하므로 기업 활동은 더 위축되고 실업은 더욱 증가하게 된다.

디플레이션의 상황에서는 경제 규모가 연쇄적으로 축소되는 악순환의 고리가 만들어질 가능성이 매우 높다. 과도한 인플레이션만큼이나 경제에 아주 나쁜 영향을 끼친다. 그래서 각 나라는 완만한 수준의 인플레이션을 목표로 정책을 수행한다. 최근에는 미국 등 주요 나라들이 약 2% 정도의 물가 상승이 적절하다고 판단하지만 그 수준은 각 나라의 경제상황에 따라 언제라도 바뀔 수 있다. 0%를 목표로 하지 못하는 이유는 디플레이션이 너무 무섭기 때문이다.

사칙연산과 금융의 원리 : 뺄셈

1. 모든 사람은 살아가는데 필요한 물건과 서비스를 소비한다.

2. 자급자족할 수 없는 대부분의 물건과 서비스를 소비하는 데는 돈이 필요하다

3. 인플레이션은 돈의 소비능력을 감퇴시킨다.

---

4 돈을 벌 기회를 '$|$'로 표시하는 이유는 제 2장에서 설명한다.

2
소득은
덧셈이다

수학(*math*)은 '더하기 하나'에서부터 시작한다고 할 수 있다. 하나, 둘, 셋, 넷. 그 옛날 수학이라는 과목이 따로 없던 때부터 사람들이 손가락을 펴 가면서 또는 접어 가면서 셀 수 있었던 수의 행진이 바로 하나를 더해 가는 과정이었다.

"시작이 반"이라는 말이 맞다면, '더하기 1'이 수학의 절반이고 절반을 두 번 한 결과인 '2'가 수학의 완성이라고 할 수 있을까? '1＋1=2'로 수학이 끝난다면 우리 아이들이 얼마나 좋아할까? 작은 아이는 초등학교 입학 무렵 더하기 문제 숙제를 할 때 한때는 '더하기 2' 이상의 문제들을 모두 '더하기 1'로 바꾸어서 풀곤 했다. 수학의 기본에 너무 충실했다.

감히 수학의 절반을 차지할 것 같지 않은 '0'과 '1' 사이에는 어떤 면에서 수학의 절반보다 많은 것들이 들어 있다고 볼 수도 있다. 무한한 개수의 분수(分數)가 그 안에 다 들어 있기 때문이다. 분모보다 분자가 더 큰 분수는 가짜〔假〕분수이므로 모든 분수는 '0'과 '1' 사이에 있다고 말할 수 있다. 그래서 '하나'를 제대로 아는 것은 '0'에서 '1'까지의 사이에 들어 있는 분수를 잘 이해한다는 의미로 확장해서 이해할 수 있다.

더 나아가 '하나'를 제대로 안다는 말은 자기의 '분수'를 안다는 의미로 확대해 볼 수 있다. 사랑을 할 줄 아는 사람은 '하나'를 안다. 사랑이란 어엿한 하나와 다른 하나가 만나 둘이 되는 것일까? 아니면 온전한 하나가 되기에 부족한 사람 둘이 만나 하나가 되는 것일까? 어느 경우이든지 간에 사랑은 둘을 하나로 만드는 힘이 있다. 처음 사랑이 둘이 함께 만든 백 퍼센트라면, 사랑이 깊어지면서 백 퍼센트가 이백 퍼센트의 힘을 발휘하게 된다. 그래서 '사백이백'이라고 한다.

덧셈과 뺄셈의 기술

1(일)은 하나, 2(이)는 둘이요. 3(삼)은 셋, 4(사)는 넷이다. 5(오)는 다섯이고 6(육)은 여섯, 7(칠)은 일곱, 8(팔)은 여덟이다. 9(구)는 아홉이고 10(십)은 열이다.

우리나라 아이들은 수학을 시작하면서 영어를 모국어로 가진 아이들보다 더 똑똑해야 한다. 아라비아 숫자 말고도 두 가지 종류의 한글 숫자를 알아야 하기 때문이다. 머지않아 영어로도 숫자를 배운다. 심지어 나중에는 한자로도 숫자를 쓸 줄 알아야 한다. 우리 아이들이

한국어, 영어 숫자 비교

아라비아 수	한국어		영어
1	일	하나	One
2	이	둘	Two
3	삼	셋	Three
4	사	넷	Four
5	오	다섯	Five
6	육	여섯	Six
7	칠	일곱	Seven
8	팔	여덟	Eight
9	구	아홉	Nine
10	십	열	Ten

수학을 배우기 위해서 시작부터 해야 할 일이 많지만 그만큼 더 똑똑해질 수 있을 것이다.

"1은 하나이다"라는 문장을 수학 기호를 이용해 "1 = 하나"라고 쓸 수 있다. '하나'라는 단어가 숫자나 수학 기호가 아니지만 원래 문장보다는 훨씬 간단해졌다. '=' 기호는 기호의 왼쪽과 오른쪽이 같다는 의미를 표시한다. 길이가 같은 두 수평선분이 그 의미를 나타낸다고 보자. 자를 들이대면서 두 선분의 길이가 다르다고 하면 똑똑하다는 말을 들을 수 있겠지만 조금 더 똑똑해지면 '=' 기호의 의미를 그냥 받아들일 수 있을 만큼 머릿속의 여유가 생긴다. 기호는 어떤 약속을 의미하는 것이지 기호 그 자체가 증명의 대상은 아니다.

1+1 = 2. 이 식은 그 의미하는 바가 문장(*sentence*) 으로서 손색이 없다. 마침표가 없어도 문장으로 볼 수 있다. 다음처럼 말이다. 우리들 사이의 약속이다.

$$1 + 1 = 2$$
$$2 + 1 = 3$$
$$3 + 1 = 4$$

아이들이 초등학교 2학년 때 외우기 시작하는 구구단은 곱셈과 나눗셈을 빨리하기 위한 아주 중요한 기술이다. 그런데 곱셈과 나눗셈의 원리를 이해하고 다양한 종류의 문제를 자신감을 가지고 풀려면 먼저 덧셈과 뺄셈을 제대로 이해해야 한다. 곱셈은 덧셈을, 나눗셈은 뺄셈을 빨리할 수 있는 기술이기 때문이다. 덧셈과 곱셈, 뺄셈과 나눗셈의 관계를 잘 알면 좀 어려워 보이는 수학문제도 쉽게 풀 수 있는 길을 찾을 수 있다.

예를 들어 나눗셈과 뺄셈의 관계를 잘 알고 있으면, 12, 345, 678이란 수가 4의 배수인가, 라는 문제를 쉽게 풀 수 있다. 직접 나눗셈을 해서 나머지가 있는지를 계산해 보아도 되겠지만, 더 간단한 방법은 가장 뒤의 두 자릿수 78이 4의 배수인지를 확인하면 된다. 왜냐하면 100이 4의 배수이기 때문이다. 100이 4의 배수인 이유는 100에서 4를 25번 빼고 나면 나머지가 없기 때문이다. 같은 이유로 100을 여러 번 더한 수인 200, 300, 500, 10, 000, 345, 600, 12, 345, 6000 등이 모두 100의 배수이고, 100의 배수는 모두 4의 배수이다. 그러므로 12, 345, 678을 직접 4로 나누지 말고, 먼저 12, 345, 678에서 4의 배수인 12, 345, 600을 빼고 남는 수인 78만 4로 나누어 떨어지는지 확인하면 된다.[1]

요즘은 많은 아이들이 초등학교에 입학하기 전에 덧셈과 뺄셈을 배우기 시작한다. 더하기 1을 시작으로 더하기 2, 더하기 3, 나중에는 두 자릿수, 세 자릿수 덧셈을 배우고 뺄셈을 배운다. 덧셈과 뺄셈은 거의 동시에 배울 수가 있다. 둘에서 셋을 빼면 얼마일까를 생각하면서 음수(陰數) 개념을 익힐 수도 있다. 수직선(數直線)에서 오른쪽으로 이동할 때 더하고 왼쪽으로는 빼 나가는 방법으로 덧셈과 뺄셈을 배우고, 수직선 위의 0을 기준으로 왼쪽으로 이동하면서 음수의 개념을 조금 맛볼 수 있다. 아이들은 잘 이해하지 못하는 것처럼 보이지만 몇 번 반복해서 말해 주면 어렴풋이나마 알게 된다. 음수를 모르더라도 자주 숫자에 노출되면서 친해지는 게 중요하다.

$$\leftarrow 0 - 1 - 2 - 3 - 4 - 5 - 6 - 7 - 8 - 9 \rightarrow$$

덧셈과 뺄셈을 할 때 가장 기본이 되는 기술이라고 필자가 생각하는 것들을 골라서 아래에서 설명한다. 덧셈과 뺄셈은 아이와 어른이 함께 하기에 아주 좋은 놀이이다. 부담 없고 재미가 있을뿐더러 어른들이 아이를 사랑하는 새로운 방법을 배울 수 있을지도 모른다. 덧셈과 뺄셈 공부를 위해 만들어진 문제는 가히 무궁무진하다. 어른과 아이 누구나 얼마든지 새로운 문제를 만들 수도 있다. 뺄셈을 덧셈으로, 덧셈을 뺄셈으로 검산해서 아이가 푼 문제를 다시 설명해 주면 아이의 존경어린 눈빛을 선물로 받을지도 모른다.

---

1 어떤 수가 2·3·5·7·8·9·10의 배수인지 등등의 문제를 모두 나눗셈과 뺄셈의 관계를 이용해서 확인할 수 있다. 어떤 수가 6의 배수라면 그 수는 2의 배수이면서 동시에 3의 배수이다. 그러므로 짝수이면서 3의 배수이면 된다.

▌ 덧셈의 기술 1

더하고 더해지는 2개 숫자의 순서를 바꾸어도 된다.
이 법칙을 교환법칙(*commutative property*)이라고 한다.

$$1+2 = 2+1 = 3$$
$$1+3 = 3+1 = 4$$

덧셈 기호(+) 앞뒤에 있는 숫자의 순서를 바꾸어도 되므로 자기의 취향에 따라서 큰 수를 앞에 두든지 작은 수를 앞에 두든지 간에 선택해서 계산할 수 있다. 대체로 큰 수를 앞에 둘 때 계산이 더 쉽다고 한다. 예를 들어 '4+25', '25+4' 중 어떤 것이 더 쉽게 보이는가? 아마도 '25+4'가 더 익숙하게 보이는 사람이 많을 것이다. 습관인지 본능인지 잘 모르겠다. 덧셈에서 숫자의 순서를 바꾸어도 되는 성질은 곱셈으로 이어진다. 곱셈과 덧셈은 아주 가까운 사이이다.

교환법칙을 알게 된 김에 결합법칙(*associative law*)까지 알아 두자. 숫자 3개를 더할 때 앞에서부터 순서대로 더해도 되지만, 두 번째와 세 번째 숫자를 먼저 더한 후에 첫 번째 수를 더해도 된다는 법칙이다. 예를 보면 명확하다.

$$(2+3)+4 = 2+(3+4)$$

결합법칙은 3개 이상의 숫자를 더하거나 곱할 때 적용되는 법칙이다. 따라서 숫자 2개의 계산을 다루는 기술을 설명하는 지금 단계에서는 별도 번호를 붙이지는 않겠다.

46

▌덧셈의 기술 2

10보다 큰 수는 자릿수를 나누어서 생각하면 쉽다.

13은 10과 3으로 나누어 볼 수 있다. 13에다 5를 더하려면 3과 5를 더하고 거기에다 13에서 남은 수인 10을 더하면 된다.

$$13 + 5 = (10 + 3) + 5$$
$$= 10 + (3 + 5)$$
$$= 10 + 8 = 18$$

$$13 + 18 = (10 + 3) + (10 + 8)$$
$$= (10 + 10) + (3 + 8)$$
$$= 20 + 11 = 20 + (10 + 1) = (20 + 10) + 1$$
$$= 30 + 1 = 31$$

10보다 큰 수끼리 더할 때도 자릿수끼리 나누어 더해도 된다. 교환 법칙에 따라 더하는 숫자의 순서를 바꾸어도 되기 때문이다.

$$135 + 26 = (100 + 30 + 5) + (20 + 6)$$
$$= 100 + (30 + 20) + (5 + 6)$$
$$= 100 + 50 + 11$$
$$= 100 + 50 + (10 + 1)$$
$$= 100 + 60 + 1 = 161$$

▎덧셈의 기술 3

수직선²을 이용해서 덧셈을 이해하자. 그러면 뺄셈도 쉬워진다.

$$—0—1—2—3—4—5—6—7—8—9→$$

'2+3'은 2에서 오른쪽으로 세 칸을 이동하면 된다. 물론 순서를 바꾸어서 3에서부터 오른쪽으로 두 칸을 이동해도 된다.

수직선이라고 해서 셀 수 있는 모든 수를 다 적을 필요는 없다.

$$—0—10—20—30—40→$$

15는 10에다 5를 더한 숫자인데, 10과 20의 가운데에 있을 것이다. 31은 아마도 30에서 오른쪽으로 한 칸만 이동하면 있는데 30과 40 사이에 있지만 30에 아주 가까이 있을 것이다.

수직선을 이용해서 '13+20'을 계산할 수 있을까? 13은 10에서 오른 쪽으로 세 칸 이동한 자리에 있고 거기서 20만큼 점프하면 되니까 30에서 오른쪽으로 세 칸 이동한 자리의 숫자가 답일 것이다.

───────

2 우리말의 수직선은 전혀 다른 두 가지 의미가 있다. 동음이의어이다. 처음 나온 수직선(數直線)은 수를 나타내는 직선이다. 1차원이다. 두 번째 수직선(垂直線)은 어느 선이나 면 위로 곧게 늘어뜨린 직선이다. 90도 각도를 수직이라고 부른다. 수(數) 직선과 수(垂) 직선이 만나면 2차원 평면이 만들어진다. 프랑스 출신 철학자이자 수학자인 데카르트가 네덜란드로 망명을 가 머물면서 자기 방 침대에 누워 바라본 평평한 천장이 바로 2차원 공간이다.

▌덧셈의 기술 4

같은 수를 더하는 연습을 하면 덧셈을 빨리하는 데 많은 도움이 된다.

구구단의 2단을 먼저 외우고 나서 더 큰 수를 2배 하는 연습을 하자.

1 + 1 = 2	11 + 11 = 22	10 + 10 = 20
2 + 2 = 4	12 + 12 = 24	20 + 20 = 40
3 + 3 = 6	13 + 13 = 26	30 + 30 = 60
4 + 4 = 8	14 + 14 = 28	40 + 40 = 80
5 + 5 = 10	15 + 15 = 30	50 + 50 = 100
6 + 6 = 12	16 + 16 = 32	60 + 60 = 120
7 + 7 = 14	17 + 17 = 34	70 + 70 = 140
8 + 8 = 16	18 + 18 = 36	80 + 80 = 160
9 + 9 = 18	19 + 19 = 38	90 + 90 = 180
10 + 10 = 20	20 + 20 = 40	100 + 100 = 200

두 번째 칸에서 '12+12'를 계산할 때는 12를 10과 2로 나누어 생각하면 계산하기 쉽다. '10+10'을 머리에 두고 남은 수 '2+2'를 계산해서 더하면 된다.

$$12 + 12 = 10 + 2 + 10 + 2 = 10 + 10 + 2 + 2 = 20 + 4 = 24$$

2배수에 익숙하면 크기가 비슷한 수끼리 더하는 데 도움이 된다. 가령 '18+19 = 18+18+1 = 36+1 = 37'.

▎덧셈의 기술 5

앞의 기술들을 다 익힌 다음에는 '세로계산법'을 익히게 하자.
큰 수와 큰 수를 더할 때는 세로계산법이 더욱 편리하다.

$$
\begin{array}{r}
25 \quad (20+5) \\
+ \quad 37 \quad (30+7) \\
\end{array}
$$

$$
\begin{array}{r}
12 \quad (5+7=10+2) \\
+ \quad 50 \quad (20+30) \\
\hline
62 \\
\end{array}
$$

세로계산법에서는 자릿수를 나누어 계산한다. '25+37'을 계산해보자. 먼저 일의 자리를 더하면 12인데, 12는 10과 2로 나누어 계산하면 전체 10의 자리는 '20+30+10=60'이고 1의 자리에는 2가 남는다. 그러므로 답은 '60+2=62'이다.

▎뺄셈의 기술 1

절대로 숫자의 순서를 바꾸면 안 된다.

뺄셈은 덧셈의 반대이다. 덧셈을 잘 하면 뺄셈은 아주 쉽다. 하지만 덧셈의 경우만큼 뺄셈의 기술이 많지는 않다. 뺄셈의 첫 번째 기술은 금지사항이다. 뺀다는 것이 무엇을 의미하는지를 잘 보여 준다.

국제 적십자 운동(movement)의 공식 문양.

흰색 바탕에 붉은 색 십자가는 보호(protection)를 상징한다. 전쟁터에서 이 문양을 지니고 구호활동을 하는 사람들은 제네바협약에 의해 보호를 받는다.

십자 모양의 가로와 세로의 길이는 똑같다. 수평선은 땅을 딛고 살아가는 인간의 삶을, 수직선 은 하늘과 땅속으로부터 인류에게 주어지는 축복을 의미하는 듯하다.

　뺄셈은 덧셈보다 훨씬 딱딱한 작업이다. 계산의 순서를 바꾸면 안 되기 때문이다. 빼는 행위는 제약이 많고 내가 조절할 수 있는 자유의 폭이 아주 좁다. 내 지갑에서 돈을 빼는 것과 다른 사람의 지갑에서 돈 을 빼는 것은 전혀 다른 일이다. 과거와 미래를 바꿀 수 없는 노릇이 다. "주머닛돈이 쌈짓돈"이라는 말은 2개의 지갑이 모두 같은 한 사람 의 것일 때 적용되는 말이다. 다른 사람의 돈을 보면서 내 돈인 양 생각 해서도 안 된다.

▎뺄셈의 기술 2

수(數)직선을 이용해서 뺄셈을 이해하도록 하자.

덧셈이 수직선에서 오른쪽으로 이동하는 것인 반면, 뺄셈은 왼쪽으로 이동한다.

▎뺄셈의 기술 3

10보다 큰 수는 자릿수를 나누어서 생각하면 쉽다.

13에서 5를 뺄 때, 먼저 13을 10과 3으로 나눈 다음, 10에서 5를 뺀 수와 남아 있는 수 3을 더하면 된다. [3]

$$13 - 5 = (10 + 3) - 5 = 3 + (10 - 5) = 3 + 5 = 8$$

초등학교 1, 2학년 아이들에게 '13 − 5'를 계산하는 방법을 설명해 보라고 했더니, 여러 명의 아이들이 3에서 5를 빼면 2가 모자라기 때문에 10에서 2를 뺀 수인 8이 정답이라고 설명하였다. 아주 똑똑한 풀이방법이다. 다른 사람에게 설명해서 이해시키기가 좀더 어려운 방법이라는 단점이 있지만 말이다. 두 가지 방법을 다 이해한다면 더할 나위 없이 좋은 일이다.

---

3 덧셈의 경우는 숫자의 순서를 바꾸어도 된다는 성질을 이용하였다. 10 + 3 = 3 + 10.

13에서 5를 빼는 두 가지 방법 중에서 어느 것이 더 좋은지 선택하라면 필자는 첫 번째 방법을 고를 것이다. 왜냐하면, 문제를 푼다는 것은 결국 다른 사람에게 설명을 하고 상대방이 이해하도록 하는 것을 포함하는데, 필자에게는 첫 번째 방법이 다른 사람에게 설명하기 쉽기 때문이다.

▌뺄셈의 기술 4

큰 수의 뺄셈은 자릿수를 잘 지키면서 세로계산법을 이용하면 더 쉽다.

$$
\begin{array}{rl}
125 & (110+15) \\
-\quad 37 & (30+7) \\[4pt]
\hline \\[-8pt]
8 & (15-7) \\
+\quad 80 & (110-30) \\[4pt]
\hline \\[-8pt]
88 &
\end{array}
$$

지금까지 간단하게나마 필자의 경험을 토대로 덧셈과 뺄셈의 기술을 정리해 보았다. 여기서 제시한 방법 외에도 덧셈과 뺄셈을 잘 하는 방법은 아주 많을 것이다. 한 가지 다시 한번 짚고 싶은 점은 뺄셈은 덧셈보다 자유롭지 못하다는 것이다. 근본 이유는 뺄셈에서는 '교환법칙'이 성립하지 않기 때문이다.

일자리

덧셈의 기술이 뺄셈의 기술보다 많다는 것을 알았다. 뺄셈의 기술은 대부분의 사람들마다 큰 차이가 없을 수도 있다. 쓸 돈이 그냥 주어진다면 돈 쓰는 방법을 배우기는 그리 어려울 것 같지 않다. 누구나 먹고 마시는 데 돈이 필요하고, 공부하고 치료받는 데도 돈이 필요하다. 돈이 부족해서 배고프고 목마르고 몸이 아픈 사람은 자기의 가난을 아무리 감추고 싶어도 감추기가 어렵다. 유대 속담에도 가난은 재채기처럼 숨기기 어렵다고 한다. 사랑도 마찬가지라고 한다.

가난한 사람들과 돈을 나누어 쓰는 일도 마음먹기가 어렵지 아주 어려운 기술을 배워야 하는 건 아니다. 우리가 돈이나 귀한 물건을 잘 나누어 쓰지 못하는 이유는 아마도 사람들이 너무 바쁘게 살고 있기 때문인지 모른다. 꼭 필요한 돈이 없어 어렵게 살아가는 사람들의 마음을 잘 이해하지 못하거나 남을 도울 수 있는 방법에 대해 차분히 생각해볼 여유가 없기 때문인 것 같다. 그래도 많은 사람들은 대부분 사람들의 마음에 착한 구석이 자리 잡고 있다고 믿는다.

뺄셈이 소비하는 삶을 의미한다면, 덧셈은 무엇을 의미할까? 뺄셈 기호의 한가운데의 위에서 아래로 세로로 직선을 내려 그으면 덧셈 기호(+)가 된다. 어느 정도 구부러진 세로선이라도 상관없다. 십자가 모양을 만드는 뺄셈과 덧셈 기호는 우리 삶의 모습과도 긴밀하게 연결되어 있다.

우리 모두는 태어나면서부터 무언가를 소비(consumption)하는 길을 걷기 시작하고, 소비의 삶은 대부분의 경우 돈을 필요로 한다. 자라면서 물건을 만들거나 음식을 만드는 기술 등 장차 돈을 벌 수 있는 기술과 지식을 익히고, 그런 일을 하는 회사에 취직해서 돈을 벌기도 한다. 누군가가 벌어들인 돈을 쓰는 활동을 뺄셈에 비유하자면, 직업을 갖게 되어 돈을 버는 활동은 물건이나 서비스 등 값나가는 것을 생산(production) 하는 것으로 덧셈에 빗대어 볼 수 있다.

사람이 돈을 벌 수 있는 나이가 되기까지는, 또는 그 이후에도, 부모나 친지의 도움을 받으면서 돈을 벌지 않고도 돈을 쓸 수 있는 생활을 할 수 있다. 그러나 그런 생활을 계속할 수는 없다. 언제부턴가는 스스로 돈을 벌어 자기에게 필요한 소비에 지출해야 하고 더 나아가서 어린 자녀나 나이 드신 부모의 생계비를 벌어야 하는 책임도 지게 된다. 태어나면서부터 부단히 뺄셈을 해 온 삶의 여정에서 이제는 거기서부터 무언가를 빼낼 수 있는 주머니나 쌈지에 넣을 것을 스스로 만들어야 한다.

아이가 자라 학생 신분을 졸업하면서 직업을 구하는 것은 지금까지의 마이너스 일변도의 생활을 끝낼 수 있는 활동의 시작이다. 자기가 소비할 자원(資源, resources) 을 스스로 만드는 일의 시작이다. 학생시절은 직업시장(job market) 에서 필요로 하는 기술과 지식을 배우고 자기의 적성과 능력에 맞는 직업을 찾기 위한 준비 단계라고 볼 수 있다. '졸업식'을 뜻하는 영어 단어 'commencement'는 '시작'이라는 뜻을 함께 가진다. 자기에게 맞는 직업을 찾아 돈을 버는 일은 마이너스 길을 가로질러 플러스를 만드는 활동이다. 그래서 뺄셈 기호인 수평선 위에 수직선을 가로 그은 모양이 덧셈을 의미하는 기호가 되었다.

덧셈 기호는 가로 선분(−)과 세로 선분(|)을 합한 모습이다. 소비를 하면서 돈을 쓰는 행위가 마이너스(−)라면 직업을 통해 돈을 버는 활동은 플러스(+)이다. 마이너스(−)와 플러스(+)의 차이는 세로 선분(|)이다. 그러므로 세로 선분(|)은 마이너스(−)의 연속을 끊는 소득을 만들어 내는 활동을 의미한다고 볼 수 있다. 우리 삶의 바람직한 모습은 소득에서 소비를 빼고 나서 여유자금이 남는 플러스(+)의 상태이다.

마시고 먹고, 배우고 치료하면서 초·중·고등학교를 졸업하고 나면 이제 내가 쓸 돈을 스스로 벌어야 할 시간이 다가온다. 직장을 구해 내 힘으로 소비하면서 살아갈 수 있을 만큼의 소득을 만들 준비를 해야 한다. 능력과 행운이 허용된다면 소비할 규모 이상으로 돈을 벌어 나중에 쓰기 위해 저축할 수 있다. 인생 전체를 보는 긴 안목으로 계획을 세워 보면, 직장을 통해 돈을 벌 수 있는 시간은 보통의 경우

라이프사이클과 소비·소득

20대에서 60대까지 30~40년으로 제한되므로 젊을 때부터 노후를 대비한 여유자금을 모으고 불려 나갈 필요가 있다. 나중에 직장을 은퇴하고 새로운 수익을 만들기 힘들 때 소비할 돈을 지금부터, 최대한 빠른 시점부터 모으기 시작하는 게 현명한 선택이다. 마이너스 인생을 청산하고 플러스를 만드는 일은 사람이 자라나면서 해야 하는 자연스러운 일이자 책임이다.

한 사람의 인생을 소비(−)와 소득(丨)의 관점에서 〈라이프사이클과 소비·소득〉 그래프와 같이 그려 볼 수 있다. 덧셈 기호(+)는 인생의 전체 시간을 볼 때 소비와 소득, 그리고 저축의 관계를 잘 보여 준다. 인생의 초반부에는 소비만 하다가 본격적인 직업 활동을 하는 20대 후반과 30대에 이르면 수입 곡선이 나타난다. 지출보다 수입이 많으므로 돈을 모으기에 좋은 시점이다. 그러다가 30대에 이르러 아이를 낳으면서부터는 지출 규모도 갑자기 커지기 시작한다. 소득 창출 활동(丨)을 더 열심히 해야 하는 시기이다.

대부분의 사람들에게 돈을 벌 수 있는 기간은 한정되어 있다. 수입 곡선은 60세 가까이에서 절정에 이르고 그때부터는 줄어들기 시작해서 70대에서 급격하게 줄어드는 경우가 많다. 이 시기에는 이미 직장에서는 은퇴했기 때문에 이전에 저축해 둔 돈을 쓰면서 여생을 보내는 경우가 많다. 어릴 때에는 돈을 벌지 못하고 소비만 하다가 노년에 은퇴한 이후에는 젊었을 때 벌어 저축해 놓은 돈을 소비하면서 살아간다. 하지만 미리 모아둔 돈이 부족하고 생활비를 얻어 쓸 수 있는 데가 마땅치 않으면 어쩔 수 없이 힘든 몸을 움직여서 돈을 벌어야 한다.

덧셈 기호에서는 수평선과 수직선의 길이가 비슷하다. 한 사람이 평생에 걸쳐 이미 소비했거나 앞으로 소비하는 데 필요한 돈만큼 벌 수 있다면 경제적인 면에서는 기본적인 책임을 다했다고 볼 수 있다.

생산과 소비를 동시에 본격적으로 하는 시기에 벌어들인 돈을 안전하게 보관하고 수입과 지출내역을 편리하게 확인하기 위해서 **은행계좌**를 이용하면 좋은 점이 많다. 우리나라를 포함하여 금융제도가 어느 정도 발전한 대부분의 나라에서는 은행이 경영을 잘못해서 갑자기 문을 닫게 되더라도 개인의 예금을 어느 수준까지 보호해 주는 **예금보험제도**[4]를 시행하고 있으므로 예금은 일반적으로 가장 안전하고 편리하게 돈을 보관할 수 있는 장치이다.

믿을 만한 은행에 예금계좌를 가지고 있으면 다른 곳에서 돈을 받거나 다른 사람에게 돈을 부치는 일이 아주 편리해진다. 그 계좌를 많이 이용해서 거래기록이 쌓이면 나중에 돈을 빌려야 하는 상황에 닥쳤을 때 은행이 예금계좌 주인이 믿을 만한 사람인지를 판단할 수 있는 근거

---

4 우리나라의 예금보호 한도는 1인당 1금융회사당 원금과 이자를 합해서 5천만 원이다. 다음 장에서 자세하게 설명한다.

자료로 이용할 수 있기 때문에 보다 유리한 조건으로 돈을 빌릴 수 있는 길을 열어 줄 수도 있다. 예금계좌를 통한 거래는 돈이 이동하는 데 사고가 발생할 우려가 적고, 수입과 지출의 기록을 확인하고 여러 가지 종류의 지출 규모를 수입 범위 내에서 조정하고 관리하는 데에도 편리하게 이용할 수 있다.

뺄셈과 덧셈의 길을 걸어가는 사람들에게 높은 물가와 실업은 그 자체가 삶의 고통이다. 물가가 오르면 지갑이 가벼워지고 일자리를 잃게 되면 지갑에 넣을 돈 자체가 없어진다. 뺄셈의 적(敵)이 인플레이션이라면 덧셈의 그것은 실업이다. 어느 사회의 구성원들이 겪는 삶의 고통의 정도를 물가지수와 실업률을 합해서 간략히 나타내는데, 이 값을 **국민고통지수** 또는 **경제고통지수**라고 부르는 이유를 알 수 있다. 통계청 자료에 따르면 2017년 1분기 실업률은 4.3%였고, 소비자물가 상승률은 2.1%였다. 이 두 수치를 더한 값인 경제고통지수는 6.4이다. 글로벌 금융위기가 발생했던 2008년 3분기에는 이 값이 8.6이었고, 물가상승률이 1%대로 낮아진 2012년 하반기부터 2016년 상반기 사이에는 4.0 부근에서 움직였다.

생산과 소득

지금까지 소비와 소득을 뺄셈과 덧셈에 비유해서 간단히 살펴보았다. 모든 사람은 태어나면서부터 소비할 수밖에 없기 때문에 소비는 인류의 보편적 권리라고 할 수 있다. 소비를 하려면 자원(*resources*) 이 필요하므로 모든 사람은 자기 자원을 획득하기 위해 노력해야 한다. 그러므로 모든 사람은 소득을 만들기 위해 자기에게 맞는 직업을 선택할 자유가 있어야 한다. 우리 헌법은 국민의 소비할 권리를 직접 나타내지는 않지만 직업선택의 자유를 명시하고 있으며 생산품의 품질을 높이기 위해 국가가 소비자 보호운동을 보장하도록 규정하고 있다. 만약 '경제헌법'이 있다면 제 2조는 다음과 같을 것이다.

> **제 2조. 모든 국민은 특별한 사유가 없는 한 돈을 벌기 위해**
> **노력해야 한다.**

소비하는 인간(*Homo Consumericus*)에게 소비가 권리라면 직업을 통한 생산 활동은 일종의 의무에 가깝다. 보는 관점에 따라서는 더 나은 소비를 위해 더 많은 돈을 벌고 싶어 하는 사람들의 권리로 볼 수도 있다. 사람이 일생을 살아가면서 돈을 왕성하게 벌 수 있는 시간은 일반적으로 한정되어 있다.[5] 돈을 버는 활동은 사회적 도리에

---

5 만 15세 이상의 인구를 **생산활동 가능인구**라 하며 이 중 재화나 용역을 생산하기 위해 노동을 제공할 의사와 능력이 있는 사람을 **경제활동인구**라 한다. 경제활동인구는 현재 취업 상태에 있는지 여부에 따라 취업자와 실업자로 구분된다. **취업자란** 매월 15

가깝다. 그 사회적 도리를 감당하는 사람들 간의 분업(分業)은 '관습 헌법'이라 할 만하다.

어려서는 소비만 하다가 고등학교나 대학교 생활을 마치고 성년이 되고부터는 덧셈의 길을 걸어가야 한다. 자기가 쓸 돈을 벌어야 한다. 실력과 마음 자세를 갖추었다고 항상 돈을 벌 수 있다고 장담할 수는 없다. 실패해도 다시 일어서기 위해서는 기술과 지식을 계속 배우고 용기를 내야 한다.

일터에서 버는 소득으로 먼저 자기와 가족의 소비를 충당하고, 나중에 은퇴해서 돈을 벌지 못할 때 소비할 돈을 준비하기 위해 저축도 해야 한다. 은퇴 후에는 직장소득이 없으므로 그때까지 모아 둔 돈으로 노년의 소비생활을 해야 한다. 나이가 많이 들어서 몸의 기운이 약해지면 돈을 벌기가 더 어려워진다. 많은 사람들의 경우 나이가 들면 소득이 줄어들거나 없어진다. 기존에 모아 둔 돈을 아껴서 쓰거나 부족하나마 힘겹게 돈을 벌어야 한다. 적어도 금전적인 면에서 다른 사람에게 의존하지 않을 만큼의 소득을 창출할 수 있는 기간 동안에는 나중에 늙어서 쓸 돈을 마련해 두는 것이 필요하다. 은퇴 이후를 위해 준비해 둔 돈이 부족하면 힘든 몸에도 불구하고 일을 해서 돈을 벌거나 자식이나 사회단체, 또는 국가에 의존할 수밖에 없다. 6

일이 포함된 1주일 동안에 수입을 목적으로 1시간 이상 일한 사람과 본인 또는 가족이 소유·경영하는 사업체에서 주당 18시간 이상 일한 무급 가족종사자를 가리킨다. **실업자**란 매월 15일이 포함된 1주일 동안에 적극적으로 일자리를 구해 보았으나 1시간 이상 일을 하지 못한 사람으로서 즉시 취업이 가능한 사람을 말한다. 한편 생산활동 가능인구에 대한 경제활동인구의 비율을 경제활동참가율이라 한다.

이른바 선진국 클럽이라 불리고 한국이 26번째로 가입한 경제협력개발기구(OECD)에 따르면, 2015년 기준 한국의 75세 이상 노인 가운데 18%가량이 직업을 가지고 일을 한다. 몸이 건강하고 삶의 보람을 찾기 위해 고령에도 일을 하는 경우도 있겠지만, 많은 경우에 배고픔을 달래고 병 치료를 위해 손에서 일을 놓지 못한다. 선진국은 그 비율이 아주 낮다. 독일은 1.8%이고, 프랑스는 0.5%이다. OECD 회원국의 평균은 4.8%이다. 한국인들은 돈을 한창 버는 젊은 시기에 노후 대비 저축을 더 많이 해야 하는 상황이다.

사람마다 재능이 다르고 살아가는 환경이 달라 돈을 버는 방법도 다양하다. 먼 옛날인 18세기 후반에 아담 스미스(Adam Smith)가 멋지게 설명했듯이 **분업**은 생산성을 획기적으로 높인다. 이미 오래전부터 분업은 우리의 숙명이었다. 사회가 발전할수록 분업의 정도는 점점 그 수준이 높아졌다. 오늘날 많은 사람들은 모두 자기가 만들지 않은 집에서 자기가 직접 기르지 않은 재료로 만들어진 음식을 먹고, 남이 만들어 준 옷을 입고 신발을 신고 안경을 낀 채로, 전철을 타고, 전화기를 들고, 가방을 메고, 지갑7에 명함과 신용카드를 넣고 회사에 출근해서 자신이 도저히 만들 수 없는 컴퓨터 앞에 앉아 있다. 필자가 하는 일은 무언가를 만드는 일과 전혀 관계없는 글자를 입력하고 생각하고 사람을 만나고 하는 일이다.

---

6 우리는 태어나면서부터 누군가에게 의존한다. 꼭 돈이 아니더라도 우리의 삶은 매일매일 누군가에게 의존해야 한다. **나누는 지혜가 없으면 의존은 어려워진다.**

7 사람들이 지갑에 넣어 둔 지폐도 자신들이 직접 만들지 않았다.

내 분수는 얼마나 작은 수일까? 분업이 없이는 단 하루도 살 수 없다. 그러므로 누구든지 어떤 분야에서든 자기의 전문성을 쌓아 가는 노력이 중요하다. 각자 자기가 잘하는 일을 맡아서 일을 나누어 하면 경제 시스템 전체의 생산성이 높아진다. 돈을 버는 일이 예상과 달리 어려움에 봉착할 때를 대비해서 'Plan B'도 준비해 두고 있다면 당신의 경제적 성공가능성은 그만큼 커진다. 그러므로 학창시절부터 자기가 소질과 관심이 있는 분야를 찾으려 노력하고 전문성을 키우는 노력을 하는 것이 필요하다.

우리나라엔 고령화, 가계부채 증가, 소득불균형 문제 등으로 소득이 줄어들고 빌린 돈의 이자를 갚고 나면 쓸 돈이 얼마 남지 않는 사람들이 많다. 소비가 줄어들면 기업이 만드는 물건에 대한 수요가 줄어들기 때문에, 임직원에게 직장과 월급을 제공하는 기업의 활동도 줄어들게 된다. 따라서 지금 우리 경제의 소비와 투자가 위축될 것을 우려하는 목소리가 많다. 개개인의 소득이 소비로 원활하게 이어져야 가계와 기업, 그리고 정부를 포함한 경제의 흐름이 선순환을 이어갈 수 있다. 그러므로 국가가 나서서 가계 소비의 큰 부분을 차지하는 주거, 교육, 의료비의 부담을 줄여 주고, 한계소비성향[8]이 상대적으로 큰 저소득층이나 중산층 사람들이 적정한 수준의 소득을 벌 수 있도록 직업교육, 창업지원, 정책자금 공급 등을 효과적으로 하는 일이 어느 때보다 더욱 중요해지고 있다.

생산과 소비는 경제의 엔진이다. 많은 사람들의 소득원은 공장,

---

8 제 1장 '가격과 인플레이션' 부분에서 설명하였다.

가게, 사무실 등을 다니며 무언가를 생산하는 일을 하고 그 대가로 받는 월급이다. 가게 주인 등 자영업자는 스스로 자기 월급을 만든다. 회사의 종업원이든 자영업자든 일을 해서 돈을 벌고 그 돈으로 소비하면서 삶을 꾸려 간다. 각자 자기 일자리에서 우리 경제의 엔진과 같은 역할을 한다.

생산에 기여한 사람들이 자기 몫을 잘 받아서 소비에 지출하고 미래를 위해 저축하는 모습이 많을수록 우리 경제의 엔진이 돌아가는 소리도 더욱 경쾌해진다. 일자리가 많아지고 노동자들에게 분배되는 소득의 몫이 많을수록 경제의 활력이 커진다. 일자리(employment)가 늘어나고 가계의 소득(household income)이 증가하면 경제의 원동력인 소비 지출의 규모가 커진다. 이에 따라서 기업이 만드는 물건과 서비스에 대한 수요가 증가해 기업의 투자와 생산이 증가하는 선순환 경제를 만들 수 있다.

한 나라가 일정 기간 동안 생산한 물건이나 서비스의 전체 가치를 계산하는 방법으로 **국내총생산**(Gross Domestic Product, GDP)이라는 개념이 있다. 보통 한 나라의 영토 안에서 1년 동안 새로 만들어 낸 모든 물건9의 시장가격을 더해서 구한다. 한편, '영토'를 기준으로 하지 않고 그 나라 '국민'을 기준으로 전체소득을 계산한 값을 국민총소득(Gross National Income, GNI)이라고 한다. 한 나라 국민 개개인의 평균적 생활수준을 비교하는 데에는 1인당 국민생산(1인당 GDP)보다 1인당 국민소득(1인당 GNI)이 더 적합한 것으로 인정된다. 우리나라에

---

9 이발, 통역 등 물리적 실체가 없는 가치를 만들어내는 활동도 포함한다.

서는 한국은행이 국제기준에 따라서 국민생산과 소득의 통계를 만드는데, 이에 따르면 2017년 국내총생산은 약 1,730조 원(미국 달러 기준으로는 약 1조 5,302억 달러)으로 세계 11위이고, 1인당 국민소득은 약 3,364만 원(약 2,975만 달러)이다.

우리나라 돈인 '원'으로 계산한 GDP 값을 미국 달러로 표시하려면 원화와 달러의 교환비율인 **환율**(*exchange rate*)을 이용해야 하는데, 환율 값 자체의 변동이 심한 점, 환율과 상관없이 이루어지는 경제활동이 많은 점 등이 국가들 간에 경제 규모를 비교한 결과의 단점으로 지적될 수 있다. 가사노동이 포함되지 않는 점 등 GDP 값 자체의 문제점도 있다. 하지만 여러 가지 한계점에도 불구하고 GDP는 한 나라 전체의 경제 규모를 파악하고 다른 나라들과 비교할 수 있는 유용한 도구로 활용된다.

회사에 속한 근로자이든지 스스로 가게 주인이 되는 자영업자나 프리랜서이든지 간에 가치 있는 무언가를 생산하는 데에는 노동력과 돈, 땅과 경영능력 등이 필요하다. 이런 것들을 **생산요소**라고 하는데 생산된 물건의 가치는 생산요소를 공급한 경제주체들에게 소득으로 분배되므로 개념상으로 생산된 물건 전체의 가치의 합은 분배된 소득의 합과 같게 된다. 국민들에게 분배된 소득은 소비되거나 정부에 세금으로 납부되고 나머지는 은행이나 자본시장을 거쳐 기업의 투자자금으로 사용된다. 소비와 세금을 제외한 이 나머지 부분을 개념화해서 **저축**이라고 부른다. 조금 더 쉬운 말로 이해하자면 세금을 내고 남은 여유자금으로 보아도 무방하다. 가계, 기업, 정부의 소비와 투자는 국산품만이 아니라 수입품에도 지출된다. 국산품에 대한 지출

중에서 외국인이 차지하는 부분이 수출이다. [10]

매년 국가 전체의 소득을 계산하는 방법을 이용해서 그 나라 경제의 활력의 변화를 가늠할 수 있다. **경제성장률**은 지난해의 GDP와 그 다음 해의 GDP를 비교해서 증가율을 계산하는데, 보통 물가 상승의 영향을 제외하고 실질적인 면에서 경제가 어느 정도 성장하는지를 보여준다. 우리나라의 국내총생산(GDP)은 2011년에서 2015년 사이 평균 2.96% 성장했다. [11] 우리나라의 주력산업이 성숙단계에 들어왔고 기업의 신규 투자가 활발하지 않으며, 인구나 소득분포가 경제 규모가 커지기에는 불리한 방향으로 변화하고 있어 앞으로는 1970년대 이후 고도 성장기에 이뤄냈던 약 7%의 성장률을 기대하기는 어려워 보인다. 심지어 3% 성장세를 유지하는 것도 쉬운 일이 아니라는 인식이 보편화되고 있다. 3% 성장이라도 이어가려면 가계 소비와 기업 투자가 뒷받침되어야 하는데 경제 전반의 상황이 그리 밝지 않기 때문이다.

지난 상당 기간 동안 가계소득이 경제 규모의 증가에 미치지 못한 상황에서 가계가 빚을 늘려 소비를 해오다가, 언제부터인가 더 이상 빚을 늘리기 어려워지면서 소비를 줄일 수밖에 없는 가계들이 늘어

---

10 국민소득을 분석할 때 생산된 가치를 Y라 하고, 소비, 세금, 저축을 각각 C, T, S라 하며, 정부 지출, 기업투자, 수출, 수입을 각각 G, I, X, M이라고 하면 다음과 같은 등식을 만들 수 있다.

$$Y = C + T + S = C + G + I + X - M$$

이 식은 '생산 = 분배(처분) = 지출'이라는 관점에서 국민소득을 본 것이고 세 개념의 국민소득 값은 사후적으로 항상 같다.

11 실질임금은 같은 기간 동안 1.34% 증가했다.

나고 있다. 느린 성장이 고착화된 상황에서 빚을 갚을 소득을 만들기가 예전보다 훨씬 더 어려워지면 과중한 빚은 소비를 줄이는 원인으로 작용할 수밖에 없다. 미래전망이 불투명하고 경영환경이 어두울수록 기업은 과감하게 투자하기 어렵다. 지금 우리 경제의 상황은 어떻게든 가계 소득을 늘리고 소비와 투자의 부담을 줄이는 방안이 절실해졌다. 가보지 않은 길이고, 호락호락해 보이지 않는 길이다.

프랑스 파리에 있는 교차로 신호등과 진입금지 표시(2017.2.)
뺄셈과 덧셈은 우리 삶의 바로 곁에 있다.

사칙연산과 금융의 원리 : 덧셈

1. 직업을 가질 수 있는 나이가 되면 소비하는 데 필요한 돈을 벌기 위해
   노력해야 한다.

2. 벌고 쓰는 돈은 은행 계좌 등을 이용해 입출금을 관리하는 것이 편리하다.

3. 분업이 고도화된 현대 사회에서 직업 활동은 국민의 권리이자 의무이며,
   국가는 국민 전체의 일자리 안정을 위해 노력한다.

3

저축은
곱셈이다

우리나라에서 '중국집'이란 자장면, 짬뽕, 탕수육 등 중국음식을 파는 식당을 일컫는다. 중국집에서 '보통'의 반대말은 '곱빼기'이다. '곱'은 2배를 한다는 뜻이지만, 정확히 말해 곱빼기를 시켜 보면 보통의 2배는 안 된다. '빼기'는 '그러한 특성을 가진 물건이나 사람'을 의미하는 말이라서 뺄셈과는 아무 관련이 없는 말이다. 그래서 '곱빼기'는 영어로 'double'과 같은 의미를 가진 순수한 우리말이다. 옛날에는 가을 운동회나 졸업식 같은 중요한 날이라야 아이들이 자장면 맛을 볼 수 있었다. 곱빼기는 아이들에게 축복이었다. 아이에게 곱빼기를 시켜 주고 나서 아이의 분명한 허락을 받지 않고 자장면에 젓가락을 갖다 대면 나중에 원망을 곱빼기로 들을 수 있다. 아마 자장면 곱빼기의 곱빼기 값이 나가는 선물을 사줘야 할지 모른다. 곱빼기와 나누기는 보통사람들이 무심코 할 만큼 마냥 쉬운 일은 아닌가 보다.

곱셈의 기술

곱셈과 나눗셈은 우리가 이 책에서 정복하고자 하는 **금융**[1]이라는 높은 산의 한가운데로 들어가는 '깔딱고개'와 같다. 각종 숫자와 계산식으로 일반 사람들의 머리를 어지럽게 하는 금융의 기본 원리를 이해하기 위해서는 **기초 수학지식**(*numeracy*)이 반드시 필요하다. 돈은 아주 빠르게 움직인다. 곱셈을 덧셈의 고속철이라고 하자면 나눗셈은 뺄셈의 쾌속정이다. 곱셈과 나눗셈을 자유자재로 할 수 있으면 금융 정복은 식은 죽 먹기와 같다.

　보통 아이들에게 곱셈은 그렇게 어려운 계산이 아니다. 구구단만 잘 외우면 나눗셈보다 훨씬 쉽게 할 수 있다. 하지만 세 자리 이상의 큰 수의 곱셈을 할 때에는 상당한 집중력이 필요하다. 아래에서 필자가 아이들에게 가르쳐 준 구구단 암기법을 포함해서 곱셈의 기초기술을 소개하고자 한다. 아이들과 함께 공부해 볼 수 있는 좋은 주제라고 생각한다.

　덧셈이 하나에서 시작한다면 곱셈은 둘에서부터 시작한다. 덧셈이 '하나' 더하기에서 시작하듯이 곱셈은 같은 것 '2개'를 더하는 일에서부터 익혀 갈 수 있다. **같은 수를 한 번 더 더하는 것을 의미하는 곱빼기는 덧셈과 곱셈의 연결고리이다.**

1　돈과 금융에 관한 자세한 설명은 이 책의 2부에서 다룬다.

▌곱셈의 기술 1.

구구단의 기본, 2단을 먼저 외우도록 한다.

$$1 + 1 = 2 \quad \text{이 일은 이}$$
$$2 + 2 = 4 \quad \text{이 이 사}$$
$$3 + 3 = 6 \quad \text{이 삼은 육}$$
$$4 + 4 = 8 \quad \text{이 사 팔}$$
$$5 + 5 = 10 \quad \text{이 오 십}$$
$$6 + 6 = 12 \quad \text{이 육 십이}$$
$$7 + 7 = 14 \quad \text{이 칠 십사}$$
$$8 + 8 = 16 \quad \text{이 팔 십육}$$
$$9 + 9 = 18 \quad \text{이 구 십팔}$$

(20에서 1을 두 번 빼도 18이다)

숫자 곱빼기는 얼마든지 할 수 있으므로 가능하면 '19 + 19'까지 계산해 보고 외울 수 있으면 외우게 하자. 하지만 두 자릿수의 곱빼기는 무작정 외우는 것보다는 빨리 계산하는 방법을 익히는 것이 더 중요하다. 그것만으로도 충분할 수 있다.

$$10 + 10 = 20 \quad \text{이 십은 이십 (하나 마나 한 말 같다)}$$
$$11 + 11 = 22 \quad \text{이 십일은 이십이 (좀 이상해 보인다)}$$
$$12 + 12 = 24 \quad \text{이 십이는 이십사 (마법인 듯하다)}$$
$$\cdots$$
$$19 + 19 = 38 \quad \text{이 십구는 삼십팔 (40에서 2를 뺀다)}$$

곱셈은 같은 수를 여러 번 더하는 것이므로 곱하는 숫자의 순서를
바꿔도 된다. 덧셈에서 숫자의 순서를 바꿔도 되기 때문이다.
마찬가지로 이 법칙을 교환법칙이라 한다.

'3×5'는 구슬 3개씩 들어 있는 주머니가 5개 있을 때 전체 구슬의 개
수를 구하는 문제로 생각할 수 있다. 3을 다섯 번 더하면 된다.

$$3 \times 5 = 3 + 3 + 3 + 3 + 3 = 6 + 6 + 3 = 12 + 3 = 15$$

이번에는 다섯 번째 주머니에서 구슬을 꺼내서 앞의 3개의 주머니에
구슬 하나씩을 넣고, 구슬을 추가로 넣지 않은 네 번째 주머니의 구슬
도 그 3개의 주머니에 하나씩 넣으면 어떻게 될까? 전체 구슬의 개수
는 15개로 변함이 없다. 전체 구슬의 수는 5를 세 번 더한 수이다.

$$5 \times 3 = 5 + 5 + 5 = 10 + 5 = 15$$

이것은 하나의 사례일 뿐이다. 곱셈에서 숫자의 순서를 바꾸어도 되
는 근본 이유는 곱셈의 기본 성질이 바로 덧셈이기 때문이다. 곱셈은
덧셈을 신속하게 하는 기술일 뿐이다.

알아 두고 직접 그리면서 다른 사람에게 설명해 볼 만한 좋은 그림
이 있다. 이 그림은 '$3 \times 5 = 5 \times 3 = 15$'의 원리를 쉽게 보여 준다. 세
로로 세 토막이 붙은 초콜릿 다섯 줄과 가로로 다섯 토막이 붙어 있

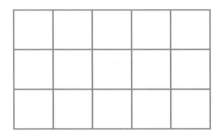

는 초콜릿 세 줄의 초콜릿 양이 똑같다. 구슬 15개를 3개씩 다섯 줄
로 나열하는 것이나 5개씩 세 줄로 나열하는 것과 마찬가지이다.

▌곱셈의 기술 3.

덧셈을 반복하는 곱셈의 원리를 생각하면서 구구단을 외우도록 하자

구구단 2단을 다 외웠으면 3단과 4단을 외울 차례이다. 곱셈은 덧셈
을 반복하는 것이라는 원리를 생각하면 이해하기 쉽다.

$3 \times 1 = 3$ 3을 한 번 더하라는 말은

그냥 3을 그대로 두라는 말이다.

$3 \times 2 = 6$ 이미 2단에서 외웠다.

$2 \times 3 = 6$.

$3 \times 3 = 9$ $3 + 3 + 3 = 9$.

10에서 하나가 모자란다. 외우기 쉽다.

3 × 4 = 12　구슬 9개에 3개를 더하니 10개를 채우고도 2개가
　　　　　　남는다.   4단에서 다시 만날 것이다.
　　　　　　4 × 3 = 12.

3 × 5 = 15　앞의 구슬 주머니에서 공부했다.

3 × 6 = 18　3을 여섯 번 더하라는 건 3을 세 번 더한 수인
　　　　　　9를 두 번 더하는 것과 같다. 9 + 9 = 18이다.
　　　　　　외우자. 6단에서 다시 만날 것이다. 6 × 3 = 18.

3 × 7 = 21　구슬 18개에 3개를 더하면 20개를 만들고 나서
　　　　　　하나가 남는다.
　　　　　　외우자. 7단에서 다시 만날 것이다. 7 × 3 = 21.

3 × 8 = 24　3 × 4 = 12. 12 + 12 = 24.
　　　　　　8단에서 또 보자. 8 × 3= 24.

3 × 9 = 27　그냥 외울까? 아니다. 24개에 3을 더하니 27이다.
　　　　　　9단에서 또 보자. 9 × 3 = 27.

4단도 이런 방법으로 이해하고 나서 외우면 된다. 3단과 4단에는
같은 식이 들어 있다.

3 × 4 = 4 × 3 = 12
3 × 8 = 3 × 2 × 4 = 6 × 4 = 4 × 6 = 24

5단은 시계의 숫자를 보면서 익히는 것도 좋은 방법이다. 긴 손이 1에 있으면 5분이다. 2에 있으면 10분이고, 6에 있으면 30분이다. 11에 있으면 55분이고 12에 있으면 60이다. 아이들도 5단은 외우기가 조금 더 쉽다고 느낀다.

이제 9단을 보자. 구슬 10개를 담을 수 있는 주머니마다 구슬이 9개씩 들어 있다고 생각하면 주머니 하나당 구슬이 하나씩 부족하다($10-1=9$). 주머니가 2개면 2개 부족하다($20-2=18$). 주머니가 3개면 3개 부족하다($30-3=27$). $40-4=36$, $50-5=45$, $60-6=54$, $70-7=63$, $80-8=72$, $90-9=81$.

9단을 외우는 다른 방법 두 가지를 소개하겠다. '$9 \times 3 = 27$'에서 보듯이, 곱하는 수(3)보다 1만큼 작은 수(2)를 십의 자리에 두고, 그 십의 자리 수(2)와 합해서 9가 되는 수(7)를 일의 자리에 두면 된다. 똑같은 방법으로 계산해 보자. $9 \times 5 = 45$, $9 \times 7 = 63$이다.

다른 방법은 양손을 이용하는 방법이다. 먼저 양손을 책상 위에 놓고 손가락을 모두 편 다음에 왼쪽부터 순서대로 손가락을 들어 본다. 그러면 왼손 검지는 네 번째 들게 된다. 왼손 검지의 왼편에는 손가락이 3개, 오른편에는 손가락이 6개 있다. 왼편이 십의 자리이고, 오른편이 일의 자리이다. 오른 손 검지는 일곱 번째 손가락이므로 9×7을 계산하는 방법인데, 왼편이 손가락이 6개, 오른편에 3개 있다. 그러므로 63이 답이다.

이제 6단, 7단과 8단이 남았다. 그냥 외우기 전에, 곱셈의 숫자를

구구단 표

2단	3단	4단	5단	6단	7단	8단	9단
2 × 1 = 2	3 × 1 = 3	4 × 1 = 4	5 × 1 = 5	6 × 1 = 6	7 × 1 = 7	8 × 1 = 8	9 × 1 = 9
2 × 2 = 4	3 × 2 = 6	4 × 2 = 8	5 × 2 = 10	6 × 2 = 12	7 × 2 = 14	8 × 2 = 16	9 × 2 = 18
2 × 3 = 6	3 × 3 = 9	4 × 3 = 12	5 × 3 = 15	6 × 3 = 18	7 × 3 = 21	8 × 3 = 24	9 × 3 = 27
2 × 4 = 8	3 × 4 = 12	4 × 4 = 16	5 × 4 = 20	6 × 4 = 24	7 × 4 = 28	8 × 4 = 32	9 × 4 = 36
2 × 5 = 10	3 × 5 = 15	4 × 5 = 20	5 × 5 = 25	6 × 5 = 30	7 × 5 = 35	8 × 5 = 40	9 × 5 = 45
2 × 6 = 12	3 × 6 = 18	4 × 6 = 24	5 × 6 = 30	6 × 6 = 36	7 × 6 = 42	8 × 6 = 48	9 × 6 = 54
2 × 7 = 14	3 × 7 = 21	4 × 7 = 28	5 × 7 = 35	6 × 7 = 42	7 × 7 = 49	8 × 7 = 56	9 × 7 = 63
2 × 8 = 16	3 × 8 = 24	4 × 8 = 32	5 × 8 = 40	6 × 8 = 48	7 × 8 = 56	8 × 8 = 64	9 × 8 = 72
2 × 9 = 18	3 × 9 = 27	4 × 9 = 36	5 × 9 = 45	6 × 9 = 54	7 × 9 = 63	8 × 9 = 72	9 × 9 = 81

바꾸어도 된다는 **교환법칙**을 이용해서 이미 알고 있는 것들을 〈구구단 표〉에서 지워 보자. 예를 들어 굵은 글씨로 표시된 3단은 가로로도 있고 세로로도 있으므로 중복되는 것들이 많다. 그런 식으로 중복되는 것들을 지우고 나면 1단을 생략하고 그린 총 81개의 칸 중에서 9개 칸이 남는다.

〈구구단 표〉에서 흰색으로 남아 있는 9개의 칸에 다시 곱셈의 교환법칙을 적용하면 세 쌍의 곱셈이 중복되므로 이 3개를 지우면 이제 외워야 할 곱셈 6개가 남는다. 이 6개는 여러 번 소리를 내 말하면서 입에 익숙해지게 하는 게 상책이다. 다음 괄호 안의 설명은 그냥 참고사항이다.

6 × 6 = 36	(욱욱 참은 삼십육 년. 일제시대)
7 × 7 = 49	(칠칠 싸구려)
8 × 8 = 64	(팔팔한 육사 생도)
6 × 7 = 42	(우쭐했던 42번가)
6 × 8 = 48	(윷판 사판. 윷가락이 4개라서?)
56 = 7 × 8	(오륙, 다음엔 칠팔)

▌곱셈의 기술 4.

두 자릿수 이상의 큰 수의 곱셈은 '세로계산법'을 꼭 익히도록 하자.
세로 계산법에서는 자릿수를 맞추는 것이 가장 중요하다.

구구단을 외웠으면 이제 어떤 큰 수라도 곱하기 계산을 할 수 있는 강력한 무기를 가지게 되었다. 덧셈과 뺄셈의 기술에서와 마찬가지로 큰 수의 계산에서는 세로계산법을 활용하면 편리하다. 자릿수를 계속 신경 쓰면서 세로계산을 정확하게 하는 연습을 할 차례이다.

$$
\begin{array}{r}
365 \\
\times \quad 24 \quad (20+4) \\
\hline
1460 \quad (365 \times 4) \\
+ \quad 7300 \quad (365 \times 20) \\
\hline
8760
\end{array}
$$

강원도 정동진 해변에 서 있는 해시계
아랫부분에 새겨진 글: 팔천 칠백 육십 시간 후 …

1년이 몇 시간인지를 계산하려면 하루 24시간을 365번 더하는 방법
이 있지만, '365 × 24'를 세로계산법으로 하는 편리한 방법이 있다.
먼저 큰 수를 위에 적고 작은 수를 바로 그 아래에 적은 후 아래에 적
은 수를 자릿수대로 나누어 생각해 본다. 즉 24를 20과 4로 나누어
생각한다. 다음으로, 큰 수와 아랫수의 각각의 자릿수를 곱한 값을
차례대로 적는다. 즉 '365 × 4'를 계산한 값과 '365 × 20'을 계산한 값
을 차례대로 적는다. 마지막으로, 차례대로 적은 곱셈 값을 더한다.
결국 곱셈은 덧셈을 벗어날 수가 없다.

돈 굴리기

곱셈 기호는 덧셈 기호를 굴리는 모양을 하고 있다. 덧셈과 곱셈은
원래부터 아주 가까운 사이이다.

　돈을 벌어 식료품비 등에 지출하고 남은 돈을 여유자금이라고 하
자. 여유자금이 있으면 이 돈의 가치를 지키는 일이 중요해진다. 우
리는 보통 여유자금을 은행에 보관한다. 은행계좌를 이용할 수 없는
사람은 침대 밑이 안전하다고 생각하고 그곳에 보관할 수도 있다. 어
떤 사람들은 은행의 컴퓨터가 갑자기 고장 나서 자기 계좌의 잔액을
'0'원이라고 표시하거나, 은행이 망해서 갑자기 문을 닫게 될까 걱정
되어서 돈을 스스로 보관하기도 한다. 어떻게 여유자금을 보관하든
지 간에 나중에 병원비나 대학 등록금 등 큰돈이 필요할 때나 직장에
서 월급을 받는 데 문제가 생겼을 때를 대비해서 얼마만큼의 여윳돈
을 마련해 두는 것은 아주 현명하고 누구에게나 장려할 만한 일이다.
　베개 밑은 번 돈을 보관하기에 좋은 장소는 아니다. 잠들 때마다
돈 쓸 곳을 생각하게 되고, 언제라도 꺼내 써버리기 쉬워서 큰돈을
모으기가 어렵다. 잃어버리기도 쉽다. 돈을 안전하게 보관하고 수입
과 지출내역을 확인하기 쉬운 은행계좌 등을 이용하는 것이 좋은 방
법이다. 예금계좌를 갖는 것은 대출 등 다른 금융서비스를 이용하기

위한 관문의 역할도 한다. 저축, 투자, 대출 등의 금융활동이 원활하게 이루어지려면 돈을 여러 곳으로 안전하게 이동시킬 수 있도록 거래자의 예금계좌와 다른 금융회사의 계좌가 연결되어 있어야 하기 때문이다. 예금계좌를 통한 거래는 돈이 이동하는 데 도난 우려가 적고 기록을 보관하기가 쉽기 때문에 혹시 발생할지도 모르는 법적 분쟁을 해결하는 데에도 아주 큰 도움이 된다.

우리나라의 경우 은행 점포가 많고 농어촌에도 농협, 수협, 새마을금고 등 소규모 금융회사들이 많아서 금융회사 계좌를 이용하기가 쉽고 편리하다. 하지만, 세계은행(World Bank)의 조사에 따르면 2014년 기준으로 선진국 거주 어른의 6% 정도가 은행계좌가 없는 반면, 개발도상국은 어른의 46%가 은행계좌가 없으며, 하루 2달러 이하의 소비 지출을 하는 어른들 중에서는 77%가 은행계좌가 없다고 한다. 은행계좌를 갖지 못한 이유는 다양하다. 가까운 곳에 은행 점포가 없을 수도 있고, 계좌를 열기 위해 필요한 신분증서 등이 없어서일 수도 있다. 은행을 믿지 못하거나 은행의 필요를 못 느끼는 사람들도 많다고 한다. 이런 사람들에게 은행 계좌를 이용할 기회를 주고 국가 혹은 은행들 간의 연합이 일정 한도의 금액까지 예금의 안전성을 보장해 주는 일은 매우 의미 있다. 사람들이 귀한 돈을 믿고 맡길 수 있는 은행계좌로 수입과 지출을 관리하고, 이 계좌를 이용한 거래실적을 바탕으로 다른 금융서비스를 이용할 수 있는 계기를 마련해 주는 일은 어느 누구도 그 가치를 부인하기 어렵다. 인터넷과 디지털 기술의 발전이 이 일의 필요성을 더욱 부각시키고 있다.

여러 사람들이 돈을 맡기면 은행은 큰돈을 모으게 된다. 은행의 주인은 이 돈을 보관하다가 나중에 보관수수료를 받고 맡은 돈을 원래 주인에게 돌려 줄 수 있다. 하지만 은행은 이 많은 돈을 돈이 모자란 사람에게 얼마 동안 빌려주고 이자를 받을 수도 있다. 보관수수료를 받는다는 말이 아주 이상하게 들릴 수도 있다. 하지만 은행이 보관하는 남의 돈을 다른 사람에게 빌려줄 수 없거나 사람들이 경제전망을 너무 비관적으로 보아서 돈을 빌리지 않으면 은행은 옛날처럼 다시 창고업자가 되어서 보관수수료를 받아야 할 것이다.

은행이 개인들로부터 모은 돈은 은행이 여러 사람들에게서 잠시 빌린 돈이므로 언제라도 요구할 때 돌려주어야 한다. '돌려 달라고 요구하면 지불한다'라는 뜻에서 이런 돈을 **요구불 예금**이라 한다. 미국에서는 이런 계좌를 'checking account'라 하는데, 수표(*check*)로 언제든지 빼내서 쓸 수 있는 돈이어서 그런 이름을 붙인 것 같다.

은행은 예금자들이 언제 그 돈을 돌려 달라고 요구할지 모르므로 예금을 거둬 모은 돈을 모두 다른 사람에게 빌려줄 수가 없다. 예금으로 모은 돈의 일정한 부분은 언제라도 돌려줄 수 있도록 준비해야 한다. 이러한 돈을 **지급준비금**(*reserve*)이라 하고 줄여서 '지준'이라고 부른다. 지준의 양을 늘리면 은행이 대출할 수 있는 돈의 양이 줄어들므로 금융시장에서 움직이는 돈의 양을 줄이는 효과가 있다. 예금 대비 지준의 비율을 줄이면 은행이 대출할 수 있는 돈의 양이 더 늘어나므로 경기를 살리는 효과가 생길 수 있다. 은행은 워낙 많은 양의 돈을 다루므로 지급준비금이 경제에 미치는 영향은 매우 크다. 각 나라의 중앙은행은 여러 가지 방법들 가운데에서 은행들이 보유하는 지급준비금의 양을 조절하면서 금융시장에서 흘러 다니는 돈의 양을

미국 중앙은행 본부 건물의 전경(2016.6. 워싱턴 D.C.)
출입문 위 독수리 아래 처마 밑에 보일 듯 말 듯 'FEDERAL RESERVE'라고 쓰여 있다.
'보이지 않는 손'을 가까이 하는 '보이는 손'이다.

조절하려고 한다. 세계의 화폐라고 할 수 있는 미국 달러의 발행량과 달러의 기준금리를 결정하는 미국 **연방준비위원회**(Federal Reserve Board)의 이름도 준비금(Reserve)을 그 중심에 두고 있다.

은행은 돈을 빌려줄 데가 많으면 더 많은 사람들로부터 돈을 모으기 위해 때때로 상당히 매력적인 이자율을 제시한다. 이런 예금은 1년이나 2년 등 정해진 기간이 지나야 약속한 이자를 받을 수 있는 상품이므로 예금자 입장에서는 조금 불편하지만 대신에 조금 더 많은 이자를 받을 수 있는 장점이 있다. 은행 입장에서는 '요구불'할 필요가 확 줄어들기 때문에 더욱 안정적으로 대출사업을 할 수 있는 장점이 있는 만큼 더 높은 예금이자를 줄 수 있는 여지가 있다. 이러한 예금을 **저축성 예금**이라고 한다. 미국에서는 이런 계좌를 'savings account'라고 한다. 저축성 예금도 예금주가 급하게 돈이 필요하거나 돈을 맡긴 은행이 맘에 들지 않으면 약간의 수수료를 감내하고 언제든지 찾아갈 수 있다. 그러므로 은행은 저축성예금에 대해서도 일정 비율만큼 지급준비금으로 보유해야 한다.

은행은 이렇게 이자를 주고 모은 돈을 굴려서 최소한 예금자에게 주기로 약속한 이자, 종업원들에게 줄 월급, 건물 관리비 정도 이상의 수입을 거두어야 한다. 은행에 사업자본을 투자한 사람들인 은행 주주들에게도 투자한 돈의 크기에 비례해서 얼마만큼의 수익을 돌려주어야 하기 때문이다. 그래서 은행은 가능하다면 예금이자는 낮게, 대출이자는 높게 정하기를 원하고, 환전 수수료 등의 다른 서비스 비용도 될수록 많이 받으려고 한다. 하지만 다른 은행들과 경쟁해서 고객을 빼앗기지 않아야 하므로 은행 마음대로 하기는 어렵다.

개개인들이 덧셈과 뺄셈을 하고 나서 만든 여유자금이 은행에 들어가면 은행은 그 돈을 불리기 위해 굴린다. 작은 눈뭉치를 굴려 큰 뭉치를 만들 듯이 예금자들이 은행에 맡긴 돈에 이자를 붙여 가는 행위는 바로 돈을 굴리는 것에 비유할 수 있다. 은행이 돈을 굴리기 이전에 개인들이 은행에 돈을 맡기는 것부터가 바로 개개인이 자기의 여윳돈을 굴리는 행위라고 볼 수 있다. 개개인의 덧셈이 곱셈으로 변하는 지점이다. 여윳돈을 굴리는 모양을 나타내듯이 곱셈 기호는 덧셈 기호를 굴리는 모양을 하고 있다. 다시 말하지만 덧셈과 곱셈은 아주 가까운 사이이다.

저축과 투자

여유자금을 굴리는 활동에는 은행에 일정 기간 동안 예금하고 이자 수입을 얻는 방식뿐만 아니라, 주식이나 채권에 전문가가 대신 투자해 주는 펀드에 가입하거나 자기가 직접 주식 등 종목을 골라서 투자하는 방식도 있다.

우리는 보통 예금으로 돈을 굴리는 방법을 **저축**(*savings*)이라 하고 주식이나 채권, 펀드 등 은행의 예금이자보다 조금 더 높은 수익을 목표로 돈을 굴리는 행위를 **투자**(*investment*)라고 한다. 하지만 저축과 투자를 엄격하게 구분하는 단 하나의 기준은 사실 없다. 저축이든 투자든 함께 묶어서 저축이라 부를 수도 있고 투자라 불러도 된다. 어느 경우든지 소비하고 남은 돈을 미래를 위해 아껴 둔다는 점에서 저축에 해당하고, 돈을 굴리는 대가로 추가 수익을 얻는 것을 목표로 한다는 점에서 투자이다. 중요한 것은 소득 중에서 소비에 지출하고 남은 돈을 굴려야 한다는 것이다. 여윳돈을 굴리는 행위가 투자 또는 저축인 셈인데 일반적으로 그 이름에서 짐작할 수 있듯이 굴리는 방법이 상대적으로 안전한 것을 **저축**(貯蓄)이라 부르고 기대하는 수익이 다소 높고 손실을 볼 가능성도 있는 방법을 **투자**(投資)라고 부른다. 저축이라는 용어에는 조금 느려도 차곡차곡 쌓아 간다는 뜻이 담겨 있고, 투자라는 말에는 과감하게 돈을 던져서 구르게 한다는 의미가 담겨 있다(저축과 투자의 구분은 뒤에서 조금 더 자세하게 다룬다).

저축이든지 투자든지 돈을 굴리는 방법을 선택하는 시점에 예상한 대로 저축원금이나 투자원금에 더해서 나중에 이자나 투자수익을 얻을 수 있다면 여유자금을 단순하게 은행의 보통예금계좌에 보관하는 것 이상의 플러스 효과를 볼 수 있다. 내 돈을 베개 밑에 보관하고 있으면 돈의 실질적인 가치는 작아진다. 내 돈의 양은 일정한데 물건의 가격이 올라간다면 돈으로 살 수 있는 물건의 개수가 줄어들기 때문이다.

그러므로 돈을 굴릴 때 가장 중요하게 따져야 할 점은 최소한 예상되는 물가상승률 정도의 수익을 얻어야 자기 돈의 가치를 지킬 수 있다는 사실이다. 내 돈의 가치를 지키기 위한 최소한의 노력은 일반적으로 **예상되는** 물가상승률만큼의 이자를 줄 수 있는 은행의 정기예금에 돈을 넣어 두는 것이다. 더 정확히 말하면 **물가상승률**뿐만 아니라 투자수익에 대한 세율도 고려해서 물가상승률보다 조금 높은 수익률을 달성해야 한다. 가령 이자나 배당수익에 대한 **세율**이 10%이고 저축(투자)한 시점부터 1년간의 물가상승률이 3%라면 최소 3.3%의 수익률이 나는 곳에 투자(저축)를 하여야 한다. 100만 원을 1년간 은행에 맡겼다면 3만 3천 원의 이자수익을 만들어야 약 3천 원을 세금으로 내고 나머지 103만 원으로 1년 후에도 지금과 동일한 구매력을 가질 수 있다.

물론 은행이 망할 가능성도 고려해야 하지만 많은 나라에서는 은행이 문을 닫게 되더라도 정기예금 등 은행에 맡긴 돈을 일정한 금액까지는 원금과 일정한 수준의 이자를 되돌려 받도록 보장하는 제도를 시행하고 있으므로 은행이 망할 걱정을 너무 많이 할 필요는 없다. 한국에서는 개인이 거래하는 은행이나 **금융회사별**로 원금과 이자를 합해서 **개인당 5천만 원**까지 보호해 준다. 무슨 돈으로 개인의 예금을 보호해 주는지 궁금한 사람들을 위해 조금 더 설명하면, 개개인이 받을 수 있는 예금이자를 조금 줄이는 대신에 그만큼의 돈을 예금보험공사에 미리 납부해서 만든 큰돈을 안전하게 보관하다가 은행이 망하면 그 돈으로 망한 은행의 예금자들에게 5천만 원까지 지급해 주는 식이다. 넓게 보면 예금자들의 비용으로 예금보호 장치를 마련한 것이고, 은행도 그 제도 덕분에 많은 예금자들로부터 사업자금을 모을 수 있기 때문에 은행 영업을 더 잘 할 수 있는 것이다. 누이 좋고 매부 좋은 일이다. 은행창구에 가서 자기 예금을 보호해 주어서 고맙다고 말할 필요는 없다. 결국은 공짜가 아니기 때문이다.

보험대상이 아닌 5천만 원을 초과하는 부분에 대해서는 문을 닫게 된 금융회사의 소유로 남아 있는 자산을 다 처분해서 마련한 돈으로 5천만 원 이하의 예금자를 제외한 나머지 채권자들 간에 채권 순서와 채권 금액에 따라 '파산배당금' 명목으로 분배한다. 배당비율은 망하게 된 금융회사의 상황에 따라 다른데, 5천만 원을 초과하는 예금액 중에서 예금자에게 돌려주는 돈의 비율은 10%에서부터 50%에 이르기까지 다양하다.

은행이나 저축은행에 돈을 맡기는 사람들이 꼭 알아야 하는 부분은 5천만 원이라는 숫자만이 아니다. 예금보호가 되지 않는 금융상품이 많다는 점에 주의해야 한다. 금융회사에 돈을 맡기기 전에 반드시 확인해야 한다. 일반적으로 예금보호가 되는 상품은 금융회사에 돈을 맡겼을 때 원금에 더해서 받을 수 있는 이자(수익)가 적은 편이다. 높은 이자를 100% 보장한다는 말은 거의 다 거짓말이다. 그게 공평한 세상의 모습이다. 예를 들어 '후순위 채권'이라는 상품은 예금에 비해 이자율이 높지만, 그 채권을 발행한 금융회사가 망했을 경우 보호대상이 아니다. 어느 저축은행이 발행한 후순위채권에 3천만 원을 투자했는데 저축은행이 망하면 후순위채권 투자액 전부가 파산 재단의 소유로 바뀌고 투자자는 나중에 파산배당금 명목으로 3천만 원의 10~50%만 돌려받게 된다. 그러므로 은행창구에 가서 큰돈을 맡길 때는 예금보호 대상인지를 확인하고 5천만 원이라는 보호 한도 도 고려해야 한다. 여러 은행에 나누어서 예금해도 은행별로 5천만 원씩 보호해준다. 모든 은행이 예금보험공사에 보험료를 내기 때문이다.

정기예금은 1년이나 2년의 기간 동안 은행에 목돈을 맡기는 방식인데, 그런 여윳돈을 가진 사람이 흔하지는 않다. 그래서 매달 약간의 돈을 오랫동안 적립해 가는 방법도 있다. 돈을 쌓아간다는 의미에서 적금(積金)이라 한다. 정기예금이나 적금 중 어느 것이 이자율이 높은지는 금융시장의 상황에 따라 다르다. 펀드 투자도 목돈을 한번에 투자하거나 매달 10만~20만 원을 적립하는 방법이 있다. 한번에 큰돈을 투자하고 나중에 한꺼번에 찾는 방식에 비해 수익률을 계산하기가 조금 더 복잡해지지만, 한번에 투자한 경우의 계산방법을 반복해서 사용하는 것이므로 컴퓨터의 계산능력에 맡기면 된다.

물가상승률을 초과하는 높은 수익률을 얻기 위해서 주식이나 채권을 자기가 직접 골라서 투자하는 사람은 그 주식이나 채권을 발행한 회사의 경영 상태와 경제 전반의 상황 등에 관한 상당한 지식을 가져야 한다. 높은 수익이 기대되는 투자상품은 그 수익이 이루어지지 않을 가능성이 얼마든지 있다는 점을 반드시 알아야 한다. 펀드에 투자할 때도 마찬가지인데 펀드재산을 대신 굴려 주는 전문가의 실력이 아무리 뛰어나더라도 그 펀드가 제시하는 기대수익률이 높을수록 그만큼 위험도도 커진다는 사실을 고려해야 한다. 기대수익률이 높은데도 확실한 보장을 해주는 투자상품이 나를 기다린다는 생각은 착각일 뿐이다. 돈이 굴러다니는 시장은 일반 사람들에게 각별한 호의를 베풀 만큼 따뜻한 곳이 아니다. 나중에 쓸 곳이 정해져 있는 돈을 잠시 투자할 때에는 기대수익률을 너무 높이 잡지 않는 게 상책이다. 모험적인 투자를 할 때에는 원금을 되돌려 받지 못해도 살아가는 데 큰 지장이 없는 진정한 여유자금으로 하는 것이 미덕이다. 나의 여윳돈을 적절하게 굴리는 활동은 내 돈의 가치를 지키기 위해 꼭 해야 하는 일이다. 말 그대로 '가치가 있는' 일이다.

단리와 복리

투자나 저축은 여유자금을 지금 소비하지 않고 미래에 사용하기 위해서 그 시간 동안 기다리는 것이다. 기다림의 대가인 이자와 수익은 시간이 지날수록 점점 커진다. 연이자율이 10%이면 1년 후에 원금의 10%만큼 재산이 늘어난다. 100만 원을 굴리면 1년 동안 이자가 10만 원 생겨서 1년 후에는 110만 원을 가질 수 있다. 1년 후 시점을 기준으로 보면 투자할 수 있는 원금이 110만 원으로 늘어난 것이다. 110만 원을 다시 10% 금리로 투자하면 다시 1년 동안 이자가 11만 원 늘어서 2년 후 시점에는 121만 원을 가질 수 있다.

눈송이가 점점 커지는 것에도 복리의 원리가 작용한다.

이자는 눈송이에 눈이 붙듯이 재산이 불어나게 하는 효과를 만든다. 그 불어난 부분이 다시 원금으로 투자되므로 시간이 갈수록 돈의 양이 더 빨리 증가하는 효과가 생긴다. 이와 같이 이자가 투자원금에 더해져서 다시[復] 투자되어 이자[利]가 늘어나는 것을 **복리**(複利, *compound interest*) 라고 한다.

반면 매 기간 정해진 금액만큼 이자를 추가하는 방법이 있는데 그 이자계산법이 간단하다고 해서 **단리**(單利, *simple interest*) 라고 한다. 매 연말에 이자를 계산하고 그 연이자율이 10% 라면 100만 원을 저축한 경우 단리로 계산되는 이자는 매년 10만 원씩 늘어난다.

복리를 이용하면 100만 원을 투자했을 때 첫해에 10만 원의 이자가 생기고 그 이후로는 10만 원보다 많은 이자가 붙는다. 1년간 투자해서 번 이자수익은 1년 후에는 내 돈이므로 1년 후 시점에는 원래의 원금과 이자를 합한 전체금액을 투자하기 때문에 그렇다. 다음과 같이,

$$100만\ 원 \rightarrow (1년\ 후)\ 100 \times (1 + 10\%) = 110만\ 원$$

1년 후에는 110만 원이 내 돈이다. 그러므로 그 돈을 그대로 다시 1년간 투자하면 110만 원 전체에 이자가 붙어서 121만 원으로 늘어난다. 단리법에 비교해서 1만 원이 더 생긴다.

$$110만\ 원 \rightarrow (다시\ 1년\ 후)\ 110 \times (1 + 10\%) = 121만\ 원$$

같은 원리로 2년 후 시점에서 다시 그 돈을 그대로 다시 투자하면 121만 원 전체에 이자가 생기므로 이자수익이 12.1만 원이다. 계속 같은 방법으로 투자하면,

$$121만\ 원 \rightarrow (다시\ 1년\ 후)\ 121 \times (1 + 10\%) = 133.1만\ 원$$

매년 10만 원의 이자를 얻을 때와 비교해 2년차에는 1만 원이 더 생기고(121−120), 3년차에는 3.1만 원이 더 생긴다(133.1−130). 이자수익을 다시 굴릴 수 있는 복리의 효과 때문이다. 그 차이는 시간이 갈수록 점점 늘어간다. 그러므로 복리를 잘 활용하는 것이 중요하다. 일정한 시간이 지나 실제 수익으로 확보된 이자는 원금에 합쳐져 다시 투자되는 게 자연스러운 일이다. 물론 이 경우는 투자자산에서 이자나 수익이 예상했던 대로 만들어지는 경우에 한정된다. 이자를 약속하고 돈을 빌려 간 사람이 이자를 문제없이 지불했을 때를 말한다.

복리는 자연의 원리를 닮았다. 세균이 번식하는 모양은 정해진 시

간에 같은 수의 세균이 늘어나는 게 아니다. 1시간 만에 1마리가 2마리로 증가하면, 이제 다음 1시간 동안에는 2마리 각각이 번식해서 4마리가 된다. 일정한 시간이 지날수록 $1 \rightarrow 2 \rightarrow 4 \rightarrow 8 \rightarrow 16$마리로 증가한다. 일정 시간마다 1마리씩 증가하지 않는다. 방사성 동위원소가 붕괴할 때도 같은 시간에 동일한 질량의 물질이 줄어들지 않는다. 질량이 72그램인 물질이 처음 반감기 동안에 36그램만큼 줄어들고 그 다음 반감기에는 18그램이 줄어든다. 그 다음은 9그램이 줄어들고, 그 다음은 4.5그램이 된다. 일정 시간 동안 방사성 물질의 양이 $72 \rightarrow 36 \rightarrow 18 \rightarrow 9 \rightarrow 4.5$그램으로 감소한다. 자연의 변화는 단리의 모습이 아니라 복리의 원리에 따라 점차 증가하거나 점차 감소한다. 그런 면에서 보면 단리는 자연스러운 이자의 증가를 억제하는 부자연스러운 면이 있다. 이자는 나무줄기 주변에 낀 이끼에 비유할 수도 있다. 코너에 끼어 있는 것을 주인의 허락 없이 함부로 잘라 내서는 안 된다. Please, do not cut corners!

이자 계산을 잘 하려면 곱셈을 할 줄 알아야 한다. 단순 이자의 계산도 덧셈의 연속이므로 곱셈을 이용하면 편리하지만, 복리 이자를 이해하려면 곱셈을 할 줄 알아야 한다. 원금 100만 원에 매년 10만 원씩 이자가 붙으면 5년 후에는 얼마일까?

$$100 + 10 + 10 + 10 + 10 + 10 = 150(만 원).$$
$$곱셈을 이용하면 100 + 10 \times 5 = 150(만 원).$$

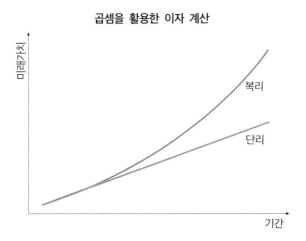

곱셈을 활용한 이자 계산

미래가치

복리

단리

기간

이자에 다시 이자가 붙는 복리를 적용해서 5년에 걸쳐 총 다섯 번 이
자를 계산하면,

$$100 \times (1+0.1) \times (1+0.1) \times (1+0.1) \times (1+0.1) \times (1+0.1) = 161.051$$

단리와 복리의 이자 차이는 매년 늘어난다.

(1년차의 이자 차이) 0원 → (2년차) 1만 원 → (3년차) 3.1만 원 →
(4년차) 6.41만 원 → (5년차) 11.05만 원

　1960년대 이후 산업화 시대를 거치면서 세계 역사상 보기 드문 성
장 실적을 만들어 낸 한국경제는 복리의 효과를 제대로 보여 주었다.
한국전쟁을 겪고 난 처참한 상황을 딛고 급속도로 성장한 한국경제
의 성공비결을 여러 가지로 들 수 있을 것이다. 과감한 토지 개혁,

국민들의 교육열과 잘살아 보려는 의지, 정부의 부패 척결 의지와 수출 주도 정책 등이 서로 긍정적으로 작용해 곱빼기의 효과를 본 것 같다. 잘살아 보기 위해 몸부림치던 1970년부터 잘살게 된 성취감을 맘껏 누리던 2007년까지 무려 38년간 한국경제는 매년 약 6.9%의 실질성장을 만들어 왔다.

경제의 성장에는 복리의 위력이 숨어 있다. 작년의 성장을 발판으로 올해 성장을 이어 갔고 올해의 성과를 바탕으로 내년의 성장이 이어졌다. 6.9를 7.2와 비슷하게 보고 '곱빼기 법칙'으로 계산하면 그 38년의 기간 동안 우리나라 경제의 실질 규모가 2배씩 커지는 데 평균적으로 약 10년이 걸렸다. 만약 그 기간에 경제위기를 겪지 않고 매년 6.9%씩 계속 성장만 했다면 경제 규모가 2배씩 4번을 반복해서 커졌으니 약 16배로 성장했을 것이다. 물가상승 효과를 뺀 **실질 규모**로 말하는 것이므로 가히 엄청나다.

모든 성장이 복리의 원리를 따르겠지만, 모든 나라가 그 효과를 제대로 누리지는 못한다. 우리나라처럼 복리의 원리를 제대로 향유하면서 국가의 경제성장을 성취한 사례는 세계 역사에 흔치 않아 보인다. 하지만 지금의 한국은 복리의 역효과를 고민해야 하는 시기이다. 성장만이 아니라 축소에도 복리의 원리가 작용하기 때문이다.

곱빼기 법칙

영어 알파벳 a부터 z에 순서대로 1부터 26까지 숫자를 붙이고 나서 'money'를 만드는 5개 알파벳에 붙은 숫자 5개를 더하면 72이다.

$$m+o+n+e+y = 13+15+14+5+25 = 72$$

100점을 만들어 내는 아주 멋진 단어도 있다. [2]

$$1+20+20+9+20+21+4+5 = 100$$

이 규칙에 따르면 '돈 = 72'이므로 '72법칙'은 '돈의 법칙'이라고 할 수

---

2 이 단어(*attitude*, 즉 태도)와 관련해서 브라질 출신 작가 파울로 코엘료(Paulo Coelho)가 쓴 멋진 글이 있다.

　사람들은 각자 자기의 삶에서 두 가지 태도를 취할 수 있습니다. 건물을 세우거나, 혹은 정원을 일구거나. 건물을 세우는 사람들은 그 일에 몇 년이라는 세월을 바치기도 하지만, 결국 언젠가는 그 일을 끝내게 됩니다. 그리고 그 일을 마치는 순간, 그는 자신이 쌓아올린 벽 안에 갇히게 됩니다. 건물을 세우는 일이 끝나면, 그 삶은 의미를 잃게 되는 것입니다.

　하지만 정원을 일구는 사람들도 있습니다. 그들은 몰아치는 폭풍우와 끊임없이 변화하는 계절에 맞서 늘 고생하고 쉴 틈이 없습니다. 하지만 건물과는 달리 정원은 결코 성장을 멈추지 않습니다. 또한 정원은 그것을 일구는 사람의 관심을 요구하는 동시에 그의 삶에 위대한 모험이 함께할 수 있도록 해줍니다.

　정원을 일구는 사람들은 서로를 알아봅니다. 그들은 알고 있기 때문입니다. 식물 한 포기 한 포기의 역사 속에 온 세상의 성장이 깃들어 있음을.

　　　　　　　　　　　　　　　　　— 파울로 코엘료, 권미선 역(2010),《브리다》, 문학동네

있다. 신기하게도 72법칙은 복리의 원리를 잘 보여 준다. 투자원금에 수익이 붙어서 2배가 되는 데 걸리는 시간과 수익률(%)의 곱이 72라는 법칙이다. 즉, 빌린 돈에 이자가 붙어서 갚을 돈이 2배가 되는 데 걸리는 시간과 이자율(%)의 곱이 72란 말이다. 가령 연 기대수익률이 6%인 투자상품이 있다고 하면 투자원금이 2배로 늘어나는 데 약 12년의 시간이 소요된다(72 = 6 × 12).

복리 대신 단리를 적용하면 72 대신에 100을 써야 한다. 100과 72를 비교하면 단리에 비해 복리의 경우 투자원금이 2배 되는 데 걸리는 시간이 훨씬 짧다. 투자원금을 3배, 4배로 늘리는 시간은 점점 더, 훨씬 더, 복리의 경우가 단리에 비해서 짧아진다.

72라는 수는 위에서 보듯 2, 3, 4, 6, 8, 9, 12, 18, 24, 36 등 많은 수로 나누어지는 아주 편리한 수이다. 72는 약수(factor), 즉 그 수로 72를 나눌 때 나머지가 없는 수가 많은 수이다. 하루는 왜 10시간이 아니고 24시간일까? 10은 자기보다 작은 약수가 1, 2, 5뿐이라서, 만약 하루가 10시간이면 밤과 낮이 각각 5시간이다. 그러면 한나절은 2.5시간이고, 반나절은 1.25시간이다. 왠지 한나절과 반나절을 생각하기가 조금 불편해진다. 반면 24는 약수가 1, 2, 3, 4, 6, 8, 12 등 10보다 훨씬 많다. 하루를 24시간으로 놓고 보면 한나절이 6시간, 반나절이 3시간이다. 10이 더 편리한가, 24가 더 편리한가? 곱셈과 나눗셈을 더 많이 품고 있는 24가 훨씬 편리한 점이 많다.

수학에서 완전수라는 개념이 있다. 자기보다 작은 약수를 모두 더하면 자기 자신이 되는 수를 말한다. 6은 자기보다 작은 약수가 1, 2, 3이고, 이 세 수를 더하면 자기 자신이 되므로 완전수이다. 완전수를

연수익률 (%)		기간 (년)		
1		72		
2		36		
3		24		
4		18		
5		14.4		
6	×	12	=	72
7		10.3		
8		9		
9		8		
10		7.2		
12		6		

품고 있는 12, 24, 30, 60, 90 등은 우리가 시간과 각도를 이야기할 때 이용하는 숫자들이다. 72가 완전수인 6을 포함하고 약수를 많이 가지고 있는 점은 72란 숫자의 매력 포인트이다.

72라는 숫자가 어떻게 나왔을까? 자연의 법칙인 방사성 동위원소 붕괴의 반감기 공식을 반대방향으로 적용해서 증명할 수 있다. 반감기 공식에는 무한소수인 자연상수(e) [3]가 들어 있는데, 이 공식으로부터 72라는 수를 만들어 내기 위해서는 약간의 융통성을 발휘해야 한다. 실용적인 목적을 가지고 증명을 해야 한다. 언젠가 중고등학교 과학시간에 반감기 공식을 접하게 되면 돈의 '곱빼기 법칙'을 한 번 유도해 보길 권한다. [4]

---

3 e의 소수점 아래 첫 20자리는 다음과 같다. e = 2. 71828182845904523536 …

4 필자가 다음에 내고자 하는 책에서 이 공식의 필자 나름의 증명을 실을 계획이다.

곱셈 이야기 정리

덧셈 기호는 혼자 서 있을 수가 없기 때문에 굴려야 한다. 베개나 담요 밑에 또는 지갑에 넣어 둔 돈은 시간의 풍화작용으로 조금씩 사라진다. 눈에 보이는 곳에 있으니 중요하지 않은 곳에 써버리기가 쉽고 다른 사람들의 손을 타기도 쉽다. 급히 쓸 돈이 아니라면 그 돈을 굴려서 이자수익을 얻을 수 있는 방법을 찾아보는 것이 현명하다.

돈을 굴려야 하는 가장 중요한 이유는 돈으로 살 수 있는 물건의 가격이 오르기 때문이다. 옛날 사람들은 물가가 오른다는 것을 경험하지 못하고 살았지만, 적어도 현재를 살아가는 우리는 태어난 순간부터 물건의 가격이 오르는 경향을 따라 왔다. 인플레이션은 그 정도가 심각하지 않으면 경제성장에 도움이 된다고 여겨지기 때문에, 경제 전반적으로 1년에 2% 정도씩 물건의 가격이 오르는 것이 경제발전에 도움이 된다고 많은 사람들이 생각하고 있다.

물건의 가격이 오르면 같은 돈을 가지고 살 수 있는 물건의 양이 줄거나 물건의 품질이 떨어진다. 그러므로 여윳돈을 적절하게 굴리지 않고 그대로 두면 시간이 지날수록 가치가 줄어든다. 질량수 239인 우라늄이나 질량수 14인 탄소원자가 스스로 붕괴하여 질량이 줄어들듯이 돈의 가치도 줄어든다. 그러므로 여유자금은 굴려야 한다. 돌은 구르면 이끼를 키워낼 수 없지만(A rolling stone gathers no moss) 돈은 굴려야 이자를 키울 수 있다(Rolling money gathers interest). 그러므로 물가가 올라서 사라지는 만큼의 돈의 가치를 만회하려는 노력을 누구도 방해해서는 안 된다. 지갑에 넣어 둔 현금이나 이자가 거의 없는 요구불 예금계좌에 넣어 두는 돈은 일상생활에서 소비 지출의 편리함에 지장이 없을 정도로 최소화하는 것이 곱셈의 관점에서 볼 때 바람직한 습관이다.

그러므로 가칭 경제헌법의 제3조는 다음과 같이 쓸 수 있다.

제3조
① 모든 국민의 여유자금 굴릴 자유는 보장된다.
② 여유자금 굴리기는 공공복리에 적합하도록 하여야 한다. 공공복리를 위하여 법률로써 여유자금 굴리는 방법을 제한하는 경우에도 자유와 권리의 본질적인 내용을 침해할 수 없다.

마지막으로, 돈을 굴릴 때는 원금이 떨어져 나갈 염려가 있는지를 잘 살펴야 한다. 눈뭉치를 굴린다고 뭉치가 항상 커지는 것은 아니다. 눈뭉치가 계단이나 나무에 부딪쳐 부서지거나 물웅덩이나 호수에 빠질 수도 있으니 조심해야 한다. 구르는 바퀴의 살이 부러지거나 바퀴가 통째로 빠져 버릴 수도 있다.

눈뭉치를 여러 개로 나누어서 굴릴 수 있다면 더 안전하다. 귀한 돈일수록 더 안전하게 굴려야 하므로 한 곳에 '몰빵'하지 않는 게 현명한 투자방법이다. 이것은 '분산투자'로 일컬어지는 아주 간단한 원리인데, 분산투자를 고민하는 사람은 아마도 돈에 있어서만큼은 행복한 사람일 것이다. 필자의 경우 얼마 되지 않는 대기성 자금을 잠시 펀드에 투자해 본 적이 있지만, 분산투자를 고민할 만큼 여윳돈을 가져 본 적이 없다.

기대수익이 실현되지 못할 확률이 높거나 원금이 떨어져 나갈 가능성이 큰 경우는 아마도 자신이 욕심을 부리는 때일 것이다. 젊은 때에는 돈을 벌 수 있는 시간이 아직 많이 남아 있으므로 높은 수익이 기대되는 위험한 투자를 해서 손해를 보더라도 손실을 만회할 시간이 남아 있으니 괜찮겠지만, 은퇴할 시점이 가깝거나 쓸 용도가 미리 정해진 돈은 투자방법을 고르는 데 더 신중하게 고민해야 한다. 어떻게든 우리는 여유자금을 굴려야 한다. 구르지 않으면 넘어지게 된다.

열심히 벌어서 쓰고 남은 돈을 잘 지켜야 하는 우리들에게 곱셈이 주는 교훈을 다음과 같이 간략하게 정리할 수 있다.

사칙연산과 금융의 원리 : 곱셈

1. 여유자금의 가치를 지키기 위해서는 굴려야 한다.

2. 복리는 자연의 원리이다.

3. 돈을 굴릴 때는 돈이 도랑에 빠지지 않게 주의해야 한다.

4

대출은
나눗셈이다

초등학생인 작은아이는 자기가 막내이니까 자기를 'Mr. Mark'로 불러 달라고 한다. 막내라는 말을 자기 나름대로 멋지게 만든 것이다. 그런데 언제부터인가 수학문제집이나 국어문제집을 자기가 마치 선생님이 된 것처럼 채점을 해댄다. 빨간 색연필과 진한 사인펜으로 동그라미와 세모, 가위표를 큼지막하게 그려 댄다. 가히 마크(mark) 전문가이다. 채점이 정확할 필요도 없다. 채점을 하면서 종이 위에 진한 흔적을 남기는 데서 쾌감을 누린다. 책은 다시 보기 어려울 만큼 너덜너덜해진다. 잉크도 아깝다. 언제까지 이 짓을 할까 걱정된다.

큰아이는 집에서 부르는 별명이 따로 없다. 밥을 잘 먹는다고 '먹보'라고 부르기도 그렇고, 살이 좀 쪘을 때도 '돼지'라고 부르지 못했다. 아마 친구들 사이에서는 별명이 있을 것이다. 그게 집으로까지 전달되지 않은 이유가 있다면 그게 궁금하다. 이 아이가 학교에서 뉴턴의 **운동방정식**을 배우더니 조금씩 아는 척을 한다. 간단한 그 공식만 잘 이해하면 대부분의 물리 문제를 풀 수 있다고 하면서 허풍을 떤다. 그렇다고 '허풍쟁이'라는 별명을 붙일 수도 없는 노릇이다. 어찌 보면 그 아이의 말이 맞기 때문이다. 1642년에 영국에서 태어난 뉴턴은 간단한 세 가지 운동법칙과 그 법칙에 적용할 만유인력을 생각해냄으로써 '빅뱅'(*big bang*)처럼 인류 역사를 바꾸었다.

복잡해 보이는 금융에도 그런 법칙이 있을 것이다. 이것 하나만 잘 이해하면 대부분의 금융현상에 적용하고 응용할 수 있는 기본 무기가 하나쯤 있을 법도 하다. '금융방정식'이라 부를 만한 그런 무기를 찾을 수 있을까?

대진표

9개 팀이 모여서 우승 트로피를 놓고 싸우는 축구 대진표를 만들기 위해서 각 팀 대표들이 모였다. 가장 나중에 결승전에서 두 팀이 시합한다는 사실에서부터 생각을 시작하기로 했다. 그래서 9개 팀을 4개 팀과 5개 팀의 두 그룹으로 나누기 위해 추첨을 했다. 비슷한 개수의 두 그룹으로 먼저 나눈 이유는 각각의 그룹에서 우승자로 선발된 두 팀이 결승전에서 맞붙게 하기 위해서이다.

4개 팀 그룹에서는 추첨으로 결정된 두 팀씩 시합을 해서 이긴 팀이 이른바 '4강전'에 진출한다. 처음 시합에서 진 팀은 다른 그룹의 진 팀과 시합하게 된다. 아무리 잘해도 5등까지밖에는 할 수 없다. 처음 게임에서 졌기 때문에 4등 이상이 될 수가 없다. 처음에 지고

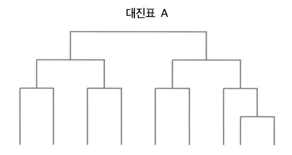

대진표 A

나중에 이기는 것보다 처음에 이기고 나중에 지는 게 훨씬 유리하다.

5개 팀 그룹에서도 4강전에서 붙을 두 팀을 골라야 하므로 역시 추첨을 해서 2개 팀 그룹과 3개 팀 그룹으로 나누고 각 그룹에서 이긴 두 팀이 4강전에 진입하게 된다. 5개 팀 그룹에서 두 그룹으로 나눌 때 3개 팀 그룹에 속하게 되면 추첨을 한 번 더 해야 한다. 3개 팀 중 두 팀을 골라 이른바 '8강전'에도 진출하지 못하는 팀을 결정하는 시합을 하기 위해서이다. 그 시합에서 진 팀이 9등이 된다. 그래서 대진표는 대진표 A와 같이 만들어진다.

대진표를 제대로 만드는 작업은 전체 팀 수를 최대한 공평하게 2개의 그룹으로 나누는 것에서부터 시작한다. 전체가 16개 팀이면 각 8개 팀의 두 그룹으로 나누고, 한 팀이 더 추가되어서 전체 17개 팀이면 8개 팀 그룹과 9개 팀 그룹으로 나누고 대진표를 만들기 시작한다. 만약 전체가 18개 팀이면 9개 팀씩 두 그룹으로 나눈 후 각 9개 팀을 대진표 A처럼 배치하면 된다.

왜 전체 팀을 최대한 비슷한 개수의 두 그룹으로 나누는 것부터 시작해야 하는지 살펴보자. 만약 5개 팀이 시합을 하는 경우라면 대진

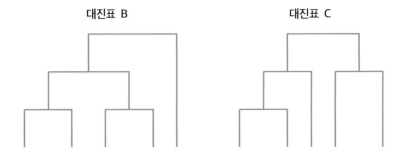

표 B, C와 같이 두 가지 대진표를 만들어 볼 수 있다.

대진표의 어느 위치에 배치되더라도 최대 3번의 시합을 연속해서 이기면 최종 승자가 된다. 두 경우 모두 4번의 시합으로 최종 승자가 결정된다. 그런데 대진표 B의 경우에 마지막 자리를 차지한 팀은 첫 번째 하는 시합이 결승전이다. 대진표 상의 위치를 정하는 추첨으로 그런 막대한 행운을 주는 것은 공평하지 않다는 지적이 나올 수 있는 대목이다. 이 문제점을 더욱 부각시킨 대진표는 대진표 D와 같다.

각 시합의 단계가 높아질수록 경기의 강도가 높아질 것으로 예상 되는데, 이 대진표에서 첫 번째 위치에 놓이게 된 팀은 연속해서 4번

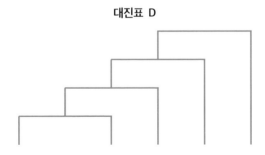

의 시합에서 이겨야 우승할 수 있다. 반면 마지막 위치를 차지한 팀은 처음 경기가 결승전이다. 대진표가 잘못 만들어졌다는 불만을 제기할 만하다.

대진표 C의 경우는 5개 팀을 2개 팀과 3개 팀의 두 그룹으로 나누어서 각 그룹에서 승자가 결승전에서 만나게 되므로 첫 경기가 결승전이 되는 일이 발생하지 않는다. 대진표 B와 대진표 C 모두 시합의 단계가 3개이므로 대진표 D보다 선호되지만, 공평성의 기준을 한단계 더 높여 적용하면 대진표 C가 더 바람직해 보인다. 토너먼트 방식의 대진표를 가장 공정하게 만들기 위해서는 전체 팀을 비슷한 수의 두 그룹으로 나누는 데서부터 시작할 필요가 있다. 미래에 있을 결승전을 염두에 두고 지금 나누기를 잘 하는 것이 중요하다. 대진표는 아래에서 위로 올라가는 식이 아니라 좌우에서 안으로 모아지는 방법으로 그릴 수도 있다.

대진표 만드는 작업을 돈의 관점에서 보면 두 가지가 주목할 만하다. 첫째, **최종 결승전이 벌어지는 '미래'를 기준으로 시작해서 '나누기'를 한다.** 9개 팀 축구시합 사례에서는 결승에서 붙을 두 팀을 고르기 위해

대진표 E

전체 팀을 4개와 5개의 두 그룹으로 나누고, 각 그룹에서도 5개 팀을 2개와 3개로, 4개 팀을 2개와 2개로 나누었다.

둘째, **승패의 순서가 중요하다.** 먼저 이기는 게 나중에 이기는 것보다 최종 순위에 확실하게 더 큰 영향을 준다. 즉, 승리와 패배의 **현재가치가 미래가치보다 크다는 점이다.**

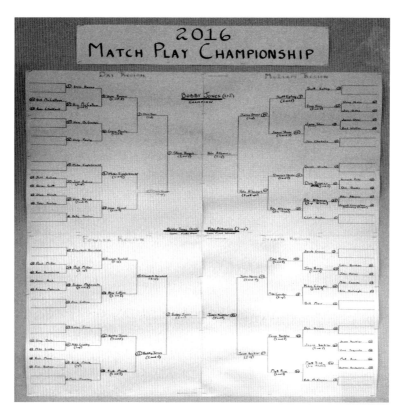

미국 어느 골프장 벽에 붙어 있던 대진표 (2016.)

나눗셈의 기술

초등학교 수학에서 가장 중요하고 어려운 개념이 분수이다. 분수의 덧셈을 하려면 약분(約分)과 통분(通分)을 할 줄 알아야 하는데, 약분과 통분을 하려면 약수와 배수를 알아야 한다. 약수와 배수, 최대공약수와 최소공배수를 구하는 방법이 바로 나눗셈과 곱셈이다. 가령 36과 48의 최대공약수와 최소공배수를 구해보자.

$$
\begin{array}{c|cc}
6 & 36 & 48 \\
\hline
2 & 6 & 8 \\
\hline
 & 3 & 4
\end{array}
$$

최대공약수 $= 6 \times 2 = 12$

최소공배수 $= 6 \times 2 \times 3 \times 4 = 144$

　나눗셈은 덧셈, 뺄셈, 곱셈처럼 평생을 두고 사용할 수 있는 기술인데 다른 셈들보다 조금 더 어렵게 여겨진다. 큰 수의 나눗셈은 세로계산법으로 해야 쉬운데 세로계산법의 원리는 아래에서 설명하듯이 바로 뺄셈의 반복이다.

　어떤 수를 2로 나누는 일은 그 수에서 2를 연속적으로 빼는 작업이다. 가령 구슬이 9개 있는데 구슬 2개를 빼서 2개의 주머니 각각에 넣는 작업을 몇 번 할 수 있느냐의 문제를 생각해 보자. 구슬 2개씩 빼는 일을 4번 하고 나면 2개의 주머니에는 구슬이 각각 4개씩 들어 있고 주머니에 들어가지 않은 구슬 하나가 남는다. 이 구슬을 그냥 나머지로 보고 남겨둘 수도 있고 대진표를 만들 때처럼 주머니 하나를 골라서 덤으로 넣어 줄 수도 있다.

나눗셈 기호(÷)를 보면 뺄셈 기호(−)가 그 중심에 떡하니 자리 잡고 있다. 곱셈이 덧셈을 반복하는 것이므로 곱셈 기호가 덧셈 기호를 굴리는 모양을 하고 있다면, 나눗셈은 뺄셈을 계속하는 것이기 때문에 뺄셈이 그 중심을 차지하고 있는 것일까?

우리 집 막내인 Mr. Mark는 초등 3학년 때 뺄셈은 곧잘 했는데 나눗셈을 어려워했다. 나눗셈은 뺄셈을 연속해서 하는 것이라는 말이 무슨 말인지 잘 모르겠다고 했다. 지금은 그 말의 뜻을 조금 아는 것 같기도 하지만 정확히 이해하고 있는지 잘 모르겠다. 앞으로도 시간이 되는대로 반복해서 말해 줄 생각이다. 나눗셈은 바로 뺄셈이라고.

아래 이야기는 필자가 아이들에게 나눗셈을 가르쳐주면서 설명했던 방법이다. 이야기 뒷부분을 조금 변형해서 달력의 12개월에 해당하는 날의 수(각각 28, 29, 30, 31일)와 연결시켜 보았다.

365개의 구슬을 12개의 묶음으로 나누면 각 묶음에 몇 개씩을 넣을 수 있을까? '365 ÷ 12'를 계산하는 문제인데 원리는 아주 간단하다. 공평하게 연속적으로 빼면 된다.

순서 1. 우선 365개의 구슬이 든 박스에서 **구슬 10개씩을 12번 빼서** 12개의 각 주머니에 넣는다. 365에서 12를 10번 뺐으므로, 365 − (12 × 10) = 245. 구슬이 245개 남는다. 10을 메모지에 적어 두고 남은 수 245를 가지고 12로 나누는 작업을 계속하자.

순서 2. 이제 구슬 245개에서 다시 한 번 구슬 **10개씩을 꺼내서** 12개 각 주머니에 넣는다. $245 - (12 \times 10) = 125$. 125개 구슬이 남아 있다. 10을 메모지에 추가로 적어 두고 남은 수 125를 가지고 계속 나누기를 한다.

순서 3. 구슬의 수가 많이 줄었으므로 10개씩 빼면 모자랄지도 모르니까 이번에는 **8개씩만 꺼내서** 12개의 각 주머니에 넣자. 구슬을 몇 개씩 빼는지는 크게 중요하지 않다. 공평하게 빼기만 하면 된다. $125 - (12 \times 8) = 29$. 구슬 29개가 남는다. 8을 추가로 메모해 두고 29를 계속 12로 나누자.

순서 4. 구슬이 정말 몇 개 안 남았으니까 이번에는 구슬 **1개씩만 꺼내서** 12개 주머니에 넣는다. $29 - (12 \times 1) = 17$. 구슬이 17개 남았다. 1을 추가로 메모하고 17을 계속 나누자.

순서 5. 다시 **1개씩 꺼낸다.** $17 - (12 \times 1) = 5$. 이제 구슬이 5개밖에 안 남았다. 1을 추가로 적어 두자.

이제 365개 구슬에서 뺄셈을 거의 다 한 것 같다. 남은 구슬 5개를 12개 주머니에 공평하게 나누어 줄 수는 없다. 그러므로 5개를 나머지로 따로 구분해 두고 나눗셈 계산을 끝낼 수 있다.

지금까지 뺄셈을 여러 번 하는 과정에서 메모지에 적어 둔 숫자들을 모두 합한 수가 30인데 이 값이 바로 '365 ÷ 12'의 몫이다. 빼낸 구슬이 모두 360개이고 이것들을 12개의 주머니에 똑같이 30개씩 나누어 넣었다. 365개의 구슬이 든 큰 박스에서 12개씩 30번을 뺐더니 구슬이 5개 남아 있는 상황이다.

나머지 구슬 5개를 버릴 수가 없으니 이제 이 5개를 가지고 새로운 방법의 나누기를 해보자. 구슬 5개를 12개 주머니에 나누는 방법을

$$
\begin{array}{r}
+\ 1 \quad \text{(순서 5)} \\
+\ 1 \quad \text{(순서 4)} \\
+\ 8 \quad \text{(순서 3)} \\
+\ 10 \quad \text{(순서 2)} \\
+\ 10 \quad \text{(순서 1)} \\
\end{array}
$$

$$
12\ )\ \overline{365}
$$

$$
\begin{array}{r}
-\ 120 \quad \text{(순서 1)} \\
\hline
245 \\
-\ 120 \quad \text{(순서 2)} \\
\hline
125 \\
-\ 96 \quad \text{(순서 3)} \\
\hline
29 \\
-\ 12 \quad \text{(순서 4)} \\
\hline
17 \\
-\ 12 \quad \text{(순서 5)} \\
\hline
5 \\
\end{array}
$$

찾아야 하는데 온전한 구슬을 12개 주머니에 골고루 나누어 줄 수는 없다. 구슬을 깨뜨려서 유리조각으로 만들어 나누어 주는 것은 아무도 원하지 않는다. 1, 3, 5, 7번째 주머니에 구슬 하나씩 넣으니 이제 구슬 1개가 남았다. 구슬 하나만 더 있으면 9, 11번째 주머니에 하나씩 넣어 나누기가 깔끔하게 끝나는데 안타깝다. 가만히 보니 가까이 있는 두 번째 주머니가 좀 두툼해 보인다. 그래서 거기서 구슬 2개를 꺼내서 이번에는 뒤에서부터 1, 3, 5번째 주머니에 구슬 하나씩을 넣었다. 그랬더니 나눗셈을 모두 마칠 수 있었다. 최종적으로 나눈 결과는 다음과 같다.

주머니	1	2	3	4	5	6	7	8	9	10	11	12
구슬	31	28	31	30	31	30	31	31	30	31	30	31

구슬 2개를 뺀 두 번째 주머니를 차지하게 될 아이는 조금 억울할 수 있다. 하지만 30여 개에서 2, 3개 정도의 차이는 받아들일 만하다고 모든 아이들이 생각했다. 그래서 지금까지 구슬을 나눠 넣은 12개의 주머니를 하나씩 나누어 갖기 위해서 12명의 아이들이 추첨을 했다. 구슬 주머니를 하나씩 배정받은 아이들은 주머니에 든 구슬을 아주 소중하게 간직했다.

매년 크리스마스 날에 12명의 아이들은 지난 1년간 두 번째 구슬 주머니를 가지고 있던 아이의 집에 모여서 잔치를 벌였다. 아이들은 각자 준비한 음식과 구슬 주머니를 가지고 모였다. 풍성하게 차린 음

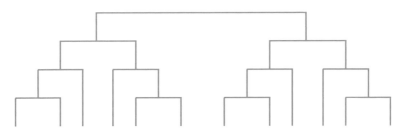

식을 즐겁게 먹고 나서 윷놀이를 하는 것이 중요한 전통이었다. 12명의 아이들이 윷놀이 토너먼트를 할 대진표는 이미 만들어져 있으므로, 대진표의 각 자리에 누가 배치되는지를 결정해야 한다.

가장 먼저 6명씩 두 그룹으로 나누었다. 각 그룹은 다시 3명씩 하위그룹으로 나누었고 3명씩 속해 있는 4개의 그룹 각각에서 '부전승'(不戰勝)의 행운을 갖게 될 아이를 1명씩 4명을 뽑는다. 부전승으로 선정되지 않은 아이들은 각 그룹의 첫 번째 윷놀이 시합을 이겨야 부전승을 차지한 아이와 8강전 시합을 하게 된다. 첫 번째 시합에서 지면 9위권 이하로 밀려난다. 첫 시합에서 진 아이들끼리 대진표 위치에 따라서 9~12위를 결정하는 윷놀이를 한다. 8강전에서 이긴 아이는 준결승인 4강전에 올라간다. 4강전에서 이기면 결승전에 진출한다.

윷놀이 성적대로 열두 아이들의 등수가 정해지면 그 순서대로 내년 1년간 가지고 있을 구슬 주머니를 고른다. 신기한 일은 내년에 보관할 주머니 배정을 다 마칠 즈음에 4년마다 한 번씩 새 구슬 하나가 말판 위에 생겨났다.[1] 그런데 그 구슬은 생긴 지 1년이 지나면 어디

2015년 12월 25일 크리스마스. 윷놀이는 나눗셈이다.

론가 사라져 버렸다. 아이들은 모두 새 구슬을 갖기를 원했다. 365개의 다른 구슬과 생김새는 비슷했지만 촉감과 색깔이 달랐다. 새 구슬은 두 번째 주머니를 고른 아이에게 주기로 했다. 아이들은 구슬 한두 개 차이 때문에 기분이 나쁘거나 손해 본다는 생각을 하지는 않았지만 4년에 한 번씩 생기는 새 구슬을 갖는 걸 아주 큰 행운으로 여겼다. 신기한 새 구슬이 생기는 4년마다의 윷놀이 대회에서는 항상 1등을 한 아이가 구슬 수가 가장 작은 주머니를 선택했다. 2015년 12월 25일 금요일(Friday) 밤에도 그랬다.

TGIF(Thank God, It's February)!

---

1 4년마다 새 구슬이 하나씩 생기다가 100년째 되는 해에는 새 구슬이 생기지 않고, 100년마다의 해 중에서도 400번째 해에는 새 구슬이 생긴다. 다시 말해 4의 배수마다 구슬이 생기지만 100의 배수에는 생기지 않고, 400의 배수에는 구슬이 생긴다. 1년이 365.2422일이라서 그렇다.

돈 빌리는 일

돈을 벌고(ㅣ) 쓰고(─) 나서 남은 돈(+)을 굴리고(×).

우리가 돈을 가지고 하는 일 중에서 이제 남은 것은 돈을 빌리는 것이다.[2] 혹시 돈 빌리는 것이 나눗셈과 무슨 관계가 있다는 말인가?

그렇다. 나눗셈은 돈을 빌리는 행위와 아주 가깝다. 첫 번째 이유는 돈을 빌려 쓴 후에는 갚기로 약속한 금액을 다 갚을 때까지 계속해서 내 소득에서 뺄셈을 해야 하기 때문이다.

계속해서 뺄셈을 하는 기술이 바로 나눗셈이라는 것을 바로 앞에서 확인했다. 나눗셈 기호를 보아도 뺄셈 기호가 한가운데 자리를 잡고 있다. 나눗셈 기호는 뺄셈 기호를 시계 반대방향으로 45도 돌린 모양(/)으로 표현되기도 한다. 영어로 'slash'라고 부르는데 잘라낸다는(*cut*) 뜻이다. 즉, 빼내는 것이다. 나눗셈과 아주 가까운 개념인 '분수'(*fraction*)의 모양에서도 뺄셈 기호를 뺄 수가 없다.

개인이나 가정 또는 어느 조직이든지 자기가 벌어들인 소득을 가지고 그 범위 내에서 지출하는 것이 가장 바람직하다. 하지만 소득 내에서 소비하는 것이 모든 사람에게 항상 가능하다고 말하기는 어렵다. 가령 한 달간 100만 원을 써야 한다면 적어도 한 달간 쓸 수 있는 100만 원의 돈을 지금 가지고 있거나 한 달간 노력해서 100만 원을 벌어야 하는데, 그렇지 못하다면 지출 규모를 줄이는 노력을 해야 한다.

---

2 불쌍한 사람에게 돈을 그냥 주는 행위 등 돈을 기부하는 것은 돈을 쓰는 일에 포함되는 것으로 보자.

지금 소비나 투자에 지출해야 하는 돈에 비해서 기존에 가진 돈이나 소득이 부족하면 지출을 줄이거나 남의 돈을 빌려서 써야 한다. 그런데 빌린 돈은 원래 내 돈이 아니므로 약속한 시간에 갚아야 한다. 갚기로 약속한 돈은 미래의 정해진 날에 내 소득에서 뺄셈을 해야 한다. 대부분의 경우 뺄셈을 한 번만 하지 않고 최소 두 번을 한다. 빌린 돈을 원금이라고 하는데, 돈을 빌려준 서비스의 대가인 이자(interest)를 더해서 돌려주어야 하기 때문이다. 이자를 대가로 돈을 빌려주는 것이 세상이 돌아가는 이치이다. 돈을 빌리고 빌려주는 사람의 주된 관심사이자 그 두 사람의 이해관계(interest)의 중심에는 거의 항상 이자(利子, interest)가 놓여 있다.

여윳돈을 굴리는 것은 남의 돈이 필요한 사람에게 돈을 빌려주고 그 빌려주는 서비스의 대가로 이자를 받아서 여윳돈을 불리기 위함이다. 다른 사람의 돈을 빌려 쓰는 사람이 있기 때문에 돈을 굴릴 수 있다. 돈은 모든 사람이 필요로 하는 것인데 쓸 돈에 비해 번 돈이 부족한 사람은 남에게서 돈을 빌리는 방법을 이용해서 지금 부족한 돈을 얼마간의 기간 동안 마련할 수 있다.

만약 돈을 빌리는 사람이 없다면 돈과 관련된 사람들의 활동은 일을 해서 돈을 벌고, 생활에 필요한 만큼 돈을 쓰고, 남는 돈은 그 금액 그대로 보관해 두는 게 전부일 것이다. 여윳돈을 굴리고 싶어도 빌려 쓰는 사람이 없으므로 굴릴 수 있는 방법이 없게 된다. 그러므로 돈을 빌리려는 사람이 없으면 자기 돈을 도둑이나 강도에게 빼앗기지 않기 위한 기발한 방법들이 만들어질 것이다.

돈이나 곡식을 빌리는 일은 인류의 역사만큼이나 오래되었다. 지금은 옛날의 곡식만큼이나 돈이 모든 사람에게 필요한 것이기에 돈이 부족한 사람은 돈을 빌려 쓰려고 한다. 쓰고 남은 돈이 있는 사람은 믿을 만한 사람을 골라서 자기 돈을 빌려주고 나중에 이자를 더해서 돌려받으면 자기 돈이 더 많아지므로 돈을 빌려주는 일은 서로에게 좋은 일이다. 금융이란 돈〔金〕이 이렇게 주소를 바꾸면서 흘러 다니는〔融〕 것을 일컫는다.

돈을 굴리는 것과 빌리는 것은 항상 동시에 일어난다. 돈을 갚아야 하는 사람은 가능하면 원금을 빨리 갚는 것이 유리하다. 돈을 빌려주는 사람은 똑같은 금액의 돈을 받아도 이자를 먼저 받고 원금은 나중에 받으려고 한다. 가령 100만 원을 빌려 쓴 사람이 이자를 더해서 110만 원을 갚기로 하고 50만 원씩 두 번을 갚았다면 아직도 갚아야 할 부분이 남아 있다. 돈을 빌려준 사람은 원금이 10만 원 남았다고 말하고 싶다. 원금에는 이자가 계속 붙기 때문에 이자를 조금이라도 더 받고 싶기 때문이다. 반면 돈을 빌려 쓴 사람은 원금은 다 갚았고 이자만 10만 원 남았다고 주장하고 싶다. 애초에 정해진 이자 10만 원만 돌려주면 된다고 말한다. 이처럼 **금융**(*finance*)**은 서로 다른 방향의 첨예한 이해관계를 가진 두 사람 간의 활동**이다. 그러므로 금융계약을 맺을 때는 원금과 이자를 언제 받을지를 명확하게 정해 둘 필요가 있다.

돈을 빌려주는 행위를 **대출**〔貸出〕이라 하고 남의 돈을 당분간 빌려 쓰는 것을 **차입**〔借入〕이라고 한다. 돈을 빌리는 사람은 나중에 갚을 의무〔務〕가 있으므로 **채무자**라고 부르고, 돈을 빌려준 사람은 원금과 이자를 받을 권리〔權〕가 있으므로 **채권자**라고 한다. 대출을 해주는 사람은 채권자이고, 대출을 받거나 차입을 하는 사람은 채무자이다.

사람들이 돈을 빌려 쓰는 이유는 무엇일까?

셰익스피어의 소설 〈베니스의 상인〉 이야기이다. 옛날 이탈리아의 항구 도시 베니스에 살던 상인 **안토니오**는 결혼을 앞둔 친구에게 결혼비용을 빌려주고 싶었는데, 자기가 팔아서 돈을 만들 수 있는 물건을 실은 배가 아직 항구에 도착하지 않았다. 그래서 배가 들어올 때까지 누군가로부터 돈을 빌려 쓰고 싶었다. 안토니오는 그 배가 들어올 것을 100% 믿었기에 악명 높은 샤일록일지라도 그에게서 돈을 빌리는 것을 별로 두려워하지 않았다. 샤일록은 평소 안토니오를 미워했기 때문인지 돈을 갚지 못하는 경우에는 그의 가슴 부근 살 1파운드를 베어내겠다고 했다.

사람들이 돈을 빌려 쓰는 이유는 첫째, 안토니오와 같이 미래소득이 비교적 확실하게 보장된 사람이 지금 당장 쓸 돈이 필요한데 현금을 가지고 있지 않기 때문이다. 안토니오는 지금 돈을 빌려 쓰고 나중에 벌어들이는 소득으로 빌린 돈을 갚으면 된다. 가장 일반적인 대출과 차입의 모습이다.

둘째, **갑돌이**네 과수원 사과가 아직 덜 익었는데, 집에 식량이 동이 났기 때문에 돈을 빌려야 하는 경우이다. 일단 돈을 빌려서 보리밥으로 끼니를 때우고 나중에 사과가 떨어질 때 즈음에 빌린 돈을 갚을 것이다. 첫 번째 경우와 비슷하지만, 먹고 살기 위해 대출을 받아야 하는 절박한 상황이라는 점이 다르다.

셋째, 내가 다니던 회사의 경영이 어려워지더니 월급을 제때 못 받게 되었다. 안전하다고 믿었던 회사로부터 노동의 대가를 못 받고, 어쩌면 앞으로 노동할 수 있는 기회도 없어질지 모른다. 어쩔 수 없이 돈을 빌려야 하는 경우이다.

넷째, 아이가 다쳤다. 큰돈이 들게 생겼다. 예상하지 못한 사고가 발생했는데 치료비가 부족해서 급하게 돈을 빌린다.

다섯째, 빵 가게를 열려고 하는데, 튼튼한 오븐을 사야 한다. 사업 밑천이 부족하니, 오븐에 투자할 돈을 빌린다.

여섯째, 대학등록금이 부족하다. 남들만큼 배워야 웬만한 직장을 구할 수 있을 것 같아서 학자금 대출을 받았다.

일곱째, …

그러면 돈을 빌려 쓰는 사람의 반대쪽에 있는 사람들이 돈을 빌려주는 이유는 무엇일까? 한마디로 이자를 받기 위해서이다. 돈을 떼이더라도 친구를 도와주고 싶어서 돈을 빌려주는 천사를 만나기는 아주 어렵다. 은행과 각종 금융회사들이 돈을 빌려다 쓰라고 광고비를 아끼지 않는 것도 그만큼 돈 빌려주는 일이 바로 돈을 버는 일이기 때문이다.

그런데 돈을 빌려 쓰는 여러 경우 가운데 위의 세 번째 경우부터는 내가 감당할 수 있는 적정한 비용을 대가로 돈을 빌려줄 수 있는 곳을 찾기가 쉽지 않다. 두 번째 경우도 올해의 기후와 병충해 가능성, 수입하는 과일의 양 등에 따라서 갑돌이네 돈 사정이 얼마든지 달라질 수 있으므로 돈을 빌리기가 쉬운 일은 아니다. 돈을 빌려 쓰면 그 대가로 이자를 내야 하고 결국은 원금을 갚아야 하는데, 이자를 꼬박꼬박 잘 내고 원금을 다 갚을 수 있는 능력을 제대로 확인해주지 않으면 돈을 빌리기가 아주 어렵다. 그런데도 요즈음 TV나 라디오, 광고지 등에서 돈을 아주 쉽게 빌려주겠다는 광고를 자주 보는데 이건

정상적이지 않은 면이 있다. 2000년대 초반에 우리나라에서 신용카드의 인기가 한창 높아지던 때에는, 믿거나 말거나, 길거리나 대학 정문 앞에서 아무나 붙잡고 신용카드를 권유하고 신청서를 접수하였다. 어느 TV 광고에서는 신용카드를 사용하지 않으면 부자가 될 수 없는 양 "부자 되세요"라는 헷갈리는 말을 하였다. 이런 유혹에는 우리가 모르는 위험한 부분이 숨어 있다고 의심해볼 필요가 있다.

돈을 빌리는 행위는 미래에 약속한 시점에 빌린 돈과 함께 정해진 이자를 갚겠다는 **계약**(contract)을 하는 것이다. 신용카드를 긁는 행위는 아주 쉽게 돈을 빌려 쓰는 행위이지만 약 한 달여의 정해진 시간 안에 그 돈을 갚으면 이자를 내지 않아도 된다. 대신 신용카드사는 내가 카드를 긁은 가게에서 수수료를 떼어 간다. 신용카드제도 때문에 그 가게의 매출이 늘었으니 카드사에게 그 대가를 지불하라는 식이다(이 대가가 바로 카드가맹점 수수료이다). 카드를 긁고 한 달여간 물건 값을 빌려 쓰면서 이자를 안 냈기 때문에 부자가 된 사람은 아직 없다. 부자의 길은 돈을 아껴 쓰는 데서 시작하므로 신용카드 사용을 신중하게 고민하는 사람이 부자가 될 가능성이 높다.

채무자가 대출계약을 지키기 위해서는 지금까지보다 더 많은 돈을 벌어야 한다. 그런데 안토니오의 배는 항구에 들어오지 않을 수 있고 갑돌이네 사과는 병충해를 입거나 우박에 상처가 날 수 있다. 내가 다니는 회사 사정이 좋아질 기미가 보이지 않을 수 있고 좋은 오븐으로 빵을 만들어도 손님들이 늘어나지 않을 수 있다. 이처럼 빌린 돈을 갚기 위해 필요한 돈이 당초에 예상했던 대로 만들어질지 여부는 현재시점에 정확히 알 수 없다. 지금까지 벌어들이던 소득이 미래에도 지속될지 확실하지 않은데 빌린 돈을 갚기 위해 추가적인 소득을 만들어야 한다면 그 계획대로 되지 않을 가능성이 얼마든지 있다. 미래소득은 기본적으로 불확실한 점이 있는데 빌린 돈을 갚기 위해 추가로 벌어야 하는 소득은 불확실성이 더 클 수 있다. 물론 사람마다 미래소득의 불확실성 정도는 차이가 있다. 그래서 각 사람마다 같은 돈을 빌려도 그 대가로 지불하는 이자가 달라진다. 소득의 불확실성이 클수록 더 많은 이자를 내야 한다.

지금까지의 내용을 정리하면, 돈을 빌리는 행위는 다음의 두 가지 중요한 특징을 가진다.

첫째, 빌린 돈과 이자를 갚아야 하므로 연속되는 뺄셈을 해야 한다.
둘째, 미래소득은 불확실하므로 빚을 확실히 갚을 수 있다고
보장하기는 쉽지 않다.

앞에서 덧셈 기호를 소비 지출을 나타내는 가로 선분($-$)과 소득 창출을 의미하는 세로 선분($|$)의 결합으로 보았다. 이 점을 생각하면서 앞에 정리된 돈 빌리는 행위의 두 가지 특징을 덧셈과 뺄셈의 관점에서 다시 살펴보자.

첫째, 돈을 빌리면 미래소득에서 빌린 돈과 이자를 빼야 하므로, 돈을 빌리는 행위의 핵심요소는 뺄셈($-$)이다. 둘째, 빌린 돈을 갚기 위해 벌어야 하는 소득은 돈을 빌리지 않았을 때 벌어야 하는 소득 외에 추가로 벌어야 하는 부분인데, 그 추가소득은 기본적으로 불확실하므로 미래소득은 실선($|$)보다는 점선($:$)에 가깝다.

소비 지출	소득 창출		
➖ & ❘	▶ ▶ ▶	➕	여유 자금
➖ & ⦂	▶ ▶ ▶	➗	대출

　나눗셈 기호(÷)는 미래소득에서 갚을 돈을 빼내야 한다는 의미에서 뺄셈을 기본으로 하고 불확실한 미래소득을 나타내는 세로 점선을 결합한 것으로 볼 수 있다. 다시 말하자면, 나눗셈 기호는 돈을 빌린 후 반드시 겪어야 하는 빚 상환 부담을 나타내는 견고한 뺄셈 기호(−)와, 빚을 갚기 위해 소득을 벌어야 하지만 그 소득의 확실성을 장담할 수 없는 점을 표현하는 세로 점선(∶)이 결합된 것으로 볼 수 있다.

　나눗셈이 돈을 빌리는 것과 가깝다면, 나눗셈을 할 줄 모르고 남의 돈을 빌려 쓰는 것은 수영을 배우기 전에 물에 뛰어드는 행동처럼 위험하다고 할 수 있다. 수영을 할 줄 알아도 물에 함부로 뛰어드는 행동은 위험하다. 몸의 근육을 풀어 주고 신발과 긴 옷을 벗고 물살의 흐름과 물의 깊이를 살핀 후 물에 들어가야 한다.

　금융의 핵심영역은 돈을 빌리고 빌려주는 행위이므로 사칙연산 중에서 금융의 본류는 나눗셈이라고 볼 수 있다. 나눗셈이 금융의 본류인 이유를 더 알아보기 전에 금융을 이해하는 데 꼭 필요한 개념인 이자와 이자율에 대해서 살펴보자.

이자 매김

금융은 이자를 매긴다(Finance is interest-ing). 남의 돈을 빌려 쓰면 왜 이자를 내야 할까?

첫째, 돈을 빌려주는 사람의 호의에 대한 보답이라고 할 수 있다. 돈을 빌리고 싶어 하는 사람들이 많아서 그 중 몇 명을 골라서 돈을 빌려주는 상황이라면, 지금 당장 돈이 필요한 절박한 상황에 있는 사람은 지금 돈을 빌려주는 도움에 대한 보답으로 웃돈을 얹어 주겠다고 기꺼이 약속하려 할 것이다. 돈을 빌려주는 사람은 다른 사람들도 웃돈을 주겠다고 하기 때문에 별다른 거리낌 없이 이자를 받아들인다.

둘째, 우리의 미래는 불확실하다. 그래서 돈을 빌려주는 사람은 나중에 되돌려 받을 수 있다는 확실한 보장이 없으면 돈을 빌려주는 것을 꺼린다. 그러므로 이자에는 그 불확실함을 떠안는 행위에 대한 보상의 성격도 들어 있다.

셋째, 돈을 확실히 되돌려 받을 수 있다고 믿는 경우에도 불확실함은 남아 있다. 돈을 빌려주는 사람이 언제 죽을지 알 수 없다. 돈을 돌려받기 전에 죽을 거라면 차라리 그 돈을 지금 쓰는 게 낫다. 그 돈을 사랑하는 사람에게 줄 수도 있다. 그래서 사람들은 기본적으로 미래의 돈보다 현재의 돈을 선호하는 경향이 있다.

넷째, 내가 가진 돈을 밑천으로 사업을 해서 돈을 벌 수 있다. 그런 기회를 포기하고 돈을 빌려줄 때에는 기회를 포기한 대가를 받고자 하는 게 사람의 자연스러운 생각이다.

다섯째, 물가가 오르는 것도 문제이다. 물가가 오르면 지금 100만 원으로 살 수 있는 물건의 양보다 1년 후에 100만 원으로 살 수 있는 물건의 양이 더 적다. 물가가 오르는 시기에는 시간이 지날수록 돈의 구매력(*buying power*)이 줄어들기 때문이다. 그러므로 돈을 빌려주는 사람은 최소한 돈의 구매력이 떨어지는 만큼의 이자를 받기를 원한다.

이외에도 이자라는 것이 존재하는 이유는 다양하다. 돈을 빌려주고 빌려 쓰는 사람들마다의 생각과 관심거리가 각양각색이기 때문이다. 이자가 존재하는 이유들을 다음과 같이 사칙연산과 연관해서 정리해 볼 수 있다.

① 소비(-)와 관련해서 이자의 발생원인을 살펴보면, 일반적으로 사람들은 미래에 쓸 수 있는 돈보다 지금 손안에 든 돈을 더 좋아하는 경향이 있다. 이러한 경향을 **시간선호**(*time-preference*)라고 하는데, 시간선호율은 개개인마다 얼마든지 다를 수 있다.

② **생산**(+) 측면에서 보면, 돈을 빌려주는 사람은 만일 그 돈을 빌려주지 않고 다른 사업의 밑천으로 활용하면 돈을 벌 수 있으므로, 돈을 빌려줄 때에는 사업 기회를 포기한 대가를 받고자 한다. 그 기회비용을 일컬어 **자본의 생산성**이라 할 수 있다.

③ 여윳돈을 **굴리는**(×) 사람은 남에게 돈을 빌려준 기간 동안 물가가 오르는 만큼 나중에 되돌려 받는 돈의 가치가 떨어지기 때문에 최소한 **미래의 구매력 손실**만큼은 보상받기를 원한다.

④ 돈을 **빌려 쓰는**(÷) 사람은 사업 실패 등으로 빌린 돈을 갚지 못하게 될 가능성이 있기 때문에 이른바 **위험프리미엄**이라는 것을 이자의 일부분으로 내야 한다.

침대와 매트리스의 가격을 70%까지 할인해 준다면서, 이자는 0%라고 광고하고 있다. 손님이 지금 돈이 없어도 물건을 구입할 수 있도록 돈을 무이자로 빌려준다는 유혹이다. 현명한 소비자는 공짜가 없다는 점을 안다.

　이자가 발생하는 이유가 이처럼 많은데, 만일 어떤 사람이 이자가 하나도 없다고, 즉 이자율이 '0%'라고 하면서 돈을 빌려주겠다고 한다면 그 사람의 말을 어떻게 받아들일 수 있을까? 그것은 돈을 빌려 쓰는 사람의 위험프리미엄이나 미래에 되돌려 받는 돈의 구매력 손실가능성이 없다는 의미가 아니다. 돈을 사업에 투자해서 불릴 수 있는 가능성이나 사람들의 시간선호가 제로(0)라는 의미도 아니다. 그런 부담을 모두 안으면서까지 돈을 빌려 줄 테니 돈을 빌려 쓰되, 중요한 조건을 붙이는 경우이다. 그 조건은 빌린 돈으로 어떤 물건을 사야 한다는 것이다. 돈을 빌려 주는 사람이 이자는 받지 않지만 그 사람이 파는 물건에서 충분한 이익을 남겨서 그 이자 부담을 제하고 나머지 부분만 순수 이익으로 가져가겠다는 의미이다. 그러므로 이자율이 0%라는 말 속에 붙어 있는 조건이 무엇인지를 잘 알고 거래를 해야 한다.

이자계산식

가장 간단한 형태의 대출의 이자 또는 금리(金利)를 계산하는 방법을 알아보자. 지금 빌려 쓴 돈에다 얼마의 이자를 더해서 나중에 원금과 이자를 한꺼번에 갚는 경우이다. 가령 지금 95만 원을 빌리고 한 달 후에 100만 원을 갚아야 하는 대출계약을 생각할 수 있다. 돈을 빌려주는 시점에 이자를 미리 받는 경우도 있지만 그건 말장난일 뿐이다. 100만 원을 빌려주면서 이자 5만 원을 지금 떼고 95만 원만 준다는 것은, 95만 원을 빌려주고 나중에 이자 5만 원을 더해서 100만 원을 갚으라는 말과 다를 게 없다. 지금 빌려 쓴 돈과 이자의 관계를 다음과 같이 나타낼 수 있다.

이자 = 나중에 돌려줄 돈 - 지금 빌려 쓴 돈

이 식을 **이자계산식**이라고 부르자. [3] 이자는 돈을 빌려주는 사람에게는 수익이고 돈을 빌려 쓰는 사람에게는 비용이다. 이자수익과 이자비용은 인식하는 사람만 다를 뿐 같은 돈이다.

---

3 '이자식'이라고 부르고 싶지만 어감이 별로 좋지 않아 '이자계산식'이라고 한다.

$$수익 = 나중에 받을 돈 - 지금 빌려준 돈(투자원금)$$

이자율(*interest rate*) 이란 지금 빌려 쓴 돈에 '비교한' 이자의 크기이다. 가령 100만 원을 빌려 쓰고 1년 후에 10만 원을 더해서 110만 원을 갚아야 하는 대출계약에서 적용되는 이자율은 10만 원 ÷ 100만 원 = 0.1이다. 수학에서 '◎에 비교한 ○'라는 표현은 ◎를 분모에 두고 ○를 분자에 두라는 의미이다. 아들(분자)을 엄마(분모)에 비교하는 게 맞지 엄마를 아들에 비교하지는 않는다.

100만 원에 비교한 10만 원은 0.1이다. 이자율이 0.1이라고? 그렇다. 10분의 1이다. 보다 정확히 말해 1년의 이자율이 0.1이다. 그러면 지금 95만 원을 빌리고 1달 후에 5만 원을 더해 100만 원을 갚기로 하는 대출계약의 이자율은 얼마인가?

$$5만 원 ÷ 95만 원 = 0.052631578 \cdots$$

조금 더 간단하고 정확하게 말하면 1개월 이자율이 0.0526이다. 왠지 '0.0'이라는 부분이 불편하다. 그러면 이제 이자율에 100을 곱한 수를 사용해 보자.

$$0.1 \times 100 = 10\%$$
$$0.0526 \times 100 = 5.26\%$$

이자율을 표시할 때 뒤에 붙이는 '%'는 '100으로 나누어야 한다'는 의미이다. '100'을 '010'으로 자릿수를 바꾸고, 가운데 '1'을 나눗셈 기호로 사용하기 위해 45도 기울였다. 같은 식으로 '1,000으로 나눈 다'는 의미는 '‰'로 표시된다. '%'는 영어로 'per cent'라고 하는데, 'cent'가 '100'을 의미하므로 'per cent'는 '100개당'을 뜻한다. 즉, 5%는 '100개당 5개'이므로 5를 100으로 나누라는 말이다. 그러면 0.05이다. 50%는 '100개당 50개'이므로 50을 100으로 나누면 0.5이 다. 꼭 돈을 빌려 쓰지 않더라도 돈을 쓰면서 물건을 사야 하는 우리 는 물건 값을 깎아준다는 광고나 부가가치세가 얼마라는 말의 의미 를 알아야 한다.

이자비용의 반대편에는 이자수익이 있다. 보통 이자라고 하면 비 용으로 인식하는 경향이 있고 이자수익은 그냥 수익이라고 부를 수 있다. 그러므로 수익률을 계산하는 원리도 이자율 계산방법과 동일

50% = 0.5×100% = 0.5
0.5 = 5/10 = 1/2
정가의 절반에 팔겠다는 말이다.

차입자 (채무자)	대출기관 (채권자, 투자자)
빌린 돈 (차입원금)	빌려준 돈 (투자원금)
이자	수익
이자율 = 이자 / 차입원금	수익률 = 수익 / 투자원금

하다. 돈을 굴리는 활동인 저축 또는 투자의 수익률은 다음과 같은 방법으로 정의할 수 있다. "투자원금에 비교한 투자수익의 크기."

$$수익률 = 수익 / 투자원금$$

이자와 이자율의 관계는 수익과 수익률의 관계와 같고, 이자와 수익의 관계는 이자율과 수익률의 관계와 같다.

$$이자 : 이자율 = 수익 : 수익률$$
$$이자 : 수익 = 이자율 : 수익률$$

그러므로 '이자계산식'은 달리 말해 '수익계산식'이라고 할 수 있으며 두 식은 서로 동전의 앞뒷면과 같다.

앞에서 소개한 이자계산식을 대출계약 사례에 적용해 보자. 먼저 이자를 여러 번 지급하고 원금은 대출 만기 시점에 지급하는 경우를 생각해 보자. 연초에 1천만 원을 빌리고 매달 말일에 10만 원을 이자로 내며 연말에 원금을 갚기로 했다면 첫째 달의 이자계산식은 다음과 같이 표현된다.

첫째 달   10만(이자) = 1,010만(갚을 돈) - 1,000만(빌린 돈)

대출 만기 시점까지 원금(1,000만)을 갚지 않고 그대로 빌려 쓰는 것
이므로 빌려 쓴 돈을 갚을 때까지 갚을 돈과 빌린 돈이 그대로 남아 있
다. 따라서 둘째 달에서 열두째 달까지 이자계산식이 동일하다.

둘째 달   10만(이자) = 1,010만(갚을 돈) - 1,000만(빌린 돈)

…

열두째 달   10만(이자) = 1,010만(갚을 돈) - 1,000만(빌린 돈)

매달 지급하는 이자금액이 시간에 따라 그 가치가 변하는 점을 무시
하고 계산하면 1년간의 이자계산식은 다음과 같다.

1년간   120만(이자) = 1,120만(갚을 돈) - 1,000만(빌린 돈)

여기서 주의할 점은 서로 다른 시점의 금액을 단순히 합계하는 것
이 적절한가라는 점이다. 이자를 실제로 지불하는 한 달 단위로 이
식을 적용하지 않고, 더 긴 기간에 걸쳐서 여러 번 지불하는 이자를
합할 때는 주의해야 할 부분이 있다. 연초에 낸 이자의 현재가치가
연말에 낸 이자의 현재가치보다 크므로 연초부터 낸 이자 10만 원의
연말의 가치는 10만 원보다 크게 된다. 즉, 연말에 120만 원을 한꺼
번에 이자로 지불하는 것보다 매달 이자를 10만 원씩 미리 조금씩 지
불하는 것이 채무자에게는 금전적인 면에서 조금 더 부담이 된다. 대

출기간 만기시점까지 이자로 낸 돈을 굴릴 기회가 사라지기 때문이다. 금융 관행상으로는 1년이라는 기간을 짧게 보기 때문에 일반적으로 그 차이는 무시하고 이자율을 계산한다. 하지만 1년이라는 그 기간 동안 **금융시장의 전반적인 이자율이 높을수록**(해당 대출계약의 이자율이 높다는 말이 아니다) 매달 지급하는 이자금액 자체의 시간가치는 더욱 중요해진다. 돈을 굴려서 이득을 볼 수 있는 기회의 가치가 더 커지기 때문이다.

이 사례보다 조금 더 복잡한 대출계약으로 원금과 이자를 매달 조금씩 갚아 나가는 경우를 생각해 보자. 가령 1억 원을 빌렸는데 25년간 매달 원금과 이자를 합해서 100만 원을 갚기로 했다고 하자. 매달 분할된 원리금인 100만 원을 갚으면 그 시점에 원금이 조금 줄어든다. 은행은 컴퓨터를 이용해서 이러한 계산을 하기 때문에 매달 줄어든 원금이 얼마인지는 은행의 인터넷뱅킹 사이트를 통해서 쉽게 확인할 수 있다.

이자를 내는 매월 특정일에 계산된 새로운 원금의 돈을 그 시점에 다시 빌리는 것으로 생각하면 이자계산식을 적용하기가 쉬워진다. 원금은 지난달보다 약간 줄어들었을 것이다. 그 줄어든 원금이 새로 빌리는 돈이고, 그 새로운 원금에다가 다음 달에 갚을 이자(원리금 중 원금상환액을 뺀 부분)를 더하면 다음 달에 돌려줄 돈이 계산된다. 이번 달에 빌린 돈과 한 달 후에 돌려줄 돈의 금액 차이가 한 달간 돈을 빌려 쓰는 이자이다.

이자 = (월초 시점의 원금 + 한 달간 이자) – 월초의 원금

앞의 사례에서 첫 번째 달에 갚은 100만 원에서 원금이 30만 원이면 그 달에 이자로 70만 원을 낸 것이다. 이자계산식에 대입하면 다음과 같다.

70만(이자) = 1억 70만(갚을 돈) - 1억(빌린 돈)

두 번째 달에는 1억 원에서 첫 번째 달에 갚은 원금 30만 원을 뺀 9,970만 원을 빌리는 것으로 보면 된다. 두 번째 달에는 원금이 첫 번째 달보다 조금 줄어들었으므로 이자도 조금 줄어든다. 두 번째로 지급하는 원리금 100만 원 중에서 이자로 69만 5천 원을 낸다면, 그 시점에서 원금이 30만 5천 원만큼 줄어든다. 두 번째 달에 빌린 돈과 이자를 이 식에 적용하면,

69만 5천(이자) = 1억 39만 5천(갚을 돈) - 9,970만(빌린 돈)

이자계산식은 그 표현하는 내용이 아주 간단하지만 이 식을 요령 있게 잘 적용하면 복잡한 여러 가지 금융공식을 도출할 수 있다.

분수

사칙연산 중에서 나눗셈을 금융의 본류라고 볼 수 있는 또 하나의 이유는 금융시장의 질서는 시장 참여자 각자가 자기의 **분수**(分數)를 지키는 데 달려 있기 때문이다.

우리말에 '분수를 지킨다'라는 표현이 있는데 그 말에 있는 분수라는 단어는 초등학교 4~5학년 어린이들이 수학시간에 배우는 분수와 동일하다. 수학에서 분수(分數, *fraction*)란 전체 크기의 수(분모)에서 어떤 수(분자)가 차지하는 부분의 비(*ratio*)를 의미한다. '비'(比)란 2개를 비교하는 것인데, 분수란 분모에 비교한 분자의 크기이다. 이와 마찬가지로 어떤 조직이나 사회가 가진 전체 자원(*resources*)이나 능력(*capacity*) 중에서 내가 차지하는 자원이나 능력을 나의 분수라고 할 수 있다. 우리말에서 '분수를 지킨다'라는 표현의 분수라는 단어는 '사람의 지위나 능력에 맞는 한도'를 의미한다. 영어에 이러한 의미를 가지는 단어는 없다. 'fraction'은 주로 수학적 개념으로 쓰인다. 비슷한 뜻을 가진 영어 단어로 'limits', 'means', 'bounds' 등을 생각해 볼 수 있겠다.

1을 전체로 보면 1/100은 전체를 100등분 했을 때의 똑같은 100개 중 하나를 의미한다. 만약 내가 속한 사회의 재산이 1,000이고, 내가 가진 재산이 10이라면 재산의 관점에서 나의 분수는 1/100이다. 그리고 나의 재산 10 중에서 여유자금이 3이라면, 내가 당장 쓸 수 있는 돈의 분수는 내 전체 재산의 3/10이다.

금융의 세계에서 분수를 지킨다는 말의 의미는 우선, 내가 번 소득의 범위에서 지출을 하는 것이다. 불가피하게 일시적으로 돈이 부족해서 빌려야 하는 경우에는 현재의 재산규모, 소득수준 등을 고려해서 미래의 약속한 시기에 **무리 없이** 갚을 수 있는 범위에서 돈을 빌릴지의 문제를 신중하게 결정하는 것으로 이해할 수 있다.

중학교 수학에서 '유리수'를 가르치는데, 유리수를 영어로 'rational number'라고 한다. 영어의 'ration'이라는 단어는 군인 등에게 나누어 주는 배급량을 의미한다. 식량을 나누는 일은 아주 중요한 계산이다. 비율이라는 뜻의 'ratio'나 가격, 등급 등을 의미하는 'rate'도 같은 어원에서 나온 듯하다. 인간을 이성적 동물이라고 할 때의 형용사 '이성적'(rational)도 마찬가지이다. 나누는 일은 똑똑한 사람이 맡아서 할 일인가 보다. 아마도 예부터 똑똑한 사람은 나누기를 잘하고 비율에 대한 이해를 잘하고 있었을 것으로 추측된다.

우리말의 유리수(有理數)는 그 이름에서 볼 때 '합리적인 수'이므로 나누기와 밀접하게 관련된 수라는 것을 짐작할 수 있다. 수학적으로 정확한 개념에서 유리수는 '분수로 나타낼 수 있는 수'이다. 다시 말하면, '분수꼴이 있는 수'이다. 그러므로 한자어인 '유리수'의 '리'(理)와 영어 'rational number'의 'ration'은 동일하게 '분수꼴'을 의미한다.

1차원 수직선(數直線) 상에는 어떤 수라도 대응되는 한 점이 있다. 물론 허수(imaginary numbers)를 제외한 실수(real number)에 한정해서 하는 말이다. 그 수직선 위의 점들 중에서 분수꼴로 표현할 수 있는 수는 모두 유리수이다. 0과 1 사이에는 몇 개의 유리수가 있을까 생각해 보면, 1/2, 1/3, 1/4, 1/5, 1/6 … 이런 분수들이 모두 유리수이므로 무한개의 유리수가 있다. 그러면 분수꼴이 없는 '무리

수'는 몇 개일까? 수학자들은 무리수가 유리수보다 많다고 한다. 무한개의 유리수보다 더 많은 무한개의 무리수가 있다는 말인데, 그 증명을 읽어 보면 아주 논리적이라서 반박하기가 쉽지 않다.

고등학교 수학을 더듬어 기억해 보면 무한히 계속되는 소수 중에서 소수점 아래로 계속 더해지는 숫자들이 반복되는 수를 '순환소수'라고 하는데(예: $0.1945645645645645\cdots$), 어떤 순환소수가 유리수일까라는 문제가 있다. 문제에 답이 있다는 말처럼 유리수는 분수로 나타낼 수 있는 수이고, 순환소수는 분수로 고쳐 표현할 수 있으므로 순환소수는 유리수이다.[4] 다음의 삼단 논법에 따른다.

분수는 유리수이다.
순환소수는 분수로 표현할 수 있다.
그러므로 순환소수는 유리수이다.

순환하지 않는 무한소수도 있다. 예를 들어 반지름이 1인 원의 넓이(*pie*)는 아라비아 숫자로 정확히 나타낼 수 없다. 소수가 무한히 계속되고 그 수들이 반복되지 않기 때문에 비순환소수이다. 비순환소수는 분수로 나타낼 수 있는 방법이 없다. 따라서 무리수이다. 지름이 1인 원의 둘레의 길이도 마찬가지로 무리수이다. 다음과 같은 삼단 논법에 따라 어떤 소수가 무리수인지를 알 수 있다.

---

4 순환소수를 분수로 표현하는 방법은 중학교 1~2학년 수학 교과서를 참조하기 바란다.

유리수는 분수로 표현할 수 있다.

비순환소수는 분수로 표현할 수 없다.

그러므로 비순환소수는 무리수이다.

금융이 분수와 가까운 점이 있다면 금융의 좋은 모습은 가급적 유리수를 가까이하고 무리수를 멀리하는 데서 찾을 수 있을 것이다. 내가 지금 돈을 빌릴 경우 '무리(수) 없이' 약속한 때에 갚을 수 있느냐의 문제를 세심하게 확인해 보고 분수에 맞게 자금을 융통해야 한다. 내 분수에 맞지 않은 '무리한 금융'은 결국 내 분수의 몫보다 더 많은 돈을 빼어 가고, 앞으로는 돈이 급하게 필요할 때에도 자금 융통을 할 수 없는 지경으로 몰아갈 것이기 때문이다.

금융방정식

남의 돈을 빌려 쓰려면 돈을 굴리는 사람을 잘 만나야 한다. 여윳돈을 굴리는 사람의 첫 번째 고려사항은 얼마를 굴릴 것인가이다. 돈을 굴리는 사람이 **현재**(*Present*) 투입할 돈을 P라고 하자. 현재 투입하는 돈이 **원금**(*Principal*)이므로 P라고 표현하는 것이 곱빼기로 적절해 보인다. 또한 현재 투입한 돈의 금액은 그 돈의 **현재가격**(*Price*)과 동일하므로 P라는 표현이 삼세번 적절해 보인다.

돈을 굴리는 사람이 얼마를 굴릴까의 문제와 함께 생각하게 되는 것은 얼마나 되돌려 받을 수 있을까, 그리고 그 예상수익이 얼마나 실현 가능할까 등이다. 얼마나 벌 수 있을까의 문제는 미래에 돌려받을 돈(Money)의 크기를 묻는 것이므로 돈의 영문 'Money'의 알파벳 첫 글자를 따서 M이라고 하자. M과 P의 차이가 바로 예상수익이다. 수익은 현재 돈을 투입해서 **나중에 추가로 돌려받는 것**(Return)이므로 R이라고 하자.

수익을 반대편에서 바라보면 이자이다. 현재 투자금액 P는 지금 빌리는 돈이고, 미래에 돌려받을 돈 M은 나중에 돌려줘야 하는 돈이다. 이자는 원금과 함께 돌려주기로(Return) 약속한 것이므로 R로 볼 수 있다. 그러므로 다음과 같은 2개의 문장이 만들어진다.

1. 지금 굴리기 시작하는 돈(P)에다 예상수익(R)을 더하면 미래에 돌려받을 것으로 기대되는 현금의 크기(M)이다.
2. 지금 빌린 돈(P)에다 이자(R)를 더하면 나중에 돌려줘야 하는 현금의 크기(M)이다.

이 두 문장을 수학식의 형태로 간단하게 표현하면 다음과 같다.

$$M = P + R$$

이 식은 사실상 앞에서 설명한 이자계산식과 동일하다. 이자계산식은 다음과 같이 표현할 수 있다.

$$R = M - P$$

이제 이자 또는 수익 대신에 이자율 또는 수익률을 사용해서 이 식을 조금 변형해 보자. 이자율 또는 수익률을 소문자 'r'로 표시하면, 앞의 이자율의 정의에 따라서 'r = R ÷ P'이므로 'R = r × P'이다. 이자계산식에 R 대신 (r × P)를 대입하면,

$$M = P + R = P + (P \times r) = P \times (1 + r)$$

이제 필자가 생각하기에 금융과 관련하여 가장 유용한 식을 소개할 차례이다.

$$P = M / (1 + r)$$

이 식은 돈을 빌려주는 투자자의 입장에서나 돈을 빌려 쓰는 채무자의 입장에서나 동일하다. 투자자의 입장에서 보면,

$$나중에 받을 돈(M) = 투자원금(P) + 수익(R)$$

채무자의 입장에서 보면,

$$나중에 갚을 돈(M) = 차입원금(P) + 이자(R)$$

지금까지 이자계산식과 이자율의 정의를 이용해 'P = M / (1 + r)'이라는 식을 이끌어 냈다. 뒤에서 자세히 설명하겠지만 이 식은 금융의 핵심내용을 아주 간결한 형태로 함축하고 있다. 돈을 빌려주는 입장이나 돈을 빌려 쓰는 입장에서 동일한 식으로 표현할 수 있다. 이식을 **금융방정식**으로 부르고자 하는데, 그렇게 부르는 이유는 다음과 같다.

첫째, 돈을 빌려주고 빌리는 활동이 **금융**의 핵심 분야인데, 이 식은 그 활동에 관한 것이다.

둘째, 금융계약의 핵심요소는 계약의 세부사항에 대한 가치평가를 통해 결정되는 **현재**(P)**와 미래의 현금**(M)**의 크기**, 그리고 각기 다른 시점의 현금의 가치를 비교하는 지표인 이자율(r)이다.

셋째, 이 식이 수학에서 말하는 **방정식**(*equation*)의 형태를 띤다.

수학에서 '방정식'이란 '문자와 등호(=)를 포함한 식으로서 그 문자에 특정한 수를 넣을 때 맞게 되는 식'으로 정의할 수 있다. 방정식은 등호(=)와 미지수(未知數: a, b, x, y 등 수를 대신하는 문자로 표현된다)를 포함한 식인데,[5] 금융방정식에서는 3개의 문자 M, P, r 중에서 2개 문자의 값을 알면 나머지 하나의 값을 계산할 수 있다.

초등학교 고학년이나 중학교에서 배우는 일반적인 방정식 문제는 덧셈과 뺄셈, 그리고 등호의 의미를 알면 어렵지 않게 풀 수 있다. 3

---

5 '대수학'(*algebra*)이란 수(*number*)를 대신 나타내는 알파벳 등 문자를 가지고 여러 가지 수학 기호를 이용해 논리를 전개하는 수학의 한 분야이다.

개의 항으로 이루어진 방정식이 가장 흔하고 쉬운 형태라고 할 수 있는데, 가령 다음과 같다.

구기 씨가 쿠키를 네 봉지 사서 가베 씨와 다른 친구 두 명에게 한 봉지씩 주었다. 그러면 구기 씨는 쿠키 몇 봉지를 가지고 있는가? 구하고자 하는 남은 쿠키 봉지 수를 x라고 하면, 이 문제를 다음과 같은 방정식으로 표현할 수 있다.

$$4 - 3 = x \quad \text{또는} \quad 4 = 3 + x$$

금융방정식도 이러한 간단한 방정식과 동일한 구조이다.

가베 씨는 한 달 후에 11만 원을 갚기로 하고 오늘 10만 원을 빌려서 커피제조기를 샀다. 가베 씨가 돈을 빌리는 대가로 지불하는 이자비용은 얼마인가? 이 문제를 방정식으로 나타내기 위해 이자비용을 x로 표시하면 다음과 같다.

$$11 - 10 = x \quad \text{또는} \quad 11 = 10 + x$$

다시 말하건대, 금융방정식은 아래에 적은 이자계산식과 사실상 동일하다.

$$\text{이자}(R) = \text{갚을 돈}(M) - \text{빌린 돈}(P)$$

이 식을 다시 쓰면,

$$갚을\ 돈 = 빌린\ 돈 + 이자$$
$$= 빌린\ 돈 + (빌린\ 돈 \times 이자율)$$
$$= 빌린\ 돈 \times (1 + 이자율)$$

은행은 나중에 돌려받을 돈의 크기에서 나에게 적용되는 이자율을 고려해서 지금 빌려주는 돈의 크기를 결정한다. 내가 100만 원을 빌려 달라고 하면 나에게 적용할 이자율을 고려해서 미래에 받을 돈을 계산한다. 이제 은행에 더 중요한 숫자는 내게 빌려준 100만 원이 아니라 미래에 받을 돈이다. 돈을 빌린 사람은 당장은 오늘 받을 돈이 좋겠지만, 나중에 갚기로 한 돈의 크기가 머지않아 현실에서 맞닥뜨려야 하는 부담이 된다.

위의 마지막 식에서 양변을 (1 + 이자율)로 나누고 등호의 좌우를 바꾸면 아래와 같은 금융방정식이 된다.

$$빌린\ 돈 = 갚을\ 돈 \div (1 + 이자율)$$

빌린 돈을 P(*present value*), 갚을 돈을 M(*money*), 이자율을 r(*rate of interest*)이라고 하면 위 식은 다음과 같은 형태로 표현된다.

$$P = M / (1 + r)$$

돈을 빌려주고 빌려 쓰는 행위가 금융의 주된 영역이고, 빌리는 돈의 현재가치와 미래에 갚은 돈의 크기와 이자율이 금융계약의 핵심요소이며, 위의 식이 수학의 방정식의 형태를 취하고 있는 점을 볼 때, 이 식을 **금융방정식**(Equation of Finance)이라고 불러도 별 손색이 없어 보인다. 이 식은 미래에 갚기로 약속한 금액(M)을 현재시점의 가치로 평가한 금액(P)을 주어로 나타낸다. 그 가치평가의 수단은 이자율(r)이다. 가령 100만 원을 빌려 쓰고 1년 후에 이자 10만 원을 더해 110만 원을 갚아야 하는 경우에 적용하면, $100 = 110 \div (1 + 0.1)$ [6]

금융방정식은 편리에 따라 여러 가지 방법으로 나타낼 수 있다.

덧셈 $M = P + R$

곱셈 $M = P \times (1 + r)$

위 두 식은 현재 주고받는 돈(P)을 주어로 해서 다음과 같이 표현할 수 있다.

뺄셈 $P = M - R$

나눗셈 $P = M \div (1 + r)$

사실상 동일한 네 가지 식들 중에서 **금융이론이나 실무에서 가장 많**

---

6 이 사례에서 이자율은 0.1이다. 원금이 100만 원이고 이자가 10만 원이므로 이자율이 0.1이다. $(10 \div 100 = 0.1)$ 0.1은 10%로 나타내기도 한다(어떤 수에 100을 곱하고 %를 뒤에 붙여주면 같은 수가 된다. $1 \times 100\% = 100\% = 1$. 마찬가지로 $0.1 \times 100\% = 10\%$).

이 사용되는 식은 나눗셈으로 표현된 식이다. 금융상품 간 비교를 하기 위해서는 예상수익의 절대량(R) 보다는 원금대비 수익의 비율인 이자율(r) 을 사용하는 관행이 보편화되어 있다. 그러므로 위의 식들 중에서 곱셈 또는 나눗셈식의 활용도가 높은 편이다. 또한 금융은 미래소득을 담보로 하므로 현재시점에서의 가치를 계산하기 위해서는 이자율을 이용해서 나눗셈을 해야 한다. 따라서 곱셈식보다는 나눗셈식이 금융의 본질에 더 가까워 보인다.

금융계약의 현재가치(P) 를 알아야 금융거래를 맺으면서 주고받는 돈의 양(M) 을 알 수 있는데, 많은 금융계약이 미래의 여러 시점의 현금흐름을 수반하기 때문에 각 시점의 현금흐름의 현재가치를 합산하거나 다른 계산을 하는 데도 현재가치를 주어로 나타내는 나눗셈식이 가장 유용하다고 생각한다. 가령, 앞으로 3년에 걸쳐서 매년 말 10만 원(M_1), 20만 원(M_2), 30만 원(M_3) 을 받기로 하고 1년 이자율이 0. 1(r_1), 2년간 이자율이 0. 15(r_2), 3년간 이자율이 0. 17(r_3) 이면, 이 계약에 따른 3년간 현금흐름의 현재가치(P) 는 52만 1, 232 원이다.

$$P = M_1 / (1 + r_1) + M_2 / (1 + r_2) + M_3 / (1 + r_3)$$
$$= (10 \div 1.1) + (20 \div 1.15) + (30 \div 1.17) \fallingdotseq 52.123239$$

결론적으로 나눗셈이 금융의 본류인 또 하나의 중요한 이유는 금융방정식의 가장 유용한 형태가 나눗셈식으로 표현되기 때문이다.

나눗셈과 대출의 관계

안토니오가 기다리던 배는 풍랑을 만나 제때에 들어오지 못했다. 안토니오는 샤일록에게서 빌린 돈을 자기 선에서는 아무리 노력해도 갚을 길이 없었다. 의리와 명예를 생명같이 여긴 안토니오는 죽을 각오를 하고 있었다. 피를 흘리면서 보잘 것 없이 죽게 될 줄 알았다. 그런데 샤일록이 만들어 놓은 대출계약의 허점이 드러났다. 살을 도려낼 거라고 하면서 살과 불가분의 관계인 피를 언급하지 않았다. 샤일록은 피가 묻지 않게 살을 도려내는 방법을 알지 못했다. 안토니오는 피를 흘릴 수가 없어서 목숨을 부지할 수 있었다.

미래는 미리 꾸미거나 기획한 대로 흘러가지 않는다. 그러므로 갚을 방법에 대한 아주 그럴듯한 해결책 없이 남의 돈을 빌려 써서는 안 된다. 안토니오가 위기를 모면하고 금세 다시 살아날 수 있었던 것은 그의 배가 결국 늦게라도 도착했기 때문이다. 안토니오의 배가 아예 가라앉아 버렸다면 어떻게 되었을까?

돈을 갚는 데 큰 문제가 없다면 필요할 때 돈을 빌려 쓸 수 있다. 살고 있는 집을 조금 줄인다든지 다른 금융자산을 팔아서 충분히 갚을 수 있는 정도라면 돈을 빌려서 집을 사거나 자동차를 살 수도 있다. 지금 당장 죽느냐 사느냐의 기로에 처해 있다면야 어떻게든 돈을 빌릴 수 있는 방법을 찾아서 목숨을 부지하는 것이 필요하다. 하지만 어떤 경우라도 돈을 빌릴 때는 갚을 방법에 대해서 심각하게 고민해야 한다. 미래의 수입은 기본적으로 불확실하기 때문이다. 그리고 돈을 빌린 후에는 갚기 위해 최대한 노력해야 한다.

우리가 살고 있는 자본주의 사회는 개인과 기업의 자유와 창의를 밑거름으로 물질적인 발전을 계속해서 이루어 왔다. 그 혁신과 발전의 원동력이자 결과물인 돈이 흘러 다니는 금융시장에서는 이자수입을 얻기 위해 사람들에게 돈을 빌려주려는 새로운 상품들이 끊임없이 생겨난다.

지금 빌린 돈은 미래의 소득에서 뺄셈을 해야 하는데, 그 뺄셈은 약속한 이자와 원금을 다 갚을 때까지 계속된다. 미래의 소득으로 그 뺄셈들을 다 감당하는 일은 누구에게나 쉽지는 않다. 금융상품이 아무리 새로워 보여도 돈을 빌리고 되갚는 일은 사칙연산의 나눗셈의 원리에서 벗어날 수 없다.

'경제헌법'이라는 것이 있다면 제 4조는 이렇게 만들 수 있다.

제 4조

① 우리나라의 경제질서는 개인과 기업의 경제 및 금융활동의
   자유와 창의를 존중함을 기본으로 한다.
② 다른 사람의 돈을 빌려 쓰거나 보관해 주는 개인과 기업은 돈을
   굴리는 상대방의 입장을 고려해서 돌려주기로 약속한 돈을 갚기
   위해 최대한 노력해야 한다.
③ 국가는 경제의 균형 있는 성장과 안정 및 적정한 소득의 분배를
   유지하고 시장의 지배와 경제력의 남용 및 경제주체 간의 조화를
   위하여 대출시장에 대한 규제와 조정을 할 수 있다.

돈을 빌리는 것이 나눗셈과 아주 가까운 까닭을 여러 가지 면에서

살펴보았다. 나눗셈이 돈 빌리는 것에 관하여 우리에게 알려 주는 점들을 다음과 같이 정리할 수 있다.

사칙연산과 금융의 원리 : 나눗셈

1. 돈을 빌린 후에는 미래소득에서 부단히 뺄셈을 해야 하는데(-)
   그 뺄셈에 필요한 돈을 마련하는 일은 불확실하다(:). 나눗셈 기호(÷)는
   대출의 이런 특징을 잘 나타내 준다.

2. 돈을 빌리는 일은 자기의 분수에 맞게 해야 한다. 분수는 그 자체가
   나눗셈이다.

3. 금융의 핵심요소인 미래현금흐름과 이자율, 그리고 현재가치의 관계를
   이른바 금융방정식 'P = M / (1 + r)'으로 나타낼 수 있다.
   금융방정식의 가장 유용한 형태는 나눗셈식이다.

5

기회비용으로
다시 보기

아이들이 시간을 잘 활용하지 못하고 컴퓨터 게임과 스마트폰 동영상에 정신이 팔려 있기에 잔소리를 해댔다. 아빠랑 약속했던 대로 오늘은 책을 읽어야 한다느니, 아빠는 어릴 때 혼자 공부계획을 세우고 학원 도움 없이 했다느니 등등 아이들이 귓등으로 들을 말을 많이 했다. 차라리 이렇게 말할 걸 그랬다. "아빠는 너희들의 시간을 가치 있게 생각한다. 너희들도 그랬으면 좋겠다." 그러고선 좀 엉뚱하지만 이렇게 영어 한마디를 던지면 어땠을까? "I value your time." 아이들은 들은 체 만 체 하겠지만.

사칙연산 이야기 정리

'기회비용'이라는 새로운 산(山)을 오르기 전에 지금까지 공부한 것들을 정리해 두면 좋겠다. 앞의 네 장에 걸쳐서 소비 지출, 소득 창출, 저축과 투자, 차입 등의 활동을 덧셈, 뺄셈, 곱셈, 그리고 나눗셈에 비유해서 설명하였다. 돈과 관련된 네 가지 기본행위는 누구나 해야 하는 세 가지 연산과 꼭 필요할 때 위험을 무릅쓰고 하는 나눗셈으로 이루어져 있다.

뺄셈은 사람이 태어나면서 죽는 날까지 해야 하는 숙명인 소비(consumption)를 의미한다. 덧셈은 계속되는 뺄셈에 맞서서 뺄셈을 할 수 있는 재원(resources)을 마련하는 행위를 나타낸다. 곱셈은 빼고 남은 돈의 가치를 지키기 위해 굴리는 활동(savings or investment)을 의미한다. 이 세 가지 셈은 특별한 이유가 없는 한 모든 사람이 살아가면서 해야 하는 기본적인 경제활동이다.

덧셈과 뺄셈은 수입과 지출을 맞추어야 하는 가장 기본적인 생활원리이다. 부모의 경제적 보살핌에서 벗어나 경제적인 면에서 독립한 이후부터는 (−)를 하기 전에 (+)를 하는 것, 즉 (+)의 범위에서 (−)를 하는 것이 가장 바람직하다. 그리고 (−)를 하고 남은 여유자금(+)은 그 가치를 지키기 위해 은행 정기예금이나 펀드 투자 등 적절한 방법으로 굴려야 한다(×). 이 세 가지 셈의 원리에서 벗어난 개인이나 가정, 조직체는 빚을 지고 살아가게 된다.

모든 사람들이 뺄셈과 덧셈, 그리고 곱셈의 원리에 맞게 생활한다면 경제에서 금융의 역할은 지금보다 훨씬 줄어들 것이다. 개인들은 돈을 빌리지 않고 자기가 번 돈에서 소비를 하고 남은 돈을 저축하고, 은행은 이런 개인들의 돈을 모아 유망한 사업기회를 가진 기업에 빌려준다. 이러한 사회에서도 사람들이 직업을 통해 소득을 창출하고 물건과 서비스를 소비하는 활동이 모두 돈을 매개로 이루어지지만, 개인의 입장에서 볼 때 돈의 역할은 물건과 서비스의 교환을 매개하는 반대급부로서 기능할 뿐이므로 여기에 금융이라는 개념을 굳이 끌어들일 필요는 없다. 돈을 빌리려는 사람이 줄어들면 여윳돈을 굴릴 방법도 줄어든다. 이자율도 점점 낮아질 것이다.

나눗셈은 지금 꼭 필요한 뺄셈을 지금의 덧셈으로 감당하지 못할 때 남의 돈을 빌려서(borrowing) 쓰고 난 후에 어쩔 수 없이 감당해야 하는 뺄셈과 덧셈으로 이루어진다. 돈을 빌려 쓰고 나서 갚기로 약속한 돈을 미래소득에서 뺄셈을 해야 하는데, 미래소득은 불확실하다.[1] 미래소득이 기대나 예상과 다르게 움직여 제때에 빚을 갚지 못하게 되면 애초에 빚을 지지 않았을 때에 비해 더 큰 어려움을 당하게 된다. 나를 믿고 돈을 빌려주었던 금융회사는 이제 나에 대한 부정적인 정보를 기록해 두고 그 정보를 다른 은행들과 공유하므로 앞으로는 내가 돈이 급히 필요할 때 은행에서 융통하기가 훨씬 어려워진다. 그러므로 남의 돈을 빌려 쓰는 행위는 불가피한 경우에 한해서 가장 나중에, 가장 신중하게 선택하는 것이 바람직하다.

금융의 목소리와 유혹이 강한 이 세상에서 많은 사람들이 덧셈과

---

1 미래소득은 불확실하기 때문에 나눗셈 기호를 구성하는 세로 선분은 실선이 아닌 점선으로 표시된다.

뺄셈의 원리로만 살아가기는 쉽지 않다. 먹고 살 음식이 없어서가 아니다. 집이나 자동차 등 큰돈이 드는 물건을 사야 하는 경우, 유망하게 보이는 사업의 기초자본이 부족한 경우, 불의의 사고를 당해 큰 금액의 치료비를 지불해야 하는 경우, 또는 자녀의 학원비나 등록금 등의 소요로 돈을 빌려서 써야 하는 경우가 있다. 꿈을 꾸고 기발한 생각을 잘 하는 사람들이 모여서 사는 복잡하고 험난한 현실 사회에서는 금융거래가 자연스럽게 발생한다. 금속화폐가 아직 등장하지 않은 저 먼 옛날에도 곡식을 빌려주었고 빌려간 곡식을 못 갚는 사람은 노예가 되었다.

금융은 돈을 빌려 쓰는 사람이 약속한 대로 돈을 얼마나 잘 갚을 수 있는지를 믿을 수 있는 정도, 즉 신용(信用)을 기반으로 하는데, 신용이란 바로 각 사람이 자기의 경제적인 분수를 지키는 정도를 가늠한다. 각 사람의 분수는 자기 몫인데, 몫이란 다름 아닌 나눗셈이다. 돈을 빌려 쓴 후에는 약속한 금액을 다 갚을 때까지 미래소득에서 줄기차게 뺄셈을 해야 한다. 이번 달에 덧셈보다 뺄셈이 많아서 돈을 빌려 썼다면 다음 달이나 내년 이후부터는 더 많은 덧셈을 해내야 부단하게 계속되는 뺄셈을 막을 수 있다.

그것이 생각만큼 쉬운 일이 아니다. 인간이 미래를 그려 볼 수는 있지만, 현재는 나름의 관성을 가지고 흐르고 시간의 흐름은 삶의 질서를 흐트러뜨리는 경향이 있기 때문이다. 서류를 프린트한 후 스테이플러로 찍어 두지 않으면 어느샌가 종이들이 흐트러져 있고 가끔씩 몇 장이 안 보일 때도 많다. 때로는 스테이플러로 찍어 놓은 서류가 통째로 안 보인다. 그때그때 잘 정돈해두지 않으면 서류는 미래의 활용가치를 잃는다. 금융도 마찬가지이다. 현금(現金 또는 現今)이 아니라 미래를 담보해야 하는 금융은 본질적으로 불안정한 속성을 가지고 있다. 나눗셈 기호는 아래 구슬(분모)이 위 구슬(분자)을 받치고 있는 모습이라서 왠지 불안해 보인다. 구슬을 생략하고 비스듬한 선을 그려 보아도 불안한 모습은 여전히 남아 있다.

돈을 빌려 쓰는 것이 성질상 위험을 내포하고 있으므로 돈을 빌려주는 행위도 돈을 빌려 쓴 사람의 미래소득이 불확실한 만큼 자연스럽게 위험을 내포한다. 그러므로 나눗셈을 잘 이해하지 못하고서 돈을 빌리거나 빌려주는 것은 아주 위험한 행위이다.

남의 돈을 빌려서 주식 등 위험한 자산에 그 돈을 굴리는 행위는 어떻게 보아야 하는가? 대출을 받아 주식을 사거나 빌린 돈으로 사려고 하는 주식을 담보로 대출을 받는 경우는 사칙연산의 어느 하나에 해당하지 않는 고차원의 복잡한 행위이다. 나눗셈을 해야 하는 돈으로 곱셈을 하는 것은 '곱빼기'로 위험한 행위이다. 나눗셈 자체에 이미 상당한 양의 위험을 안고 있고 거기에다 곱셈의 위험성을 다시 떠안아야 한다. 우리 아이들이나 식구들에게는 절대로 권유하고 싶지 않다.

저축의 역설이라는 말이 있다. 개인이 불확실한 미래에 대비해서 소비를 줄이고 저축을 늘리면 개인 입장에서는 합리적인 선택일 수 있지만, 경제 전체로 보면 줄어든 소비로 인해서 기업의 이익과 일자리가 줄어드는 경기불황이 생겨서 결과적으로 저축을 늘린 개인들도 더 불행해질 수 있다는 말이다. 따라서 이 역설을 말하는 사람은 언뜻 보기에 소득 창출이나 저축보다 소비를 장려하는 듯한 인상을 준다.

이 역설을 생각할 때 주의할 점은 이 역설은 어느 사회의 개인들이 책임지고 해결할 수 있는 문제가 아니라는 점이다. 자기의 지출이 물건의 가격에 직접 영향을 미칠 정도로 돈이 아주 많은 사람이라면 모르겠지만, 이 역설은 일반 사람들이 걱정해서 해결할 수 있는 문제가 아니다.

20세기 초 세계 대공황의 경험을 배경으로 이 말을 멋지게 제시했던 케인스의 생각도 마찬가지였다. 저축의 역설이 일어나는 상황에는 정부가 나서서 지출을 하든지, 개인들이 소비를 더 쉽게 할 수 있도록 제도를 고치고 만들어야 한다는 의미이다. 개개인들이 소비가 미덕이라고 생각해서 은행에서 돈을 빌려다가 흥청망청 쓰도록 해야 한다는 말이 아니다. 돈을 아껴 쓰려고 하는 사람에게 돈을 빌려주면서 빨리 다 쓰고 얼마 후에 되갚으라는 식의 정책은 '언 발에 오줌 누기'일 뿐이다. 개인들이 쓸 수 있는 돈을 벌 수 있도록 공장이 활발하게 돌아가고 새로운 기업들이 만들어지게끔 정부가 나서서 소비와 투자를 하고 개인과 회사가 부담하는 세금을 깎아 줘서 민간의 소비와 투자를 유도하는 정책이 필요하다는 의미이다.

저축의 역설이란 말을 잘못 이해해서 소비가 미덕이므로 일단 빌려서 쓰고 보자는 식으로 생활하면 안 된다. 목말라 죽을 것 같은 사람이 오줌은 마시더라도 바닷물은 마시지 않는다. 저축의 역설도 사칙연산이 가르쳐 주는 간단한 원리를 거스르지 않는다.

사칙연산에 비유해서 만든 금융의 기본원리를 모아서 다음에 정리해 보았다. 학교에서 사칙연산을 이미 다 배운 초등학생이라도 이 내용을 온전히 다 이해하기는 어려울 수도 있다. 다만, 필자 나름대로 가능한 한 쉽게 이해가 되도록 만들고자 최선을 다하였다. 누구나 읽고 고개를 끄덕일 수 있고, 누구라도 고쳐서 다시 말할 수도 있다.

소비와 소득. 사람은 살기 위해 돈을 써야 하는데(−), 어른이 되면 자기가 쓸 돈을 스스로 벌어야 한다(│ 또는 +). 자기의 소질과 적성에 맞는 **직업**을 갖기 위한 준비를 잘 해야 하고, 돈을 관리할 때에는 은행계좌를 이용하면 편리하다.

저축 또는 투자. 돈의 가치를 지키기 위해서는 적절한 이자(*interest*)를 벌 수 있는 방법으로 저축이나 투자를 해야 한다(×). 시간이 흐르면서 **물건의 값이 오를수록** 돈의 가치가 떨어지기 때문이다.

대출. 빌린 돈은 이자를 더해서 갚아야 하는데 미래 돈의 흐름은 **불확실**하므로 빌린 돈을 다 갚는 일이 마냥 쉽지는 않다(÷). 그러므로 돈을 빌리거나 빌려줄 때에는 갚을 능력이 되는지를 꼼꼼히 살피고 여러 번 확인해야 한다.

공짜는 없다!

사람의 마음마다 욕심이 가득한데 그 마음을 달래줄 수단은 부족하다 (scarce). 그래서 어쩔 수 없이 선택을 하며 살아야 하는 우리에게 공짜는 별로 없다. 거실에 텔레비전과 소파를 둘까, 아니면 책장과 탁자를 둘까, 라는 결정뿐만 아니라 오늘 저녁에 외식을 할까, 냉장고에 있는 음식을 먹을까, 라는 결정도 하나를 선택하면 다른 것을 포기해야 하는 상황에서 이루어진다. 모든 선택에 얻는 것과 잃는 것이 공존한다는 법칙이다. 인간답게 살기 위해서 돈을 벌고 써야 하는 우리들은 희소성 (scarcity) 과 선택 (choice) 의 상황에 부단히 직면한다.

비용 (cost) 이란 내가 선택해서 가지게 된 어떤 것의 대가로 남이 가져가는 (take) 것의 가치이다. 상대방이 가져가는 (take up) 것의 가치는 결국 내가 포기해야 (give up) 하는 것의 가치인 셈이다. **기회비용 (opportunity cost) 이란 내 선택의 결과로 포기해야 하는 어떤 것(기회)의 가치이다.**

필자가 이 글을 쓰는 것이나 사람들이 이 글을 읽기로 하는 것의 대가로 기본적으로 포기해야 하는 것이 시간이다. 시간은 무언가를 할 수 있는 기회이다. 우리 각자가 가진 시간의 가치를 정확하게 평가할 수 있는 방법이 있을까? 혹시 누군가가 우리 시간의 가치를 매기고 있는 것은 아닐까? 기회비용의 개념을 이용해서 알아둘 필요가 있는 기초 금융지식의 내용을 이끌어내 보자.

학창시절은 대부분의 경우 아직 돈을 벌지 않아도 되는 때이다. 공부하고 운동하면서 꿈을 키우는 때이다. 나중에 돈을 스스로 벌어야 할 때까지 특별한 권리를 누리는 시간이다. 학생들에게 주어진 그 값진 시간은 세상을 보는 눈을 다듬고 친구들을 사귀고 몸을 단련하는 때이다. 이와 동시에 미래에 돈을 벌 수 있는 직업을 갖기 위해 준비할 수 있는 기회이기도 하다. 청소년들은 주어진 시간을 얼마나 효과적으로 잘 사용하느냐 하는 숙제를 안고 있다. 농구를 할까, 책을 읽을까, 아니면 아르바이트를 할까라는 문제는 매일매일 선택을 요구한다. 시간은 누구에게나 균등하게 주어진 값진 '물건'(*thing*)이다. 시간을 소중하게 여기고 아껴 쓰는 습관을 가진 사람은 성공적인 인생을 살 가능성이 크다. 지나고 나서야 할 수 있는 말이지만, 학창시절이라는 기회는 쏜살같이 지나가 버린다. 기회의 시간은 햇살처럼 앞만 보고 달려간다.

학창시절을 마치면 이제 그동안 준비해 온 것을 이용해 돈을 벌어야 한다. 돈은 시간보다 더 확실한 기회이지만, 사람들 간에 균등하게 주어지지는 않는다. 자기가 태어난 나라와 가정이 어딘지에 따라 큰 차이가 날 수 있고, 학창시절에 미래를 대비해 어떻게 준비했는지에 따라서도 크게 달라질 수 있다. 개인별로 차이가 있겠지만, 대학생이 되면 자기가 돈을 벌어서 등록금과 생활비를 벌어야 하는 경우가 많을 것이다.

학창시절은 돈이라는 기회를 만들어야 하는 책임이 유보된 시간이었다. 사칙연산에 비유하자면, 마이너스 물결을 타면서 플러스 파도를 만들기 위한 준비를 하라고 주어진 특별한 기회였다. 어른이 된다는 것은 스스로 플러스를 만들어야 마이너스를 할 수 있는 단계에 이르렀음을 의미한다. 여전히 내게 주어진 시간이 있지만, 그 시간 가운데 상당 부분을 나의 지식과 기술을 이용해 돈이라는 기회를 스스로 만들어야 한다. 자기가 소질이 있는 분야나 재미를 느끼는 분야에서 돈까지 많이 번다면 그 사람의 삶은 성공적이라고 사람들이 부러워할 것이다.

돈이 성공과 행복을 보장하는 것은 아니지만 돈은 모든 사람이 필요로 하고 갖기 원하는 것이다. 살아가는 데 필요한 물건들을 구하려면 그 대가로 돈을 주어야 한다. 돈이 가진 핵심능력은 구매력(*buying power*)이고 구매력은 삶의 기회를 넓혀 준다. 학창시절은 분명 황금 같은 기회이다. 황금의 시간을 보내고 어른이 되면 다가올 시간을 대가로 돈을 벌어야 한다. 돈은 시간을 먹고 자란다. 그래서 **시간이 돈**이라고 한다.

곱셈과 나눗셈도 마찬가지로 시간에 매여 있다. 돈을 저축하거나 펀드 등에 투자하는 것은 시간이 지날수록 내 돈의 가치가 줄어드는 것을 막겠다는 노력이다. 시간을 대가로 이자나 투자수익을 벌겠다는 계산이다. 돈을 빌리는 것은 시간을 앞당기려는 노력이다. 덧셈과 곱셈으로 모아 놓은 돈이 부족한 상황에서, 대학 등록금을 내야 하거나 결혼 준비를 해야 하면 돈을 빌려 쓰는 나눗셈의 방법에 의존해야 한다. 돈을 빌려 쓰고 나면 이제 미래의 시간은 빚 갚는 데에 할당해야 한다. 돈을 빌려주는 사람은 돈 빌리는 사람이 미래의 시간을 얼마나 생산적으로 사용할 수 있는지를 따져 보고 빌려주는 돈의 금액과 이자를 매긴다. 곱셈과 나눗셈을 넘나드는 돈은 시간을 먹고 자라기 때문이다. 결국 시간이 돈이기 때문이다.

뺄셈의 기회비용

한 시간 동안 컴퓨터 게임을 하겠다는 선택은 그 시간에 체력에 도움이 되는 운동을 하거나 수학 공부를 할 수 있는 기회를 포기하는 선택을 함께 하는 것이다. 시간을 이용하는 선택의 문제와 마찬가지로 우리는 돈을 사용할 때에도 어떤 것에 돈을 지불함으로써 그 돈으로 다른 어떤 것을 할 수 있는 기회를 잃게 된다.

소비(*consumption*)는 돈을 대가로 한다. 얼마의 돈을 대가로 무엇을 구입할까라는 선택의 문제이다. 우리는 어떤 물건을 구입할 때 같은 물건이라면 더 낮은 가격에 사기를 원하고, 같은 값이라면 더 좋은 기능과 품질의 물건을 갖기를 바란다. 그러므로 소비는 다양한 가격과 품질의 조합을 다루는 선택의 문제이다. 어떤 물건을 소비할지 여부 자체가 이미 선택의 문제이다. 그 물건을 소비하는 대가로 그 물건 가격만큼의 돈을 지불해야 하기 때문이다. 돈이 많아서 이것저것 다 살 수 있다 하더라도, 무언가를 소비하며 돈을 지출하는 행위는 그 돈을 다른 누군가에게 선물하거나 저축할 수 있는 기회를 포기하는 것이다. 이와 같이 돈을 쓰는 행위는 그 돈으로 할 수 있는 다른 무엇을 포기하는 것이다. 그래서 우리가 돈을 후회 없이 잘 사용하려면 그 돈의 사용방법을 결정하면서 포기한 다른 기회의 가치를 생각하는 습관이 필요하다. 우리가 포기한 기회는 눈에 잘 보이지 않지만 분명히 거기 있다.

시간이 기회라고 말하면 고개를 끄덕이던 사람도 돈은 시간보다 더 확실한 기회라고 말하면 발언자의 의중이 무엇일까 궁금해진다.

너무 당연한 말이기 때문이다. 돈은 눈앞에 보이는 물건을 즉시 구입할 수 있는 능력이 있다. 그러므로 돈은 욕망을 즉시 실현할 수 있는 기회를 가진 물건이다. 돈이 가진 구매력은 그 자체가 기회이다. 돈을 지출하는 행위는 그 기회를 이용하는 것이고, 다른 것을 소비할 수 있는 기회를 버리는 것이다. 지나가 버린 시간을 돈으로 살 수는 없지만, 돈이 있으면 내가 할 일을 남에게 시키면서 미래에는 내 여유시간을 더 많이 만들 수도 있다.

사람들은 가급적 더 많은 기회를 갖기를 원한다. 아무리 커피를 좋아해도 하루에 10잔을 마실 수는 없지만, 10잔을 마실 수 있는 기회, 곧 능력을 가지는 건 누구나가 좋아한다. 내가 2잔을 마시고 친구들에게 8잔을 사줄 수 있는 기회를 마다할 이유가 없다.

우리가 어떤 '물건'을 소비하기로 선택하면서 포기하거나 희생한 것들을 다 찾아내기가 쉬운 일은 아니다. 어떤 '물건'을 소비하는 데드는 가장 기본적인 기회비용은 그 물건의 가격만큼 지불한 돈의 양이다. 가격은 그 물건을 만들고 사고파는 사람들의 집합적인 상호작용에 의해 결정된다. 파는 사람은 가능한 한 높은 가격에 팔기를 원하고 사는 사람은 가급적 낮은 가격을 제시한다. 물건을 공급하고 수요하는 양방향의 힘들이 맞부딪쳐 조금씩 양보하고 조정한 결과 물건의 가격이 결정된다. 내가 그 물건을 사기로 마음먹는 행위도 집합적인 상호작용을 만드는 데 기여한다. 이러한 과정으로 가격이 결정되는 방식을 **시장원리**, **시장메커니즘** 또는 **시장기능**이라고 한다.

시장에서 결정되는 어떤 물건의 가격은 그 물건을 구입할 잠재적인 의사가 있는 모든 사람이 생각하는 기회비용의 평균값으로 볼 수 있다. 정확히 말하자면 그 물건을 마지막으로 구입할 의사가 있는 사람(한계소비자)의 기회비용이지만, 실제로는 누가 한계소비자인지를 정확히 알 수 없고 설령 누구인지 안다고 해도 그 사람의 정확한 기회비용은 본인이 정확히 계산해서 알려 주지 않는 한 알 수 없다. 그러므로 시장에 참가하는 소비자들은 모두 평균적인 기회비용을 가졌다고 추정하는 것이다. 가령 구기 씨가 쿠키를 사면서 지불한 돈 3천 원은 구기 씨가 쿠키를 소비하는 대가로 지불할 용의가 있는 금액이므로 구기 씨가 쿠키를 구입하기로 결정한 행위의 기회비용은 3천 원으로 보면 큰 문제가 없다. 슈퍼마켓은 온통 기회비용으로 가득 차 있다. 내 돈을 포기(give up)하고 자기를 택하라는(take up) 아우성이다.

현실의 구체적인 사람이 실제로 부담하는 **기회비용**은 어떤 '물건'을 선택함으로써 포기해야 하는 '다른' 물건의 가치들 중에서 **가장 큰 가치**를 의미한다. 가령 구기 씨가 3천 원을 가지고 쿠키, 커피, 아이스크림 중 어느 것을 살까 고민하다가 쿠키를 샀다고 하자. 구기 씨의 행동을 경제적 관점에서 자연스럽게 이해하면, 구기 씨는 네 가지 물건 중에서 쿠키를 소비할 때 가장 큰 가치(효용, 기쁨)를 느낀다. 그 선택의 기회비용은 지불한 돈 3천 원 또는 3천 원어치의 커피나 아이스크림 각각의 가치 중 가장 큰 값이다. 만약, 구기 씨가 3천 원을 무조건 지출해야 하고 지금 느끼는 효용의 순서가 쿠키, 커피, 아이스크림 순이라면 구기 씨가 쿠키를 산 결정의 기회비용은 커피를 샀을 때 느끼는 효용의 크기이다.

만약 구기 씨가 커피를 마셔서 얻는 효용의 크기가 4천 원이라면 구기 씨가 커피를 사지 않고 쿠키를 사기로 결정한 행위의 기회비용은 4천 원이다. 구기 씨는 4천 원의 기회비용을 대가로 쿠키를 샀으므로 쿠키를 먹으면서 아마도 4천 원 이상의 만족을 얻을 것이다. 구기 씨에게는 쿠키 값 3천 원이 싸게 느껴지기 때문에 산 것이지만 쿠키를 샀기 때문에 커피를 사지 못했으므로 커피를 살 수 있는 기회를 포기한 것이다.

앞에서 시간이 돈이라고 했는데, 구기 씨가 쿠키를 사러 슈퍼마켓까지 이동하고 쿠키를 고르는 데 소요된 시간을 고려하면 쿠키를 소비하는 기회비용이 쿠키 가격보다 커지게 된다. 구기 씨가 이동하고 머리를 쓰는 데 사용한 에너지까지 고려하면 기회비용은 조금 더 커질 수 있다. 쿠키를 먹는 시간까지 기회비용으로 생각하면 좀 지나친 면이 있다고 볼 수도 있겠다. 문제가 점점 복잡해진다. 따라서 구기 씨가 쿠키를 3천 원에 산 행위의 기회비용을 계산할 때 쿠키를 사는데 걸린 시간의 가치나 쿠키를 먹으면서 느끼는 효용의 가치를 정확히 계산하기는 어렵기 때문에, 그냥 쿠키의 가격 3천 원이 그 기회비용이라고 보는 것도 나름대로 합리적인 면이 있다.

미국의 연방예금보험공사(Federal Deposit Insurance Corporation) 웹사이트에 있는 초등학교 3~5학년 학생들을 위한 금융교육 자료에 다음과 같은 문제가 있다. 기회비용을 잘 이해하기 위해서 한번쯤 풀어볼 만하다. 정답에 대해서는 다소간의 이견이 있을 수 있다. 헷갈리는 부분에 대해 생각하고 논쟁하는 것이 기회비용을 보다 정확히 이해하는 데 도움이 될 것이다. [2]

---

2 https://www.fdic.gov/consumers/consumer/moneysmart/young.html

생활 속에서 경험하는 기회비용의 문제

Q. 아래 상황을 읽고 문제에 가장 맞는 답을 고르시오.

사라(Sarah)는 친구들과 쇼핑몰에 가서 토요일 오전 3시간을 보냈다.
쇼핑몰을 떠나기 전에 푸드코트에서 점심을 먹었다. 사라는 점심식사
값으로 9달러 50센트를 지불하였다. 사라는 평소 토요일 오전에
이웃집 개를 산책시켜 주는데, 그 대가로 5달러를 벌었다. 이번 토요일
에는 사라의 오빠가 대신 개를 산책시켜 주고 5달러를 벌었다.

사라가 쇼핑몰에 간 행동의 기회비용은 얼마인가?

① 5달러 (개 산책을 못해서 벌지 못한 돈)
② 9달러 50센트 (점심값)
③ 14달러 50센트 (점심값과 개 산책을 안 해서 못 번 수입)
④ 14달러 50센트와 시간

Tip !

기회비용이란 두 가지 중 어느 하나를 선택하는 상황에서 발생하는
상충관계(*trade-off*)를 의미한다.
어느 하나를 선택하면 다른 것을 포기해야 한다. 그 포기한 것은
시간일 수도 있고 돈이나 다른 자원일 수 있다.

어떤 선택의 정확한 기회비용은 사람마다 다르다. 사람마다 주어진 시간에 할 수 있는 일이 다르고 그 일의 가치가 다르기 때문이다. 직장에서 월급을 받는 사람이 생각하는 휴가의 기회비용과 자기 가게를 열어야 돈을 벌 수 있는 사람이 선택하는 휴가의 기회비용이 다를 수밖에 없다. 가게를 열어 돈을 버는 사람은 휴가를 감으로써 포기해야 하는 기회의 큰 부분이 가게를 열어서 벌 수 있는 금액이다. 가게를 열지 않아서 불편을 느낀 손님들이 앞으로 다른 가게를 이용하기로 한다면, 그 부분도 추가적인 기회비용이 된다.

토요일 오전에 쇼핑몰에서 점심을 먹는 사람들 각자의 상황이 다르므로 그들이 그 시간에 포기한 것들의 가치도 각기 다르다. 앞의 문제에서 사라가 토요일 오전에 보통 어떤 일을 하는지가 그녀의 기회비용을 계산하는 데는 아주 중요한 요소이다. 만약 사라에게 멋진 말이 있는데 토요일에는 그 말을 다른 사람에게 빌려주고 시간당 10달러를 빌려준 대가로 받을 수 있다고 가정해 보자. 앞의 문제의 토요일에 사라가 자기 말을 타고 쇼핑몰에 갔다면 비록 자기 말을 이용한 것이지만 그 말을 다른 사람에게 빌려주지 않고 자기가 이용했기 때문에 벌지 못하게 된 시간당 10달러를 기회비용으로 더해야 한다. 말을 타고 쇼핑몰에 간 사라는 다른 사람들과 똑같은 가격인 9.5달러를 지불하고 아침식사를 했지만, 실질적으로는 친구들 중에서 가장 비싼 아침을 먹었을 것이다. 사라의 토요일 아침 외식의 기회비용은 식사 값을 지불한 영수증에 적힌 금액보다 훨씬 크다.

돈을 어떻게 소비할까 하는 문제는 개개인이 자기의 형편에 맞게 결정해야 한다. 기본적인 원리는 최소한 기회비용만큼의 만족을 줄 수 있는 선택을 하는 것이다. 3천 원에 쿠키를 샀으면 최소한 3천 원만큼의 만족을 얻는 게 바람직하다. 하지만 쿠키를 사기 위해서 3천 원 외에 추가로 포기한 것은 없는지도 살펴보아야 한다. 개를 산책시켜 주는 일을 오빠에게 맡기고 친구들과 쇼핑몰에 놀러 간 사라는 친구들과 시간을 보내고 점심식사를 하는 것으로부터 얻는 만족이 식사비용과 개 산책 아르바이트 수입을 합한 금액의 가치보다는 커야 똑똑한 소비를 했다고 할 수 있다.

┃ 기회비용의 개념은 어떤 것을 소비하기로 한 결정이 합리적인지를 판단하는 데 필요하다. 명시적으로 드러난 물건의 가격 이외에 다른 암묵적 비용이 없는지를 살펴봐야 하고, 특히 물건을 소비하는 데 시간을 많이 들여야 하는 경우 그 시간의 가치를 함께 생각해야 한다.

덧셈의 기회비용

똑똑한 소비를 할 수 있는 지혜가 있어도 돈이 없으면 소비를 할 수 없다. 사라가 쇼핑몰에서 친구들과 보내는 시간에서 얻는 만족감이 아무리 크다고 해도 그 비용을 어디선가 마련해야 한다.

돈을 버는 단계로 넘어가도 기회비용은 선택의 중요한 기준이 된다. 내가 어떤 직업을 선택할 것인가의 문제는 그 직업이 아닌 다른 직업을 선택했을 때 벌 수 있는 돈의 크기가 중요한 비교 잣대가 된다. 직업을 선택하는 기준은 돈의 크기 외에도 적성과 소질, 사회 공헌, 일의 재미 등 여러 가지 기준이 있다. 그런 것들이 다 소중한 가치이다. 돈의 크기는 그런 가치들을 다 고려하고 나서, 아니면 그런 기준들과 함께 고려하는 중요한 잣대가 된다. 가령 다른 직장에서 받게 되는 월급이 500만 원인데 그 직장을 선택하지 않고(give up) 월급이 400만 원인 직장을 선택했다면(take up) 현재의 직장을 선택한 행위의 기회비용은 매월 500만 원이다. 아마도 월급 이외의 근무조건이나 일의 내용이나 도덕적 가치 등이 월급 100만 원의 차이를 메꾸어 줄 것이다.

고등학교를 졸업하고 대학교에 갈 것인가, 직장생활을 시작할 것인가의 선택의 문제도 기회비용 관점에서 볼 수 있다. 대학교를 가기 위해서는 최소한 등록금과 교재비를 지출해야 하므로 일단 그 돈의 가치만큼, 즉 그 돈으로 살 수 있는 다른 물건들을 포기해야 한다. 그런데 한 단계 더 생각해 보면 그 돈보다 더 큰 비용이 아직 남아 있다. 대학교를 가지 않고 바로 직장생활을 시작했다면 대학에 다니는 기간 동안 돈을 벌 수 있었을 텐데 대학에 가기로 선택했기 때문에 돈을 벌 수 있는 기회를 포기한 것이다. 그러므로 고등학교를 졸업하고 바로 취업했다면 몇 년간 벌 수 있었을 수입도 대학교에 가기로 선택한 결정의 기회비용에 포함되어야 한다.

대학교를 졸업하고 평생 벌게 되는 돈의 전체 가치가 고등학교를 졸업하고 평생 벌 수 있는 돈의 전체 가치보다 크고, 그 차이가 대학 재학기간의 등록금과 생활비용보다 크다고 생각한다면 기회비용의 관점에서 똑똑한 결정을 한 것이다. 고졸이라고 괜히 무시하는 사회 분위기가 아직 남아 있다면 선택의 문제가 이렇게 간단하지는 않지만 말이다. 앞의 사라의 쇼핑몰 외식 사례처럼 우리가 선택한 것에 돈을 지불해야 하고 동시에 그 선택 때문에 시간을 들여야 하는 경우에는 항상 명시적으로 지불하는 돈의 금액과 함께 시간이 품고 있는 암묵적 비용을 함께 계산해야 한다. 그 시간의 가치는 각 사람마다 다르므로 일률적으로 계산하기는 어렵다.

많은 사람이 모여 사는 사회일수록 **전문가**의 역할과 가치가 중요하다. 사람마다 자기가 잘하는 분야의 일에 집중하고 자기가 상대적으로 잘 못하는 분야에서는 다른 사람이 만들어 낸 '물건'을 소비하면서 살아간다. 어떤 사람이 모든 일을 다 잘할 수 있는 잠재능력이 있다고 해도 하루 24시간 중에서 잠을 자고 밥을 먹으면서 남은 시간에 그 모든 일을 실제로 다 잘할 수는 없는 노릇이다.

분업과 전문화는 사회가 발전하면서 자연스럽게 만들어진 우리 삶의 조건이다. 아담 스미스(Adam Smith, 1729~1790)가 250여 년 전에 말했듯이 우리 식탁에 올라오는 음식 중에서 우리가 직접 만든 것은 거의 없다. 쌀, 나물, 배추, 두부, 고기, 소시지 등등. 물과 냅킨, 수저도 마찬가지이다. 우리는 자기가 선택한 일을 하면서 번 돈으로 생활에 필요한 물건들을 소비하면서 살아간다. 아담 스미스가 알려준 중요한 점은 우리가 식탁의 음식들을 보면서 농부나 푸줏간 주인에게 고맙다고 인사할 필요는 없다는 것이다. 농부는 내 밥상에 음식을 올려 주기 위해서 일을 하는 것이 아니다. 사람들은 각자 자기가 잘하는 분야에서 일을 하면서 자기가 쓸 돈을 번다. 그 돈으로 자기가 필요한 물건을 대가를 지불하고 소비한다. 아담 스미스가 《국부론》(1776) 이라는 책을 통해 강조한 것은 분업과 전문화가 사회 전체의 부를 키우는 데 큰 도움이 된다는 점이다.

사람마다 타고난 능력이 조금씩 차이가 있겠지만 자기가 특별히 잘하고 재미를 느끼는 분야가 있을 것이다. 자기가 소질이 있고 적성에 맞는 분야를 찾고 그 부분에 노력을 많이 들이면 그 사람은 다른 사람에 비해 그 일을 더 잘하게 되고, 그 분야의 경험과 노하우가 쌓이면 그 일을 하면서 벌 수 있는 돈의 양도 다른 일을 하는 경우보다 점점 더 증가할 것이다. 이른바 전문가(expert 또는 specialist) 가 되는 것이다. 일단 어떤 분야에서 전문가가 되면 그 분야의 일을 하는 대가로 받는 소득이 다른 일을 했을 때 받는 소득보다 많아지게 되므로 자신의 전문 분야가 아닌 다른 분야의 일을 선택하는 경우의 기회비용이 커진다. 그러므로 경제적 관점에서 볼 때 특정한 분야에서 전문성을 쌓아 가고 그 분야에서 직업을 갖는 것이 합리적인 선택이다.

내가 특화하는 일이 남들이 따라 하기 어려운 분야이거나 자신만의 특별한 노하우(know-how) 가 있다면 노동의 대가로 더 많은 돈을 벌 수 있다. 나의 특별한 지식과 능력에 다른 사람들이 더 높은 가치를 매길수록, 이른바 나의 '몸값'이 올라갈수록 다른 사람들이 내가 만드는 '물건'에 지불할 용의가 있는 비용, 다시 말해 내가 만든 물건을 소비하는 대신에 포기할 용의가 있는 것의 가치가 더 커진다.

어떤 일이든지 남들보다 잘하거나 좋아하는 분야를 골라서 자기 직업으로 만들 수 있다면 삶이 행복해질 수 있는 가능성이 커진다. 자기의 전문지식과 기술을 이용해서 사회에 도움이 되는 새로운 것

프랑스 파리의 부자동네인 16구의 어느 길목(Rue de Passy) 입구(2017.2.)

Pharmacie는 우리나라의 약국에다 화장품 등 잡화를 파는 가게를 혼합한 개념의 가게이다. 번쩍이는 네온사인을 이용해 사람들의 시선을 끈다. 창문에 비친 네온사인의 모습이 덧셈 곱빼기를 보여준다. 일정한 자격증을 가져야 Pharmacie를 열 수 있다. 큰돈은 아니어도 비교적 안정적인 소득을 얻을 수 있는 직업으로 여겨진다.

을 만들어 낼 수도 있고 남을 도와줄 수 있는 여유도 더 많아질 것이다. 각자의 직업을 선택하는 문제와 마찬가지로 가정 내에서 부부 간에 가사 일을 분담하는 경우, 회사 내에서 또는 회사들 간에 역할을 나누는 문제, 그리고 나라들 간에 수출품과 수입품을 결정하는 것들을 모두 '기회비용'의 관점에서 설명할 수 있다. 국가 간 무역에 관한 이론으로 '비교우위'(comparative advantage) 원리가 있는데, 각 나라가 다른 나라보다 상대적으로 더 적은 '기회비용'을 유발하는 부문에 전문화해서 만든 물건을 교환하는 것이 서로에게 이익이 된다는 원리이다. 사회 수업시간에 이 내용을 접하게 되면 기회비용에 대한 정확한 이해를 가지고 공략하면 된다.

▌기회비용의 렌즈로 본 덧셈의 교훈은 한 마디로 '전문성'이다.
아직 덧셈을 해야 하는 의무가 없는 시간에 자기 소질과 적성을 찾아 기초지식과 기술을 익혀서 나중에 덧셈을 해야 할 때에 자기의 전문성을 키워가면서 사회가 가치 있게 여기는 일을 하는 것이 바람직하고 현명한 선택이다.

곱셈의 기회비용

내 지갑에 넣어둔 현금은 시간이 지나갈수록 가치가 줄어든다. 그 돈으로 살 수 있는 물건의 가격이 조금씩 오르기 때문이다. 내 돈의 가치를 지키기 위한 곱셈의 문제도 기회비용의 관점에서 생각해 보자.

현금을 은행 정기예금에 넣어 두면 시간이 갈수록 이자가 붙지만 지갑에 넣어둔 돈은 이자를 만들지 못한다. 따라서 돈을 지갑에 넣어 두는 행위는 내 돈을 은행에 맡겨서 받을 수 있는 예금이자만큼의 기회비용을 유발한다. 그러므로 돈을 보관하고 지키는 데 있어서 내 선택의 기회비용을 줄이기 위한 한 가지 방법은 지갑에 넣고 다니는 현금의 액수를 최소한으로 줄이는 것이다. 물론 현금을 아예 안 가지고 있으면 현금이 필요할 때마다 주변 사람에게 빌리거나 은행에 가서 돈을 찾아야 하는 불편함을 감수해야 하므로 어느 정도 적은 금액은 지갑에 가지고 다닐 필요가 있다. 각자의 취향에 따라 적절한 균형점을 찾으면 된다.

현금을 지갑이나 장롱에 보관하느냐, 예금계좌에 넣어 두느냐의 선택에서 현금을 보유하는 선택의 기회비용은 **예금이자**이다. 은행에 예금하기로 결정했다면 A은행에 예금한 돈의 기회비용은 A은행을 제외하고 내가 이용할 수 있는 다른 은행의 예금금리 중에서 가장 높은 금리이다. 가령 내가 돈을 넣어 둔 A은행의 예금이자율이 2%인데 B은행의 이자율이 3%라면, A은행계좌에 넣어 둔 돈의 기회비용은 3% 금리이다.

돈을 저축하는 방법은 은행예금 외에도 다양하다. 자산운용사가 대신 투자해 주는 펀드에 투자하거나 내가 직접 주식을 골라서 살 수도 있다. 큰돈이라면 부동산으로 바꿀 수도 있다. 은행예금을 제외한 다른 투자수단들은 미래 수익이 정해져 있지 않거나 약속된 수익이 실현되지 않을 위험성이 있다는 점에서 그 투자수단을 선택하지 않은 결정의 기회비용을 정확히 계산하기가 쉽지는 않다. 여유자금을 저축하거나 투자하기 위해서 다양한 금융상품의 수익률과 위험을 비교하고 나에게 가장 매력적인 수익률과 위험의 조합을 선택하는 것은 내 결정의 기회비용을 최소화하려는 합리적인 노력이다. 그러나 이런 일을 잘할 수 있는 사람은 아주 드물다. 일반 사람들의 전문 분야가 아니기 때문이다.

은행예금은 일반적으로 안전한 저축수단으로 받아들여진다. 많은 경우 국가가 일정한 수준까지는 은행이 망하더라도 예금을 돌려받을 수 있도록 제도적으로 보호해 주기 때문이다. 그러나 예금보호대상이 아닌 금융상품으로 돈을 굴릴 때는 투자시점에 예상한 수익은 물론이거니와 투자한 원금을 돌려받지 못할 가능성이 있다. 일반적으로 투자시점에서의 기대수익률이 높을수록 예상수익을 달성하지 못하거나 원금에 손실을 입을 가능성도 큰 편이다. 예상수익률을 보장받기 위해서는 투자위험이 아주 낮은 상품을 골라야 하는데 그런 금융상품은 수익률 측면에서는 그다지 매력적이지 않다. 은행정기예금의 금리가 주식펀드의 예상수익률보다 낮기 마련이다. 그런 면에서 금융시장은 공평하다. 다른 조건을 생각하지 않는다면 사람들은 가급적 높은 수익률을 원하고 가능한 한 위험수준은 낮기를 바란다. 둘 중 하나는 누구나 좋아하는 것이고 다른 하나는 사람들이 싫어하는 것이라면 둘을 적당히 섞어 놓아야 한 곳에 사람들이 몰리지 않을 것이다. '싼 게 비지떡'이란 말처럼 아무래도 싼 장난감은 금방 지루해지고 부품이 부러지기도 하고 색깔도 금세 바랜다. 비싼 건전지의 수명이 더 길다. 대부분의 사람은 원하는 물건을 소비하면서도 돈을 아끼려고 한다. 물건의 품질과 가격을 따져 보고 나에게 맞는 상품을 고르는 게 좋다. 금융상품도 마찬가지이다. 기대수익률이 높고 손실위험이 적은 금융상품은 가격은 비싸다. 값싼 금융상품은 손실위험이 클 수밖에 없다.

손실위험이 거의 없는 저축수단인 예금은 스스로 선택하기가 쉬운 편이다. 은행예금에 만족하는 사람이라면 그 선택의 기회비용은 다른 은행예금의 금리이다. 다른 은행금리보다 내가 받는 금리가 낮지 않으면 선택을 잘 한 것이다. 위험자산에 투자하는 경우의 기회비용은 어떻게 계산할까?

위험자산에 투자하면서 내가 포기한 것이 무엇인지를 알아보자. 내가 투자한 자산의 기대수익률보다 기대수익률이 높거나 낮은 다른 투자대상이 많이 있을 텐데, 여기서 주의할 점은 위험도가 다른 투자대상을 서로 직접 비교해서는 안 된다는 것이다. 일반적으로 위험도가 높을수록 예상수익률이 높게 나오는 게 자연스럽다. 그러므로 투자와 관련된 의사결정의 기회비용을 계산하려면 위험수준이 동일한 투자대상들 중에서 내가 선택한 투자대상 밖에서 가장 높은 수익률을 찾아야 한다. 그런데 투자대상들의 위험수준이 동일하다는 판단을 하기는 말처럼 쉬운 일이 아니다.

위험자산에 투자하는 경우에는 투자한 원금을 잃게 될 가능성이 있는데 기회비용을 계산할 때 이 점도 고려해야 한다. 안전한 예금 대신에 위험한 투자상품을 선택할 때 포기해야 하는 것은 우선 예금이자이고 다음으로 투자원금의 손실예상액이다. 가령 1,000만 원을 1년간 3% 이자를 주는 정기예금에 넣지 않고 P회사 주식을 샀다면 주식을 사기로 한 그 선택의 기회비용은 연간 30만 원의 이자와 주식의 가치하락에 따른 투자원금(1,000만 원)의 손실 예상액이다. 손실 예상액을 미리 정확하게 알 수는 없지만 P회사의 영업전망이나 과거 주가의 변동 등을 고려해 어느 정도 예상수치를 만들어 낼 수는 있다. 물론 주식시장에는 그런 일을 전문으로 하는 분석가들이 많다. 다른 일에 바쁜 일반사람들이 섣불리 전문가 흉내를 낼 필요는 없다. 덧셈의 기회비용에서 설명했듯이 위험한 물건을 다루는 일은 전문가가 하는 게 바람직하다. 중요한 문제는 어느 전문가의 말을 골라서 믿을까 하는 점이다.

안전자산 대신에 위험자산에 투자하는 사람에게는 그만큼 적절한 보상이 주어지는데 그 보상은 투자원금의 예상손실액 이상으로 기대수익을 올려 주는 것이다. 투자자는 원금손실위험을 부담하기 때문에 안전자산에 저축했을 때보다 더 많은 수익을 요구하는 것이 공정하다고 할 수 있다. 금융시장이 효율적으로 작동한다면 어떤 투자상품의 기대수익은 그 투자의 기회비용과 비슷한 값에서 결정된다. 위험자산에 투자하는 선택의 기회비용은 개략적으로 말해서 '예금금리와 원금손실가능액을 더한 값'에다 '그 손실위험을 떠안은 행위에 대한 추가적인 보상'을 더한 값으로 볼 수 있다. 그 값은 투자의 기대수익과 비슷하다. 은행이 대출금리를 결정할 때 자금조달 원가(≒ 예금금리 또는 기준금리)에 더하는 가산금리가 바로 원금손실가능액과 위험부담보상액을 합한 금액이다. 예금금리 이상의 수익은 금융시장에서 공짜로 주어지지 않는다. 위험자산 투자는 예금금리보다 더 높은 기회비용을 요구한다. 사람들은 공짜를 좋아하지만 금융시장의 냉정한 작동원리는 공짜를 용납하지 않는다.

'굴러가고 싶은 차'(2016.6. 미국 워싱턴 D.C.)
차 옆면에 쓰여 있듯이 이 차는 달리고 싶다. 이동서비스를 대가로 돈을 줄 누군가를
기다리고 있다.

위험자산 투자의 기회비용에는 '원금손실가능액'과 '위험부담에 대한 보상'이라는 **불확정한** 값이 들어 있기 때문에 그 기회비용도 불확정한 값이 된다. 기회비용을 알아야 경제적으로 합리적인 의사결정을 할 수 있는데 불확정한 값이 끼어들기 때문에 선택의 기준이 복잡해진다. 투자의 기대수익은 아직 실현되지 않은 것이므로 미래의 실제수익은 현재의 기대수익에 훨씬 못 미칠 수 있고 심지어 원금에 큰 손실을 입을 수도 있다. 우리는 투자상품의 위험을 측정하고 분석하는 일의 전문가가 아니어서 위험자산에 투자하는 결정은 금융시장에서 활동하는 전문가의 도움을 얻는 것이 좋다고 생각한다. 믿을 만한 한 자산운용사를 골라서 펀드에 가입하는 것도 전문가의 도움을 이용하는 방법이다. 나에게 맞는 전문가를 고르는 선택도 전문가에게

맡길 수 있다. 이른바 금융투자에 관한 자문(*advice*)을 전문으로 하는 사람의 도움을 받는 것이다.

돈을 저축하거나 투자하는 사람은 수익률이 상대적으로 낮지만 손해를 보게 될 가능성이 낮은 은행예금에 돈을 넣어 두거나 기대수익률은 높지만 손실을 볼 위험도 같이 커지는 주식이나 채권 등 위험자산에 투자할 수 있다. 손해를 볼 위험에도 불구하고 위험한 자산에 투자하는 사람은 그만큼 높은 기대수익을 누린다. 남에게 돈을 빌려줄 때 갚을 능력이 확실한 사람에게는 낮은 이자율을 요구하지만 갚을 능력이 의심되는 사람에게는 높은 금리를 부과하는 것과 마찬가지 이치이다. 돈을 빌려주는 사람에게 금리를 낮추라고 말하려면 합리적인 근거가 있어야 한다. 돈을 빌려주는 사람은 높은 이자를 받아야 하는 나름대로의 이유를 가지고 있기 때문이다. 그 이유가 얼마나 정확하고 이치에 맞는지가 금융시장의 수준을 나타낸다.

▌곱셈의 기회비용은 두 가지로 나누어서 정리할 수 있다.

첫째, 현금을 보유하는 것은 물가상승에 따른 구매력 손실이나 예금이자만큼의 기회비용을 발생시킨다.

둘째, 대출이자나 기대수익에는 손실위험이 반영되어 있으므로 투자자는 기회비용을 보상받을 수 있지만 그 보상은 아직 실현되지 않은 불확실한 것이다.

* 저축과 투자의 기회비용 = 기대수익

= 무위험수익(≒ 예금금리) + 위험프리미엄(≒ 예상손실액과 추가보상)

나눗셈의 기회비용

남에게 돈을 빌려주는 사람은 돈을 빌리려는 사람이 나중에 갚을 능력이 있는지를 우선 고려해야 한다. 이자수익을 목적으로 큰돈을 빌려주었는데 빌려준 돈을 못 받게 되면 그 손실비용이 이자수익보다 훨씬 더 커지기 때문이다. 만약 돈을 빌리는 사람이 돈을 못 갚을 경우에 채권자가 채무자의 집이나 다른 재산을 임의로 처분해서 돌려받을 돈을 마련할 수 있도록 대출계약이 이루어졌다면 채권자는 대출의 기회비용이 그만큼 줄어드는 효과가 있지만 채무자의 입장에서는 대출을 받기로 한 선택의 기회비용이 대출금리 이상으로 더 커진다.

예를 들어 1,000만 원을 빌리면서 1년 후에 이자 10만 원을 포함해서 1,010만 원을 갚기로 계약을 했다면 현재시점에 대출서비스를 이용한 대가로 1년 후 10만 원을 지출하기로 결정한 것이다(1,010－1,000 = 10 = 1년간 이자비용). 그 의사결정의 직접적인 기회비용은 1년 후 10만 원(또는 10만 원으로 구입할 수 있는 물건의 가치)이다. 돈을 빌리는 사람은 가급적 낮은 이자에 돈을 빌리고 싶어 한다. 이자가 돈을 빌리는 행위의 직접적인 기회비용이므로 선택의 기회비용을 최소화하려면 이자율이 낮을수록 유리하다. 만약 연 9% 금리로 돈을 빌릴 수 있는데도 불구하고 연 10%의 이자율에 빌렸다면 기회비용 관점에서 볼 때 후회할 선택을 한 것이다.

나에게 돈을 빌려주는 사람의 입장에서 보면 내가 돈을 갚을 능력과 의지가 얼마나 있는지가 가장 궁금할 것이다. 대출이자는 '곱셈의 기회비용'에서 살펴본 바와 같이 **예금금리**(또는 조달비용)와 **원금손실**

가능성을 고려하고 **적정한 이윤**을 더해서 계산된다. 채권자는 그 수준의 이자를 돈을 빌려주는 행위의 적정한 기회비용으로 생각하기 때문에 그 정도의 이자를 요구한다고 볼 수 있다.

　돈을 빌리는 사람은 명시적으로 대출금리만큼의 기회비용을 부담한다. 이 대출금리는 돈을 빌리는 사람이 빌린 돈을 갚지 못하게 될 가능성을 고려해서 그 위험을 적정하게 보상하는 부분이 포함되어 있다. 그러므로 돈을 빌리는 사람의 소득이나 재산이 적을수록 대출금리는 높아진다. 만일 돈을 빌려주는 사람이 돈을 빌려 쓰는 사람의 돈 갚을 능력에 대한 정보(**신용정보**)를 가지고 있지 않으면 아예 돈을 빌려주지 않거나 아주 높은 금리를 요구할 것이다. 그러므로 돈을 빌리려는 사람은 자신의 신용수준을 높이는 노력과 함께 자신의 신용정보를 은행 등에 알려줄 필요가 있다. 신용정보가 부족할수록 더 불리해지는 쪽은 돈이 모자라서 빌려 쓰려는 사람이기 때문이다.

　돈을 빌려주고 그 대가로 받는 이자를 주된 수입원으로 하는 은행 입장에서는 사업 규모를 키우고 더 많은 수익을 얻기 위해서 가능한 한 더 많은 사람을 상대로 대출을 하려는 유인이 있다. 따라서 잠재적 대출고객들의 신용정보를 모으고 정해진 기준에 따라 **신용등급** *(credit rate)*을 매기는 등 대출여부와 대출금리에 대한 심사를 잘 하는 것이 사업의 성공 여부를 결정하는 중요한 기준이다. 잠재적 고객들의 신용정보는 금융회사의 무형자산이다. 그러나 금융시장에서는 각 개인의 신용정보가 충분히 공급되지 않을 가능성이 크다.

　소득수준이 낮은 사람일수록 자신에게 유리한 신용정보보다는 불리한 정보가 더 많이 시장에 돌아다닐 가능성이 크다. 직장의 명성이 낮거나 월급이 적거나, 세금·전기료·건강보험료 등 공과금 납부 실적이 저조할 수 있다. 빌린 돈을 갚을 의지가 아무리 강해도 과거의 객관적인 기록으로 뒷받침되지 않은 상태에서는 나에게 유리한 신용등급이나 대출조건을 요구하기가 아주 어렵다. 그러므로 안정적인 소득원이 없는 사람은 대출을 받을 때 상대적으로 높은 금리를 부담하게 된다. 그 금리는 돈을 빌려주는 사람이 내가 돈을 갚지 못할 가능성을 최대한 감안해서 책정한 수준이다. 신용등급이 낮은 사람은 돈을 갚을 능력이 부족하다고 여겨지는 그 이유 때문에 더 많은 이자를 부담해야 한다.

이렇게 책정된 대출금리는 돈을 빌리는 채무자가 당연히 감당해야 할 직접적인 기회비용이다. 여기서 주목할 점은 채권자는 채무자의 채무불이행 가능성을 감안해서 대출금리를 인상하기 때문에(이 인상분을 '채무불이행 위험프리미엄'이라고 한다) 자기가 안게 되는 기회비용을 사전적으로 보상받을 수 있는 반면, 채무자는 채권자가 요구하는 위험프리미엄을 부담하는 외에도 금리에 표시되지 않은 다른 잠재적인 기회비용을 부담해야 한다는 것이다. 이 부분을 잘 알고 있어야 돈을 빌려 쓰는 결정을 보다 현명하게 할 수 있다(채무자의 잠재적 부담은 채권자의 잠재이익이므로 채권자가 이것을 사전에 고려해서 대출금리를 낮추는 것이 이론적으로는 가능하지만 그 실제 여부를 정확히 파악하기는 어려워 보인다. 따라서 여기서는 채무불이행에 따른 잠재이익은 일단 대출금리에 반영되지 않은 것으로 간주한다).

돈을 빌려 쓴 사람이 안정적인 소득이 없는 상태에서는 대출이자를 제때 갚기가 어렵다. 대출 만기가 되면 이자와 함께 원금을 갚아야 하는데, 빌린 돈은 이미 써버렸고 소득이 충분하지 않으면 원금을 갚지 못할 확률이 높다. 그래서 많은 사람이 다른 빚을 얻어 기존 빚을 갚는다. 다른 빚은 금리가 더 올라갈 가능성이 농후하다.

대출로 인한 기회비용이 대출금리 이상으로 큰 이유는 빌린 돈을 약속한 때에 갚지 못하고 빚으로 돌려 막기도 어려워진 상황이 실제로 발생했을 때 입게 되는 피해가 아주 심각할 수 있기 때문이다. 돈을 빌려 쓴 사람은 채권자가 미리 걱정하는 바에 따라 돈을 못 갚을 가능성을 반영한 높은 금리를 부담해야 하는 것과 별도로 실제로 돈을 갚지 못하는 상황에 처했을 때 추가적인 피해가 있다.

첫째, **빚 독촉**에 시달리게 된다. 빚 독촉의 경험은 삶의 피로를 배가할 수 있다. 채무 독촉은 때때로 아주 기분 나쁜 협박과 괴롭힘을 수반하기도 한다. 인생의 가장 밑바닥 경험을 하게 될지도 모른다. 어렵고 부끄러운 상황에서 마음이 약해지면 목숨을 끊고 싶다는 생각을 하게 되기도 한다. 많은 사람이 이런 경험을 직접 해보지 않았겠지만, 이런 상황에 처한 사람들의 삶을 그린 영화나 글들을 통해 그 비참함을 얼마든지 미루어 짐작해 볼 수 있다.

둘째, 대출이자나 원금을 제때 못 갚으면 이자가 갑자기 늘어난다. 약속을 지키지 않은 행위에 대한 **벌금성**(penalty) **금리**이다. 벌금 금리로 추가되는 이익은 대출자가 대출금리를 산정할 때 금리 인하 요인으로 제대로 반영되어 있지 않을 가능성이 높다.

셋째, 내가 목돈을 마련하지 못해 빚을 못 갚았지만 아직 **직장**을 다니고 있다면 채권자는 내 월급에서 가장 먼저 돈을 빼가려고 할 것이다. 내가 빌린 돈을 갚지 않았다는 사실이 직장에 알려지는 것도 시간문제이다. 직장의 승진순위에서 밀려날 수도 있다. 돈을 빌리면서 내가 담보로 제공한 집이나 다른 물건이 있으면 그것을 강제적인 방법으로 경매로 처분할 수도 있다. 담보로 제공하지 않았더라도 돈이 될 만한 물건에 **차압딱지**를 붙여서 이용하지 못하게 할 수 있다. 이렇게 처분되는 물건들은 제값을 받고 팔리지 않는다. '나쁜' 사람이 쓰던 물건이라는 딱지가 붙었으니 얼마든지 헐값에 팔아 넘겨질 수 있다. 헐값에 팔리고도 아직 빚이 남아 있다면 탈출구가 보이지 않는다.

넷째, 은행은 나의 **신용등급**을 대폭 낮추어서 앞으로는 은행에서 돈을 빌려 쓰기가 불가능하거나 아주 어렵게 만들어 버린다. 한번 내려간 신용등급을 다시 올리는 데는 오랜 시간에 걸친 많은 노력이 필요하다. 은행들 간에는 개인들에게 불리한 신용정보를 공유하는 제도가 잘 갖춰져서 한 은행에서 빌린 돈을 제때 못 갚은 기록은 모든 은행이 거의 실시간으로 알게 된다. 금융시장의 생리는 냉정하다. 갚을 능력이 없는 사람에게는 돈을 빌려줘서는 안 된다는 기본원리를 은행들은 공유하고 있다.

마지막 다섯째로, 금융계약의 집행에 관한 법률의 내용과 **법원**의 판단이 채권자와 채무자 사이에서 어느 쪽으로 방향을 잡고 있는지에 따라서 채무자의 잠재적 부담수준이 달라진다. 금융기관에서 빌린 돈과 이자를 대출계약서대로 갚을 방법이 도무지 없어서 개인회생이나 파산을 법원에 신청하면 법원은 채무자의 남은 재산과 과거 경력, 채무자 주장의 진실성 등을 감안해서 회생이나 파산신청을 받아들일지 여부를 결정한다. 금융계약 당사자 간에 어느 쪽의 책임이 더 큰지를 법원이 공평하게 판단해야 하는데, 만약 법원이 돈을 빌려준 사람이 신용심사를 제대로 하지 않은 책임은 거의 묻지 않고 돈을 빌려 쓴 사람의 갚을 책임만을 강조한다면 그만큼 채무자들의 입장이 더 어려워질 것이다.

앞에서 열거한 것들 이외에도 돈을 갚지 못한 사람이 당하게 되는 어려움은 얼마든지 더 있을 수 있다. 안정적인 소득원이 없는 사람들에게는 이러한 어려움에 처해질 가능성이 항상 열려 있다. 지금은 안전한 일자리가 있는 사람들도 상황이 바뀌면서 궁핍한 환경에 처해질 수 있다. 그러므로 돈을 빌리는 사람이 실제로나 잠재적으로 포기하는 기회의 비용은 대출금리보다 훨씬 크다.

돈을 빌려주는 사람은 예상손실액을 고려해서 책정한 이자를 받는 데에 더해서 실제로 돈을 못 갚는 일이 벌어질 때 원금을 회수할 수 있는 수단을 많이 가지고 있다. 그런 수단들을 사전에 다 고려해서 대출금리를 계산할 때 금리를 높이는 요소인 예상손실액을 어느 정도 줄였을 수도 있다. 그렇다면 금융시장의 도덕성이 그 정도로 지켜진다고 할 수 있다.

은행이 채무자의 채무불이행 위험을 충분히 반영한 대출금리를 부과하는 반면 신용도가 낮은 채무자들은 자신이 대출을 이용하는 행위의 기회비용을 대출금리 정도로 생각하고 돈 빌리는 결정을 쉽게 할 가능성이 높다. 이자를 제때 갚지 못하면 어떤 부담을 지게 되는지 계약서의 내용을 꼼꼼히 살피지 않는다. 당장 급한 마음에 돈을 빌려 쓰는데 계약서 한 부분의 작은 글씨들이 눈에 들어오지도 않을 뿐더러 설령 읽을 기회가 있다 해도 그 의미를 제대로 이해하기가 어

▮소득과 신용도가 낮은 사람일수록 대출이자가 커진다.

채무자가 빌린 돈을 제때 못 갚게 될 때 당할 수 있는 피해는 대출이자보다 훨씬 더 커질 수 있다. 차입행위의 기회비용은 대출이자보다 훨씬 더 크다. 그러므로 돈을 빌릴 때에는 높은 기회비용을 감당할 수 있는지를 여러 번 확인하고 빌릴지 여부를 결정해야 한다.

* 차입의 기회비용 = 대출이자 + 암묵적 비용(부도 시 추가 손실)

려울 것이다. 사람의 인지능력은 한정되어 있는데 높은 대출금리를 부담하기도 버거운 사람은 당장 첫 번째 이자를 어떻게 갚을까를 생각하느라 자기가 서명한 계약서를 자세하게 들춰 볼 여력이 없다. 미래에 대한 막연한 낙관적인 기대를 거칠어진 마음에 새기기도 버거운 판에 말이다.

결론적으로, 대출과 관련된 기회비용이 채권자 입장에서는 대출금리에 적정하게 반영되어 있더라도 채무자에게는 금리를 넘어서는 기회비용이 있다. 대출계약대로 돈을 갚지 못할 확률이 높은 사람일수록 높은 금리를 부담하기 때문에, 채무자가 부담하는 이자율이 높을수록 그 채무자는 벌금성 추가금리를 내야 할 가능성, 비인간적인 빚 독촉(추심)이나 차압과 경매를 당하게 될 가능성 등 잠재적 비용도 더 커진다. 돈을 벌고(+) 쓰고(−) 여유자금을 굴리는(×) 행위의 기회비용은 어느 정도 시장에서 형성되는 가격에 드러나 있지만 돈을 빌리는(÷) 행위의 기회비용은 가격으로 표시되지 않는 중요한 부분이 있다. 나른한 오후에 한가롭게 졸고 있지만 사나운 발톱을 감추고 있는 고양이와 비교할 수 있을까? 나눗셈의 기회비용을 정확히 모른 상태에서 함부로 남의 돈을 만지면 미처 몰랐던 큰 피해를 당할 수 있다.

사칙연산과 금융의 원리 : 기회비용

1. 시간과 돈. 시간이 돈이라는 격언이 있다. 시간은 누구에게나 공평하게 주어지지만 돈은 그렇지 않다.

2. 소비와 소득. 소비는 돈을, 소득은 시간을 주된 비용으로 한다. 자기 행동의 기회비용을 잘 따져 보고 가치 있는 곳에 돈과 시간을 써야 한다.

3. 저축 또는 투자. 돈을 빌려주는 사람은 돈을 제대로 돌려받지 못할 위험을 이자 또는 기대수익에 반영시킬 수 있다. 그렇다고 위험이 없어지는 것은 아니다.

4. 대출. 돈을 빌린 사람은 명시적인 이자 부담 외에도 암묵적인 다른 기회 비용을 부담한다. 이 점을 정확히 알고 돈을 빌릴지 여부를 결정해야 한다.

제 2 부   돈과
          금융을
          보는 틀

6

돈이란,
금융이란

사람들이 돈을 사용하기 시작한 시점과 계란을 먹기 시작한 시점 중 어느 것이 더 먼저일까? 정확히 알 수 없는 언제부터인가 사람들은 돈을 중심으로 움직이기 시작했다. 요즘은 닭을 키우는 사람들이 아주 드물기 때문에 대부분의 사람들의 경우, 계란을 살 수 있는 돈이 있어야 계란을 먹을 수 있다. 하지만 돈이 먼저인지, 계란이 먼저인지, 아니면 닭이 먼저인지를 역사의 근원부터 따져 보는 일은 만만하지 않다. 사람 나고 돈 났을까, 돈 나고 사람 났을까, 라는 질문도 함부로 답하기 어렵기는 마찬가지이다.

우리는 돈과 너무 가깝게 지내지만 돈을 잘 모른다. 돈이 움직이는 시장의 논리도 복잡해 보일 때가 많다. 보이는 모습은 복잡해도 시장을 움직이는 원리는 간단할 수 있다. 작동원리가 간단하지 않다면 시장에 참여하는 사람이 그렇게 많을 수가 없다. 사칙연산을 할 줄 아는 우리는 금융의 원리도 손안에 쥘 수 있다. 탁구공을 칠 수 있으면 테니스공과 골프공을 못 때릴 이유가 없다. 적절한 장비만 있으면 얼마든지 할 수 있는 일이다.

첫인상

돈은 사회를 구성하는 많은 사람의 다양한 경제활동이 원활하게 이루어지게 하고 사회의 복잡한 권력관계를 유지하는 데 필요한 도구이다. 그러므로 사람들이 언제부터 돈을 사용하기 시작했을까, 라는 질문은 경제학자들뿐만 아니라 사회학자들에게도 오래된 관심거리이다. 사람이 먼저냐 돈이 먼저냐 하는 질문은 언뜻 쉬워 보이지만, 무엇이 돈인가, 돈이 언제부터 사용되었는가, 라는 질문에 대한 자명한 답을 찾기 어렵기 때문에 사람과 돈의 문제는 많은 생각거리를 던진다.

　돈의 기원에 관한 연구는 사람들이 언제부터 계란을 먹기 시작했느냐는 물음에 대한 대답을 찾는 것과 비슷한 점이 있다. 닭을 언제부터 키웠는지를 잘 모르는 우리가 언제부터인가 계란을 먹고 있는 것처럼, 우리는 언제부터인지 정확히 몰라도 이미 돈이라는 것을 사용하고 있다.

　돈의 기원에 관하여 우리가 흔하게 들은 이야기에 따르면, 인류가 진화하면서 물물교환의 불편함을 덜기 위해 조개껍질이나 쌀알 등을 돈으로 사용하기 시작했고, 그런 모양의 돈이 부족한 사람은 다른 사람에게 빌려서 물건을 사기 시작했다. 물물교환의 관행이 돈의 발명을 가져왔고, '신용'이라는 행위가 돈의 사용을 뒤따랐다는 식이다. 이 이야기는 논리적이기는 하지만 증거는 부족한 듯하다. 오히려 돈의 발명을 가져왔다는 물물교환의 생활방식이 과연 존재했을까 하는 의구심마저 든다. 내가 필요한 것과 상대방이 필요한 것을 같은 시간과 장소에서 꼭 필요한 만큼 맞바꾸는 것이 얼마나 어렵고 귀찮은 일일까 생각해 보면, 물물교환이 왕성하게 이루어진 후에 그 불편함을 덜기 위해서 돈이 발명되었다는 이야기의 전개가 사실이 아닐 수도 있다는 생각이 든다. 오히려 돈은 그 원시적 물물교환 시장이 아닌 다른 곳에서 사용되기 시작했을 것이며, 돈이 만들어지기 전부터 이미 사람들은 곡식을 빌려주고 이자 형태로 곡식이나 다른 귀한 물건을 더해 받는 식으로 '신용행위'를 하였을 것이라는 설명이 설득력 있게 들린다. 이제 돈의 출생지와 창조자에 관한 서로 다른 이론들 간의 대결을 끝낼 결정적인 증거를 찾는 일만 남았다. 갈릴레이가 피사의 탑에 올라가 무거운 공과 가벼운 공을 동시에 떨어뜨린 일을 감행한 이유도 무거운 공이 가벼운 공보다 더 빨리 떨어진다는 아리스토텔레스의 과학을 반박할 결정적인 증거가 필요해서였듯이 말이다. 돈의 첫 모습을 정확하게 볼 수 있는 기회는 우리에게 아직 주어지지 않았다.

성경의 첫 번째 책인 〈창세기〉의 마지막 부분에는 야곱이라는 족장의 열두 아들의 이야기가 적혀 있다. 아브라함의 손자인 야곱의 아들들 중에서 주인공은 단연 요셉이다.

죽은 줄로만 알았던 아들이 살아서 이집트 제국의 국무총리가 되어 있다는 말을 야곱은 믿을 수가 없었다. 사랑하는 아들을 짐승에게 빼앗긴 줄로만 알고 사는 게 정말 사는 것 같지 않았는데, 아들들이 하는 희한한 이야기에 귀를 의심하며 어리둥절했다. 야곱은 이집트의 왕 파라오가 보낸 각종 선물과 자기를 태우러 온 마차를 보고서야 그 이야기가 사실인 것 같다고 믿게 되었고, 몸의 기운도 살아났다. '내가 죽기 전에 가서 내 아들을 보리라'는 희망이 20년가량을 좀비처럼 살아온 야곱을 일으켜 세웠다.

열한 번째 아들인 요셉은 어려서부터 아버지의 사랑을 독차지했기 때문에 형들은 그를 시기했다. 하루는 형들이 양을 치고 있는데 요셉이 아버지의 심부름을 하려고 그들에게 왔다. 요셉은 아버지가 특별히 만들어 입혀준 옷을 입고 있었다. 형들은 요셉을 붙잡아 그 옷을 벗기고, 이집트로 가던 미디안의 상인에게 은 20개를 받고 그를 팔아 버렸다. 그들은 또 요셉의 옷에 짐승의 피를 묻혀 아버지 야곱에게 보여 주면서, "우리가 이것을 발견하였는데, 보소서"라고 거짓말을 하였다. 야곱은 아들의 옷을 알아보고 자기 옷을 찢고 울면서 가족들의 위로도 받지 않았다.

미디안의 상인들에 의해 요셉은 이집트 왕 파라오의 친위대장인 보디발의 시종으로 다시 팔려갔는데, 보디발의 아내의 성적 유혹을 거절한 후 그녀의 모함으로 옥살이를 하게 되었다. 감옥생활을 하는 중 파라오의 술을 관리하다가 잘못을 저질러 옥살이를 하게 된 왕의 신하를 만났는데, 어느 날 그가 꾼 꿈을 해석해 주었다. 그 관리는 얼마 후 풀려나 다시 파라오의 신하로 일하게 되었다.

어느 날 파라오가 이상한 꿈을 꾸고 나서 이집트의 점술가들과 현자들을 불러 해몽해 보라고 하였다. 그러나 그의 꿈을 풀어서 말해 줄 수 있는 사람이 아무도 없었다. 이때 요셉과 같이 옥살이를 했던 그 신하의 머리에 요셉이 떠올랐다. 그 신하의 소개로 요셉이 파라오 앞에 서게 되었다.

파라오가 요셉에게 말하였다.

"꿈에서 나는 나일강가에 서 있었는데, 거기서 살지고 아름다운 소 일곱 마리를 보았다. 그 소들은 강에서 나와 풀을 뜯어 먹었다. 그런데 또 강에서 다른 소 일곱 마리가 나오는 것이 보였다. 그 소들은 야위고 마르고 못생겼다. 이제껏 내가 이집트의 온 땅에서 본 소 중에서 가장 못생긴 소였다. 이 야위고 못생긴 소들이 먼저 나온 살진 일곱 마리 소를 잡아먹었다. 그런데 이 야윈 소 일곱 마리는 살진 소 일곱 마리를 잡아먹었으면서도 처음과 똑같이 마르고 못생겨 보였다. 그때 나는 잠이 깼다.

나는 또 다른 꿈도 꾸었다. 어떤 한 가지에 잘 자라고 토실토실한 이삭 일곱 개가 나 있는 것을 보았다. 그런 다음에 다른 일곱 이삭이 또 솟아 나왔는데, 그 이삭들은 야위고 말랐다. 그 이삭들은 동쪽에서 불어오는 뜨거운 바람 때문에 바싹 말라 있었다. 그런데 야윈 이삭들이 살진 이삭들을 잡아먹었다. 나는 이 꿈을 마술사들에게 이야기해 주었지만 아무도 그 꿈이 무슨 꿈인지를 설명해 주지 못했다."

요셉이 파라오에게 말하였다.

"이 두 꿈의 뜻은 똑같습니다. 하나님께서 앞으로 일어날 일을 파라오께 미리 보여 주신 것입니다. 좋은 소 일곱 마리는 7년을 뜻합니다. 또 좋은 이삭 일곱 개도 7년을 뜻합니다. 두 꿈은 똑같은 것을 뜻합니다. 마르고 못생긴 일곱 소는 7년을 뜻합니다. 또 동쪽에서 불어오는 뜨거운 바람에 바싹 마른 일곱 이삭도 7년 동안 가뭄이 있을 것을 뜻합니다. 이 일은 제가 말씀드린 대로 일어날 것입니다. 하나님께서는 앞으로 일어날 일을 파라오께 미리 보여 주셨습니다. 이집트의 온 땅에는 7년 동안 큰 풍년이 들 것입니다. 그러나 그 7년이 지나면 7년 동안 가뭄이 들 것입니다. 모든 이집트 땅에 언제 풍년이든 적이 있었나 싶을 만큼 큰 가뭄이 들 것입니다. 가뭄이 온 땅을 뒤덮을 것입니다. 심지어 백성들이 풍년이란 것이 무엇인지를 기억할 수 없을 만큼 가뭄이 심해질 것입니다.

파라오께서는 뜻이 똑같은 꿈을 두 번이나 꾸셨습니다. 그것은 하나님께서 이 일을 이루시기로 굳게 작정하셨기 때문입니다. 더구나 하나님께서는 이 일을 곧 이루실 것입니다. 그러니 파라오께서는 매우 지혜롭고 현명한 사람을 뽑으셔서 그 사람에게 이집트 땅을 맡기십시오. 그리고 모든 이집트 땅에 관리들을 세우셔서 풍년이 드는 동안 이집트 땅에서 나는 식물의 5분의 1을 거두어들이십시오. 그 관리들은 앞으로 있을 풍년 기간 동안 생산될 모든 곡물을 거두어들여야 합니다. 그들은 왕의 권위에 힘입어 곡물을 성마다 쌓아 두고 지켜야 합니다. 나중을 위해 그 곡물들을 저장해 두어야 합니다. 그 곡물들은 이집트 땅에 닥쳐올 7년 동안의 가뭄 때 써야 할 것입니다. 그렇게 하면 7년 동안 가뭄이 들어도 이집트 백성들은 죽지 않을 것입니다."

파라오는 요셉의 현명함을 높이 인정하고 그를 이집트의 총리로 세운다. 그때 요셉의 나이가 서른 살이었다. 이후 곧 이집트에는 7년간 풍년이 들더니 이어서 이집트와 주변 온 땅에 흉년이 닥쳐왔다. 요셉은 풍년 때 거둬들인 곡식을 저장해 놓은 창고를 열어 이집트 사람에게 곡식을 팔았고, 다른 나라 사람들도 곡식을 사러 이집트로 왔다.

야곱도 그의 아들 10명을 이집트에 보내 곡식을 사오게 했다. 4명의 아내 중 그가 가장 사랑했던 라헬이 낳은 막내아들이자 요셉의 하나뿐인 동생 베냐민만 곁에 두었다. 요셉은 자기에게 절하는 형들을 모른 체하면서 형들을 간첩으로 몰아세우고 옥에 가두었다. 그러고는 옥에 갇힌 형들에게 첩자가 아니라는 것을 증명할 수 있는 방법을 제안하였다. 사랑하는 동생 베냐민을 위하는 마음에서 한 제안이기도 하였는데, 한 사람만 이집트에 남고 다른 사람들은 곡식을 가지고 고향으로 돌아가서 집안의 굶주림을 해결하고 막내아들을 데려와야 간첩 누명을 벗고 앞으로 이집트에 드나들며 장사를 할 수 있다고 하였다.

요셉은 고향으로 돌아가는 형들이 곡식 값으로 건네준 돈을 자기 종들을 시켜서 그 형들의 자루에 도로 넣어 돌려보냈다. 형들은 고향으로 돌아가는 길에 묵게 된 여관에 도착하고 나서야 자기들이 곡식 값으로 집에서 가져온 돈이 자루 속에 그대로 있는 것을 알게 되었다. 그들은 그 돈을 보고 두려움에 사로잡혔다. 강대국 이집트의 총리에게 간첩이라는 의심을 받고 있는 것에 더해서 값비싼 곡식의 대가를 치르지 않고 그냥 가지고 왔으니 앞으로는 도둑놈의 누명까지 쓰게 되어서 더 큰 어려움을 당할 것이 두려웠다.

자초지종을 들은 야곱은 고민 끝에 베냐민을 형들과 함께 이집트로 보내기로 하면서 그 지방의 좋은 토산품들을 선물로 함께 보내고 지난번에 건네주지 못한 돈 때문에 당하게 될 어려움을 걱정하면서 이전에 가져갔던 돈의 곱빼기를 가져가게 하였다.

사랑하는 동생 베냐민을 데리고 다시 온 형들을 보고 요셉은 자기 집 관리인에게 그들과 함께 먹을 점심을 잘 준비하라고 시켰다. 형제들은 요셉의 집으로 가는 길에 그 관리인에게 자기들의 가장 큰 걱정거리를 털어놓았다. 분명 곡식 값을 지불했는데 자기들도 모르게 그 돈이 도로 자기들의 가방에 들어 있었다고. 그리고 이번에는 그 돈과 함께 추가로 곡식 살 돈을 가져왔으니 혹시라도 오해해서 자기들을 죄인으로 취급하지 말아 달라고 애원하였다. 그 집 관리인은 걱정하지 말라고 하면서 그 돈은 이미 받았고 아마 당신들이 믿는 하나님이 보물을 넣어 준 것일 것이라고 말하였다.

요셉은 동생 베냐민, 인질로 잡아 두었던 형, 그리고 다른 모든 형제들과 함께 식사를 하고 그들에게 곡식을 주어 고향으로 돌려보냈다. 그런데 이번에도 예전처럼 하인을 시켜 곡식 값으로 받은 돈을 형제들의 자루에 도로 넣게 하였고, 특별히 베냐민의 자루에는 자기가 아끼는 은잔까지 몰래 넣어 두게 하였다. 그러고는 하인을 시켜서 형제들을 뒤따라 잡아서 그들이 요셉의 은잔을 훔쳤다고 알린 후 다시 형제들을 잡아 오게 했다. 영문을 모르고 죄를 뒤집어쓰게 된 베냐민을 위하여 형들이 용기 있게 변호하는 모습을 본 요셉은 결국 북받치는 감정을 참지 못하고 자기가 형들이 버린 그 동생이라고 밝혔다. 이후 가나안 땅에 살던 야곱이 그의 모든 가족들과 함께 이집트로 내려와 살게 되었다.

이스라엘 민족의 태동기이자 400여 년 후에 일어날 '출애굽' (Exodus)이라는 역사적 사건의 기원이 되는 야곱 가족의 이집트 이동 이야기에는 요셉의 형들이 요셉을 팔고 받은 은화 20개, 형들이 곡식을 사기 위해 이집트로 가져간 돈, 곡식을 사고 나서 제대로 건네주지 못한 돈, 요셉이 가족을 사랑하는 마음 때문에 몰래 넣은 돈, 요셉에게 지불하지 못한 것 때문에 가족이 화를 당할 것을 염려한 돈 등 여러 가지 역할을 하는 돈이 매개가 되어 역사의 이야기를 만들어 가는 모습이 들어 있다.

가나안(현재의 팔레스타인, 이스라엘 지역)에 살던 야곱 가족이 이집트로 이동해서 살기 시작한 때에는 요셉이 이집트 전역에 걸쳐 야심차게 세운 거대한 규모의 곡식 저장 시스템이 있었다. 이집트 국민들은 지난 7년의 풍년 동안 나라에 곡식을 맡기면서 곡식 보관증을 받아 두었을 것이다. 풍년 후 7년간의 흉년이 닥쳤을 때 그 곡식 보관증은 돈처럼 사용되었을 것이다. 그 보관증은 곡식 저장소에 가서 곡식으로 바꾸지 않아도 사람들 간에 물건들을 교환할 수 있는 매개체로 사용되었을 것이다. 아마도 그 보관증에는 곡식의 양이 적혀져 있었을 것이다. 어쩌면 보관증은 시간이 지날수록 가치가 줄어들었을지도 모른다. 곡식을 저장하는 데는 관리비가 들고 시간이 지날수록 곡식의 신선도도 떨어지기 때문이다.

요셉은 형들이 건네준 돈을 받고 곡식을 팔았지만 그 돈을 몰래 돌려주었다. 형들의 입장에서는 힘이 센 이웃 나라의 총리대신에게 주어야 할 돈을 확실하게 건네주지 못한 결과가 되었으니, 그 '주지 못한 돈'이 형들의 마음을 괴롭히고 두렵게 했다.

요셉의 형들이 가져와서 제대로 전달하지 못해서 마음고생을 했던 돈은 이집트가 아닌 가나안 사람들이 쓰던 돈이었을 것이다. 아마 요셉의 형들이 요셉을 팔고 받은 은화 20개와 같은 모습이었을지도 모르겠다. 그 돈은 이집트 사람들이 곡식의 대가로 기꺼이 받을 수 있는, 누구나 보면 돈이라는 것을 알 수 있는 물건이었을 것이다. 그 돈이 든 자루를 나귀에 싣고 먼 길을 다니기에도 크게 불편하지 않았을 것이다. 그 돈을 직접 볼 수 있다면 돈에 관한 많은 궁금한 점들이 풀릴 것 같다.

신라의 월명사 스님이 누이의 죽음을 애도한 시 〈제망매가〉를 쓴 때에 쓰이던 돈의 모습을 잘 알 수가 없는데, 그로부터 2,500여 년 전의 오래된 일이니 당시 돈의 모습을 정확하게 알기는 쉽지 않은 일이다. 그러나 그때에도 사람들이 돈이라 인식하고 주고받는 어떤 물건이 있었고, 사람들은 그것을 대가로 귀한 곡식을 건네주었다. 은화 20개를 받고 요셉을 산 미디안 상인들의 등장으로 미루어 짐작건대 돈을 매개로 한 나라 간의 무역(*trade*)이 이루어진 것으로도 짐작된다.

금방 사라지는 돈

많은 직장인에게는 돈이 월급통장으로 들어온다. 하지만 요즘은 월급통장이라는 것을 직접 볼 일이 별로 없다. 월급은 내 거래은행의 전산계좌에 기입된 숫자로 인식된다. 그 숫자도 외형은 그럴싸하지만 컴퓨터의 작동원리에서는 많은 0과 1, 두 숫자들의 배열일 뿐이다. 새로운 0과 1의 배열을 만들기 위해 한 달간 나의 노동을 바친다. 그 돈은 들어오기가 무섭게 빠져나간다. 이제 다시 일을 해야 비슷한 숫자를 만들 수 있다. 돈이 삶의 목적이라고 하면 틀린 말 같지만, 동전에 앞뒷면이 있고 다이아몬드에도 여러 면이 있듯이 우리 삶의 목적에도 여러 차원이 있다. 돈은 많은 사람에게 중요한 삶의 목적이자 수단이다. 내 삶이 돈의 지배를 받는 것인가, 아니면 내가 내 돈을 지배하는 것인가? 내가 쓴 돈, 번 돈, 내가 가진 돈 중 어떤 것이 진짜 내 돈인가? 돈은 우리 삶의 한가운데에서 버티고 있다. 내 삶과 떼려야 뗄 수 없는 가까운 곳에 있다.

생사(生死)의 길은

여기 있으매 머뭇거리고

나는 간다는 말도

못 다 이르고 어찌 갑니까

어느 가을 이른 바람에

이에 저에 떨어질 잎처럼

한 가지에 나고

가는 곳 모르온저

아아, 미타찰(彌陀刹)에서 만날 나

도(道) 닦아 기다리겠노라.

1,300여 년 전 신라 경덕왕 때 월명사가 쓴 〈제망매가〉이다. 옛날 언어로 씌어져 있어서 정확한 해석을 하기에 어려움이 있겠지만, 누이의 죽음과 돌이킬 수 없는 시간의 흐름을 안타까워하며 삶과 죽음을 나뭇가지와 이파리에 비유하면서 인생의 슬픔을 보듬고 삶에 대한 마음가짐을 가다듬는 정서에 공감이 간다.

돈 이야기를 하다가 갑자기 생사의 문제를 거론하니 뜬금없다고 생각할 수 있겠다. 하지만 월명사의 삶에 대한 고뇌를 공감한다면 우리가 겪는 돈에 대한 염려도 더 잘 이해할 수 있을 것 같다. 월명사가 삶과 죽음의 덧없음을 나뭇가지와 이파리에 비유했듯이 우리가 애써 벌고 아끼지만 만져 보지도 못한 돈이 어디론가 흘러가 사라지는 모습도 그렇게 그려볼 수 있을 것 같다.

생사의 길이 돈에 달려 있기에

허둥지둥 인사도 없이 길을 떠났다

어느 가을 이른 바람에 여기 저기 떨어지는 잎처럼

나는 너의 가는 곳을 모르겠구나

다시 만날 수 있을까, 내 사랑아

사랑과 이별에 관한 시를 보니 김창완의 〈안녕〉이라는 노래가 떠

오른다.

  안녕 귀여운 내 친구야
  멀리 뱃고동이 울리면
  네가 울어 주렴 아무도 모르게
  모두가 잠든 밤에 혼자서

  안녕 내 작은 사랑아
  멀리 별들이 빛나면
  네가 얘기하렴 아무도 모르게
  울면서 멀리멀리 갔다고

　어린 아이들의 꾸밈없는 합창과 김창완 씨의 정겨운 목소리가 조화를 이루는 이 노래를 들으면 슬픔보다 아름다운 멜로디에 빠지기 쉽다. 하지만 이 노래는 아주 슬픈 이별을 이야기하고 있다. 무슨 안 좋은 일이 생긴 것일까? 혹시 징글징글한 돈 때문에 말하기 어려운 일이 생긴 것은 아닌지, 친구와 사랑하는 이를 두고 몰래 떠나는 그는 "모두가 잠든 밤에 혼자서, 울면서 멀리 멀리 갔다".

돈이란?

원초적인 질문. 돈이란 무엇인가? 돈이 무엇인지를 이해할 수 있는 한 가지 유용한 방법으로 대다수의 경제학자는 돈의 기능에 주목한다. 돈에 관해서라면 이름 그대로 최고의 전문가라고 자부하는 사람들이 많이 모인 **국제통화기금**(International Monetary Fund, IMF)에서 정의하기를, 돈은 다음과 같은 세 가지 **기능**을 하는 것이라고 한다. 해당 내용은 IMF의 직원 교육 책자에 실린 글 "돈이란 무엇인가?"에 있다.

첫째, **교환을 매개**한다. 사람들 간에 '물건'을 사고팔기 위해 사용하는 것이다(medium of exchange, something that people can use to buy and sell from one another).

둘째, **가치의 단위**이다. 즉, 물건의 가격들을 표시하는 공통의 기준이다(unit of account, that is, a common base for prices).

셋째, **가치를 저장**한다. 사람들은 돈을 저축하고 나중에 사용함으로써 시간흐름에 따라 소비를 적절하게 나눌 수 있다(store of value, which means people can save it and use it later—smoothing their purchases over time).

돈이란 무엇인가에 대한 이러한 **기능적 정의**는 우리가 돈의 전체 모습을 이해할 수 있는 하나의 틀을 제공한다. 그러므로 돈의 세 가지 기능을 좀더 자세히 살펴볼 필요가 있다.

첫째, 돈은 우리가 필요한 '물건'을 구입할 때 그 반대급부로 줄 수 있는 것이다. 그 사회의 누구든 돈의 가치를 인정하기 때문이다. 돈을 주고받음으로써 '물건'의 주인이 바뀌는 것이 완성되므로 이러한 돈의 기능을 **교환매개 또는 지급결제**기능이라고 한다. 쿠키를 팔고 돈을 받은 구기 씨는 그 돈으로 콜라를 살 수 있다. 쿠키와 콜라가 직접 교환되지는 않지만 돈이 매개가 되어 구기 씨는 자신의 물건 A와 다른 사람의 물건 B를 교환한 셈이 된다. 돈은 이렇게 필요한 물건을 구입할 수 있는 가장 편리한 수단이다. 돈의 가장 확실하고 분명한 기능이 바로 **교환을 매개**하는 것이다(Medium of Exchange, MX). 돈이 사회에서 별다른 장애 없이 통용되기 위해서는 각 경제주체들이 거래를 하면서 무의식적으로 그 사회가 보편적으로 이용하는 화폐를 주고받을 수 있어야 한다.

물건을 교환하는 모든 거래에는 얼마의 돈을 주고받아야 하는가의 문제와 받은 돈을 다시 사용할 수 있는가의 문제가 항상 결부되어 있다. 가령 가베 씨가 구입하기로 결정한 커피가루의 가격이 2만 원이라면, 가베 씨는 커피를 가져가는 대신 2만 원을 가게에 지불하고, 가게 주인은 그 2만 원을 다른 조건 없이 받아야 거래가 종결된다.

커피 가격이 2만 원이라는 것은 돈이 **계산단위**(Unit of Account, UA)로서 기능하는 점을 보여 준다. 가게 주인이 가베 씨가 건네주는 돈을 받을 수 있는 결정적인 이유는 그 돈을 받아서 가게 주인이 다른 거래의 비용으로 지불할 수 있기 때문이다. 이것은 바로 돈이 가져야 하는 **가치저장**(Store of Value, SV) 기능을 의미한다. 계산단위(UA) 및 가치저장(SV) 기능은 돈이 교환매개(MX)로서 기능할 수 있게 하는 전제조건이다. 이와 같이 돈의 세 가지 기능은 서로 아주

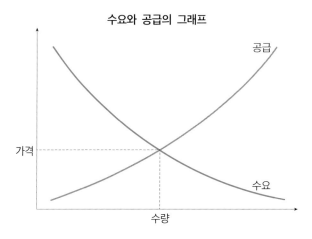

수요와 공급의 그래프

긴밀하게 얽혀 있다.

  그런데, 돈의 계산단위 그리고 가치저장기능을 교환매개기능을 뒷받침하는 것으로만 이해한다면 그 의미를 충분히 살리지 못하게 된다. 돈의 계산단위 및 가치저장기능은 교환매개기능에 버금가거나 더 근본적인 수준의 의미를 가지고 있다. 돈의 세 가지 기능은 각자 고유의 위치를 차지하면서도 서로 긴밀한 관계를 가지고 있다.

둘째, 돈의 계산단위기능은 시장에서 거래되는 물건이나 서비스의 가격을 표시하는 기본단위로서의 역할을 의미하지만, 이 기능을 **구체적인 거래에 적용**하면 얼마를 주고 얼마를 받을까, 라는 가격 문제와 직접 연결된다. 경제학 이론에 따르면 시장에서 거래되는 '상품'의 가격은 관련된 시장에서 **수요와 공급의 원리**에 의해 결정된다. 수요자가 생각하는 물건의 가치와 공급자가 내세우는 가치가 시장에서 만나 거래가격과 거래량의 조정을 거쳐서 어느 정도 균형 잡힌 물건 가격이 결정된다. 잠재적 또는 실제 거래당사자 사이의 상호작용을 거쳐서 물건의 가격이 결정되고 때로는 그 1차 가격에 대한 재협상(이 또한 수요·공급 간 상호작용이다)을 거쳐 최종거래가격이 결정된다. 이러한 작동원리를 시장원리(market mechanism)라고 한다.

과연 수요곡선이라는 것을 사전적으로 그릴 수 있느냐는 심각한 의문이 들기는 하지만, 최종 거래가격과 거래수량은 수요자와 공급자 양자 간의 합의에 의해 결정된 것이라고 그 원리를 이해하는 데는 별다른 무리가 없다. 거래당사자가 그 가격과 수량에 만족하는지 여부는 별개의 문제이다. 그 가격에 물건과 돈을 주고받기 때문에 적어도 사후적으로는 그 지점 부근의 개략적인 수요공급곡선을 어렴풋하게라도 그릴 수는 있을 것이다.

계산단위(UA)로서 돈의 기능은 우선 추상적인 의미로서 가격의 계산단위로서 작용하지만, 실제적인 측면에서는 개별 물건의 가격이 결정되기까지 수요자와 공급자가 생각하는 최종거래가격을 표시하는 기능을 한다. 가격은 시장의 작동기제인 수요와 공급이 현실세계에서 구체적으로 나타나는 모양이다. 이 과정에서 돈은 단순히 추상적인 계산의 단위로서 기능하는 데 머물러 있지 않고 구체적인 물건의 가격이 결정되는 메커니즘을 지탱하고 그 결과를 나타내는 기능을 한다. 그런 가격이 있어야만 실제의 교환거래가 발생할 수 있다.

정리하면, 계산단위로서 돈의 기능은 그 자체로 아주 중요한 의미가 있지만, 구체적인 거래에서 주고받는 돈의 양을 나타내는 **가격을 표시**하는 기능으로 확장해서 이해해도 별다른 무리가 없어 보인다.

돈의 세 번째 기능인 가치저장기능(SV)은 돈을 받으면 사람들이 기분이 좋고 돈이 많을수록 자신감이 더 커지는 이유이기도 하다. 물건 등을 팔면서 반대급부로 돈을 받는 이유는 돈이 그 표시된 가격만큼의 가치를 보유하고 있다고 믿기 때문이다. 나 혼자서 그런 믿음을 가질 수는 없다. 돈이 주는 신뢰는 사회의 구성원 모두가 함께 돈의 가치를 인정하기 때문에 생기는 것이다. 내 은행계좌에 월급 금액이 찍히기를 기다리는 것은 그 숫자가 표시하는 가치만큼의 돈으로 내가 원하는 미래의 시점에 다른 물건 등을 구입할 수 있기 때문이다. 나라에 내야 하는 세금도 그 돈으로 납부하면 된다. 그러므로 돈이 교환의 매개로 작용한다는 것은 자연스럽게 돈이 가치를 저장하는 수단이라는 것을 의미한다.

　돈의 가치저장기능은 사람들이 노동력이나 물건을 팔아서 번 돈을 어떻게 보관하고 그 가치를 지킬 것인가의 문제와 곧바로 연결된다. 돈은 인류의 역사와 더불어 많은 양을 보관하기에 점점 더 편리하게 모양과 재질이 바뀌어 왔다. 돈이 많으면 어떤 물건이나 서비스든 구입해서 편리하게 생활할 수 있을뿐더러 다른 사람들을 내 뜻대로 부릴 수 있는 권력을 가질 수도 있다. 또한 그 돈으로 사회를 위해 기업을 세우거나 어려운 사람을 도와 명예를 얻고 지킬 수도 있다. 그러므로 사람들은 일반적으로 가능한 한 많은 돈을 오랫동안 가지고 있으려는 욕구가 있다. 돈이 사회적 지위를 나타내는 수단이라고 믿기도 한다. 이와 같이 돈은 교환매개로 기능하기 위한 전제로서 일시적인 가치저장수단으로 기능하는 데에서 나아가 장기간 재산을 축적하고 늘려갈 수 있는 수단으로 사용된다. 그러므로 돈의 가치저장기능은 적극적인 의미에서 **부를 축적**(*capital or wealth accumulation*) 하는 수단으로 볼 수 있다.

이상으로 돈의 세 가지 기능을 정리하면, 돈은 가장 직관적으로 교환을 매개하는 역할을 하고(MX), 이 기능을 뒷받침하기 위해 필요한 계산단위(UA) 및 가치저장(SV) 기능을 함께 수행한다. 계산단위 기능은 **구체적**인 거래에서 물건이나 서비스의 거래가격을 표시하는 기능을 하며, 가치저장기능은 **적극적**인 의미에서 자본 또는 부의 축적을 가능하게 하는 수단으로 작용한다.

돈은 실물경제의 원활한 작동이 가능하도록 교환을 매개하고, 물건과 서비스의 가격을 표시하고, 구매력을 저장하므로 자본축적을 유인하는 기능을 한다. **그 세 가지 기능을 동시에 다 하는 것이라야 돈이다.** 그 중 일부만 해서는 제대로 된 돈이 아니다. 어느 사회의 돈이 되고 싶어하는 여러 후보들 중에서 결국 돈이 되지 못하는 후보들이 가장 충족하기 어려운 요건이 아마도 계산단위(UA) 기능일 것이다. 교환을 매개하고 가치를 저장하는 기능을 가진 것들을 돈이라고 한다면 세상에는 너무 많은 종류의 돈들이 넘쳐날 것이다.

가령 특정한 종류의 구슬을 좋아하는 사람들 간에는 구슬을 대가로 자기가 가진 물건을 주고 상대방이 부탁하는 일을 해줄 수 있다. 그리고 각자 모아 둔 구슬의 양이 부러움의 이유가 되고 부유함의 표시가 된다. 그러나 구슬 애호가들이 가지고 있는 물건과 직접 제공할 수 있는 서비스의 종류는 한정되어 있다. 그러므로 구슬 애호가들이 살아가는 데 필요한 모든 물건과 서비스의 가치가 구슬로 매겨져 있지 않고 매길 수 있는 방법도 없다. 그 사회 구성원들이 살아가는 데 필요한 대부분의 물건과 서비스의 가치를 표시할 수 있는 계산단위로는 다른 것이 사용되고 있고 구슬이 계산단위가 아니기 때문에 구

돈의 세 가지 기능

화폐의 기능

지급	가치
결제	저장
(MX)	(SV)

계산단위(UA)

계산단위 및 가치저장 수단 ➡ 교환매개

계산단위 ➡ 가격 표시 (*Signal of Value = Price*)

가치저장 ➡ 자본 축적 (*Accumulation of Capital*)

슬은 진정한 의미의 돈이 될 수 없다. 구슬은 그 사회가 계산단위로
인정해 주지 않기 때문에 모든 물건의 가치를 표시할 수 있는 돈이
될 수 없다.

또 다른 예로, 옛날에는 도시로 유학을 보낸 자식의 하숙비로 돈
대신 쌀을 주고받는 일이 많았다. 하숙집 주인이 학생에게 제공하는
빈 방과 식사 서비스의 대가로 돈 대신에 쌀이 지불되었다. 쌀 자체
가 당시의 쌀값만큼의 가치를 가지고 있기 때문에 마치 돈처럼 받아
들여졌다. 이 쌀을 돈으로 볼 수 있을까? 쌀이 그 사회에서 보편적인
계산단위로 받아들여질지를 확인해 보아야 한다. 하숙집 주인이 돈
대신에 쌀을 받아 준 이유는 쌀의 가치가 당시 한국 돈으로 얼마인지

를 알았기 때문이다. 돈 **대신에** 쌀을 받아 준 것이지 쌀을 돈이라고 생각한 것은 아니었다. 여기서 쌀은 독자적으로 계산단위로 사용되지 않는다. 쌀은 돈으로서가 아니라 **상품**으로 받아들여진 것이다.

이런 점에서 보면, 돈의 가장 근본적인 성질은 그 사회에서 계산단위로 받아들여지는지에 있다고 볼 수 있다. 돈의 본질은 경제와 사회를 양단으로 하는 스펙트럼에서 사회 쪽에 더 가깝게 위치하고 있는 것 같다. 그 사회의 가치 있는 모든 것들의 가치를 계산하는 단위로 받아들여지지 않는 것들은 아무리 돈과 비슷한 기능을 하더라도 돈이라는 이름이 붙여질 수 없다. 돈이 계산단위라는 말은 곰곰이 생각해 볼 부분이 많다.

금융이란

돈이 무엇인지를 돈의 기능을 통해 살펴보았다. 이제 돈이라는 말과 같이 자주 쓰이는 금융의 의미를 알아보자.

금융(金融)이란 기본적으로 돈을 관리하는 일이지만, 사람이 생활하면서 돈을 주고받는 모든 행위를 여기에 포함시키면 포괄범위가 너무 넓어져서 정확한 개념을 설정하기가 어려워진다. 사실 우리 경제활동의 대부분이 돈과 관련됐기 때문에 경제와 금융을 두부 자르듯이 구분하기 어려운 면이 있다. 하지만 돈의 기능과 금융의 발전과정을 토대로 경제활동의 부분집합으로서 금융의 적절한 범위를 설정해 보는 것은 의미 있는 일이다.

금융은 돈으로 무언가를 하는 것이다. 가장 기본적인 금융행위는 생활에 필요한 물건을 사면서 돈을 지불하고, 직장활동의 보상으로 또는 물건을 팔아서 돈을 받는 행위이다. 보통 직장활동이란 노동력을 팔고 대가를 월급으로 받는 것이다. 슈퍼마켓에 진열된 물건처럼 가격표가 분명하게 붙어 있지는 않지만 각 개인의 능력 등에 따라 월급이 달리 정해지므로 개개인이 마치 상품처럼 시장에서 거래된다고 볼 수도 있다. 경제학에서는 이 시장을 상품시장과 구분해 노동시장 (*labor market*) 이라고 한다.

물건이나 노동력을 사고파는 데는 돈의 수입과 지출이 수반된다. 어른이 되면 맞이하는 직업 선택의 문제는 직업을 통해 얼마의 돈을 벌 수 있을까, 라는 문제와 직결되어 있다. 어느 정도의 돈을 가지고 있어야 독립적인 경제주체로서 사회생활을 할 수 있다. 가난한 사람에게 돈을 나누어 주거나 사회단체나 종교단체에 헌금하기 위해서도 돈이 필요하다. 돈은 우리 등에 딱 붙어 있다. 그래서 돈에 대한 생각이 바로 그 사람의 인격을 좌우한다고 할 수도 있다. 사람과 돈은 불가분의 관계에 있기 때문이다.

사람들의 생활에 필요한 물건(금융상품은 제외)을 만들어 판매하고 다양한 종류의 직업을 통해 노동력을 공급하여 돈을 벌고 그 돈으로 소비하는 활동은 돈을 매개로 또는 돈을 목적으로 하는 거래이며 그 거래에 수반하여 주고받는 돈의 양은 물건이나 노동력 등의 가치에 의해 결정된다. 물건을 생산하고 소비하는 영역에서 돈은 경제활동의 매개체로 역할하는데 이 영역을 금융의 영역에 대비해서 **실물경제** (*real sector economy*) 라고 한다. 따라서 상품과 노동력의 대가로 지불되는 돈의 양을 결정하는 문제는 금융의 본류에서 벗어나 있다고 볼 수 있다. 실물경제에 대비되는 **금융경제**(*financial economy*)란 예금, 투자, 대출 등 여유자금을 누군가에게 맡기거나 빌려주는 서비스의 대가를 계산하고 그 값을 기준으로 지금의 돈과 미래의 돈을 주고받는 거래를 하는 영역이다. 앞에서 살펴본 사칙연산에 비유해서 보면, 덧셈과 뺄셈은 실물경제와 가까운 사이이고 곱셈과 나눗셈은 금융경제와 밀접한 관계에 있다.

돈의 가장 기본적인 기능은 실물경제를 구성하는 개별거래가 원활하게 이루어지도록 하는 윤활유 같은 역할이다. 돈의 이러한 기능을 **교환매개 및 지급결제**(*medium of exchange and payment*) 기능이라고 한다. 시계방향으로 물건이나 노동력이 흘러가면 돈은 시계반대방향으로 흘러간다. 그래서 돈을 실물경제의 그림자라고 한다. 태양이 서쪽으로 움직이면 그림자는 동쪽으로 움직인다.

우리는 학교에서 덧셈을 먼저 배우고 뺄셈을 나중에 배웠지만 경제와 금융의 관점에서 사람의 본성은 뺄셈이 먼저이고 덧셈이 나중이다. 여기서 뺄셈은 소비를, 덧셈은 소득을 의미한다. 우리는 태어나면서 소비를 하다가 돈을 벌기 시작하면서 다시 태어난다. 그때부터는 덧셈과 뺄셈을 같이 해야 하는데, 가능하다면 계산결과가 플러스(+)가 되도록 수입과 지출을 관리하는 것이 바람직하다. 소득과 소비라는 실물경제의 활동으로 인해 발생하는 돈의 수입과 지출을 관리하는 영역을 **현금관리**(*cash management*) 또는 **금융관리**(*financial management*)라고 할 수 있다.

소비와 소득과 관련된 영역에서 금융의 역할을 경제 전체적으로 보면 실물경제 활동에 수반된 돈의 흐름이 안정적으로 정확하고 신속하게 이루어지도록 지급결제(*payment*) 시스템을 구축하는 것이다. 또, 개개인의 입장에서는 각자의 덧셈과 뺄셈의 계산결과가 플러스(+)로 유지되도록 드나드는 현금을 관리하는 일이다. 은행 등 금융회사가 개인들의 계좌를 개설해 주고 이를 통해 월급이나 다른 금전 재산을 안전하게 보관하고 비용을 편리하게 결제할 수 있도록 도와주는 역할을 한다.

금융시스템이 어느 정도 발달한 나라의 국민들은 대부분 은행에 계좌를 열어 그 계좌로 월급이나 다른 돈이 들어오도록 하고 은행창구나 자동화기기(ATM)에서 현금을 인출할 수 있다. 또한 인터넷이나 통신수단을 통해 다른 사람의 계좌로 돈을 보낼 수 있고 물건을 구입하면서 플라스틱 카드로 대가를 지불할 수 있다. 사람들은 자신의 은행계좌를 보면 수입(+)과 지출(−) 및 현재의 잔고를 확인할 수 있다. 이러한 금융서비스는 돈의 기본적 기능인 **지급결제를 도와주는** 것이므로 **가장 기본적이고 활용도가 높은 금융서비스**이다.

지급결제를 편리하게 해주는 것이 가장 흔히 사용되는 금융서비스이지만 이것을 금융산업의 본류로 보기는 어렵다. 왜냐하면 대부분의 금융회사들의 주된 영업목표는 가능한 한 많은 사람들에게 돈을 빌려주고 그 대가로 이자를 받는 데 있기 때문이다. 돈은 모든 사람이 원하는 양만큼 다 가질 수 있는 '물건'이 아니다. 개개인의 형편에서 수입과 지출의 합이 플러스(+)가 되도록 유지하는 것이 각자의 바람대로 이루어진다는 보장은 없다.

한 사회에 흘러 다니는 돈의 양이 제한되어 있고 사람들마다 소득 창출능력과 소비성향 등이 다르기 때문에 돈을 필요로 하는 시점에 가진 돈이 부족한 경우가 발생할 수 있다. 이 경우 두 가지 행동이 가능한데, 소비 규모를 줄이거나 소비할 시점을 늦추어서 지금 가진 돈의 범위에서 생활할 수도 있고, 일단 다른 데서 돈을 빌려 현재의 지출비용으로 이용하고 나중에 더 많은 돈을 벌어서 빌린 돈을 갚기로 할 수도 있다. 가령 어떤 사람이 매달 몇백만 원가량의 여유자금을 만들 만큼 돈을 벌 능력이 있는데, 지금 당장 집을 구할 만큼의 돈은 없다면 은행에서 대출을 받아 전셋집을 구하거나 작은 아파트를 구입할 수 있다. 은행의 대출을 이용함으로써 비교적 낮은 비용으로 주거문제를 해결하고 이자와 대출원금은 직업 활동이나 다른 방법으로 번 돈으로 갚아 나갈 수 있을 것이다.

또 다른 예로 어떤 사람이 아주 유망한 사업 아이디어가 있는데 지금 가진 돈이 부족해서 사업을 시작하지 못하고 있다면 은행에서 적절한 금리에 돈을 빌려서 사업의 종잣돈으로 투자하고 1년이나 3년 후에 거둔 수익으로 은행 돈을 갚을 수 있다. 사업가는 자기의 경제력이 커지고 은행은 이자수익을 거두게 되므로 모두에게 이득이 되는 아주 좋은 결과가 만들어질 수 있다. 금융의 순기능이 작동하는 보기 좋은 모습들이다.

금융의 본질적 기능은 돈이 부족한 사람이 일정 기간 동안 돈을 빌려 쓰고 정해진 시점에 빌린 돈을 갚음으로써 돈의 시간적·공간적 부족함을 해소하는 것이다. 그러므로 금융은 본질적으로 시간과 뗄 수 없는 관계이다. 현재와 미래를 단단하게 묶어둔 것이 금융계약이다. 그러나 아무리 단단하게 묶어 두려고 해도 미래의 돈의 흐름을

100% 장담하기가 어렵다. 이를 **불확실성**(*uncertainty*) 또는 **위험**(*risk*)이라고 한다. 개개인의 입장에서 볼 때 건강과 직장을 100% 보장할 수 없는 것과 마찬가지로 나의 소득과 재산은 미래시점에 적어도 어느 정도의 불확실성을 가지고 있다. 내가 아무리 노력해도 예상한 소득을 못 만들 가능성은 항상 있다. 경제적 형편이 어려운 사람일수록 미래 돈의 흐름의 불확실성은 더 커진다. 소득수준이 높지 않은 사람은 예상하지 못한 일을 당했을 때 돈을 급히 빌리기가 더 어렵다. 그만큼 미래에 돈을 갚기로 한 약속을 지키기가 어렵다는 의미이다.

돈의 흐름에는 이런 불확실성이 있기 때문에 은행은 아무에게나 돈을 빌려주지 않는다. 그 사람의 직업이 얼마나 안정적인지, 그 사람이 가진 다른 재산이 얼마나 되는지 등을 따져 보고 빌려준 돈을 되돌려 받는 데 별 문제가 없을 것 같은 사람에게만 돈을 빌려준다. 돈을 빌리고 싶어 하는 사람이 빌린 돈을 나중에 갚을 수 있는 능력과 의지가 있는지를 살핀다. 돈을 빌려주는 사람이 나중에 그 돈을 되돌려 받을 수 있다고 믿는 정도를, 또는 그 믿음에 근거해서 빌려준 돈을 **신용**(*credit*)이라고 한다.

미래의 현금흐름은 불확실한 부분이 있으므로 돈을 빌려주는 데에는 어느 정도의 위험이 따른다. 그러므로 돈을 빌려주는 사람의 입장에서는 경제적으로 부담이 되는 행위이다. 따라서 그에 대한 대가를 요구하는 것이 자연스럽다. 지금 빌려주는 돈의 양을 원금(*principal*)이라 하고, 원금에 더해서 되돌려 주는 돈을 **이자**(*interest*)라고 한다. 그러므로 금융의 대가는 이자이고 이자가 바로 금융의 핵심 유인장치이다.

책 앞부분에서처럼 사칙연산에 빗대어 말하면, 덧셈과 뺄셈만으로는 경제가 굴러가지 않는다. 덧셈과 뺄셈을 한 결과가 흑자(+)인 사람과 적자(−)인 사람이 함께 존재하기 마련이다. 여기서 등장하는 활동은 개개인의 입장에서 덧셈과 뺄셈을 맞추기 위한 현금관리를 넘어선다. 여기저기서 덧셈과 뺄셈을 하고 나서 남거나 부족한 돈을 연결해서 주고받는 거래가 필요하다. 본격적인 금융활동이 등장하는 지점이다.

앞에서 은행계좌를 통한 현금 유출입 관리를 기초적인 의미의 금융서비스라고 하였다. 여기서 더 나아가 본격적인 의미에서의 금융서비스란 은행 등 금융회사가 개개인의 여유자금을 맡아서 모은 자금을 유망한 사업에 투자하거나 돈이 부족한 사람에게 빌려주어서 돈을 빌린 사람이 벌어들인 수익으로 돈을 맡긴 사람에게 수익의 일부를 돌려주는 역할을 매개하는 **금융중개**(*financial intermediation*)를 가리킨다.

정리하면, 좁은 의미에서의 금융이란 생활비나 투자자금이 부족한 사람이 여유자금을 가진 사람으로부터 돈을 빌리는 행위이다. 부족한 자금의 조달(차입, 주식 발행)과 여유자금의 운용(저축, 대출 또는 금융투자)이 핵심 요소이다. 금융의 개념을 넓게 보면, 직업 활동을 통한 현금 수입(+)과 생활비, 경비 등 소비 지출(−)에 필요한 현금관리(*cash management*)까지 포함할 수 있다. 영어로는 협의의 금융을 'financing'이라고 할 수 있고,[1] 현금관리를 포함한 광의의 금융을 'financial management'라고 부를 수 있다. 실제로 'financial management'라는 용어는 개인이나 회사 등 개별 경제주체가 현금의 수입과 지출을 맞추어 가는 현금관리와 은행·기금 등의 자산부채관리(ALM) 활동을 포함하고, 여유자금의 운용과 부채 조달 및 사업예산 편성까지를 포괄하는 넓은 의미로 활용되고 있다.

▋금융(*finance*)의 개념
 - 협의 금융 = 자금 조달과 운용 = financing
 - 광의 금융 = 협의 금융 + 현금관리(*cash management*)
     ≒ financial management

금융의 기능

앞에서 돈의 기능과 금융의 의미를 살펴보았다. 돈은 실물경제를 뒷받침하면서 교환매개(MX), 계산단위(UA) 및 가치저장(SV)의 기능을 한다. 금융은 교환의 매개에 수반하는 돈의 흐름을 안정적이고 효율적인 방법으로 관리하는 것, 즉 현금관리를 포함해서 서로 다른 경제주체들 간에 일시적인 돈의 부족함과 남음의 문제를 해결하기 위한 자금의 조달과 운용을 돕는 기능을 한다. 우리가 잘 알고 있는 돈

---

1 영어의 'finance'는 '돈을 지불함으로써 계약을 종결한다'는 뜻이 어원이므로 '金融'이라는 한자어 또는 자금조달을 의미하는 'financing'보다 더 넓은 의미를 내포한다.

의 기본적인 세 가지 기능을 금융에 초점을 두고 다시 정의하면 원래의 것과 비슷하지만 조금 다르게 돈의 기능을 표현할 수 있다. 금융의 의미를 확인한 후에 돈의 기능을 다시 봄으로써 돈과 금융의 개념을 좀더 명확하게 짚어볼 수 있다.

첫째로, 실물경제에서 물품과 서비스의 **교환을 매개**하는 돈의 역할은 금융의 관점에서 보면 '물건'의 대가를 지불하는 **결제**(*payment*)의 형태로 나타난다. 돈에 대한 사회구성원의 신뢰를 바탕으로 경제주체들 간의 '물건'의 교환을 매개하는데 이 거래가 종결되기 위해서는 그 '물건'의 가격으로 합의된 금액의 돈이 물건을 사는 사람으로부터 파는 사람에게로 이동하고 새로운 사람의 소유권이 확정되는 과정이 필요하다. 가령 가삐 씨가 커피봉투를 가지고 계산대를 통과해서 가게를 나가기 전에 커피가격의 돈을 지불하는 행위가 있어야 한다. 이 행위는 가삐 씨가 가게에서 집어든 커피의 새로운 주인이 되기 위해 필요하고 충분한 조건이다. 이러한 돈의 흐름과 소유권의 이동을 확정하는 절차를 '결제' 또는 '지급결제'라고 부른다. 교환매개와 지급결제는 '물건'을 사고파는 모든 거래에서 항상 동시에 일어나는데, 서로 동전의 앞뒷면처럼 동일한 현상을 다른 관점에서 바라보며 달리 부르는 이름이라고 볼 수 있다.

둘째, 돈의 **계산단위** 또는 **가치표시기능**은 금융의 관점에서 볼 때 미래현금흐름의 가치를 현재시점의 가격으로 나타내는 **가치평가**(*valuation*) 기능을 한다. 좁은 의미의 금융이란 지금 돈을 빌려주고 미래 약속한 시점에 되돌려 받는 활동이다. 금융시장에서는 돈이 부족한 사람과 여윳돈이 있는 사람 간에 다양한 형식으로 금융계약을 하고 일부 계약에 대해서는 그 내용을 기록한 증서를 사고파는 거래가 일어난다. 금융계약은 크게 보아서 **채무계약**과 **지분계약**으로 나눌 수 있다. 채무계약은 은행대출이나 회사채 등의 경우처럼 미래에 기대되는 현금흐름이 확정된 금액의 계약이고, 지분계약은 회사의 주식을 사는 것과 같이 미래 예상되는 수익이 불확정적인 계약이다.

채무계약과 지분계약은 미래현금흐름의 확정 여부에 있어 크게 다르지만 두 경우 모두 **미래에 예상되는 또는 기대되는 현금흐름의 가치를 평가**하는 과정을 거쳐 금융계약의 현재가격을 가늠해 볼 수 있다. 대출채권은 미래현금흐름액이 정해져 있지만 실제로 얼마나 확실하게 그 돈을 받을 수 있는지 여부나 그 미래시점까지 돈을 사용할 수 없는 불편함에 대한 각자의 인식의 차이, 그리고 금융시장의 자금 사정과 미래현금흐름에 대한 인식의 변화 등으로 인해 현재가치로 매겨진 값이 다르게 나타날 수 있다. 주식의 가치는 미래현금흐름액 자체가 확정되어 있지 않으므로 가치평가가 사람마다 더욱더 상이하게 나타날 것이다.

돈의 가치표시기능을 금융행위에 초점을 맞추어 보면 개별 금융계약의 수요자와 공급자가 예상 또는 기대하는 미래현금흐름의 현재가치를 평가하고 유무형의 협상을 통해 하나의 거래가격을 도출하는 과정으로 볼 수 있다. 가령 구기 씨가 어느 은행에서 대출을 받으려고 하는데 은행이 구기 씨의 신용도에 대한 정보를 가지고 있지 않다면 돈을 빌려주지 않거나 아주 높은 대출금리를 책정하려고 할 것이다. 은행은 구기 씨가 1년 후에 대출금을 갚지 못하게 되어 손실을 입게 될 것을 걱정하는 한편, 은행이 예금자들에게 지불하는 이자수준 등을 감안해서 구기 씨에 대한 대출금리를 결정할 것이다. 만약 구기 씨가 대출금리가 너무 높아서 돈을 빌려 쓰기를 꺼리다가 이틀 후 재직증명서나 소유재산에 관한 구체적인 자료를 제시하면서 다시 대출을 요청하면 은행 직원이 구기 씨의 신용도를 다시 평가해서 더 낮은 금리를 제시할 수 있다. 그저께는 1년 후 1천만 원을 갚는 조건으로 900만 원을 빌려줄 수 있다고 했는데, 오늘은 950만 원을 준다고 한다. 900만 원이나 950만 원은 구기 씨의 1년 후 재산에 대한 은행의 1천만 원 청구권을 나타내는 대출채권의 현재가격이다.

채권이든 주식이든 금융시장에서 거래되는 상품이나 계약들은 수요자와 공급자들의 가치평가와 협상의 힘이 서로 부딪혀 결국 단일 가격으로 거래가 된다. 그 가격은 어떤 금융계약의 현재시점의 가치일 뿐이지 시간이 흘러가면서 그 가치는 얼마든지 변할 수 있다. 금융시장 전반의 자금사정과 금리수준이 바뀌거나 주식발행 기업의 경영이나 외국의 정치상황이 변화하는 등 지속적으로 금융시장으로 흘러 들어오는 정보의 영향을 받아 평가금액은 얼마든지 달라질 수 있다. 금융회사나 대규모 투자자들이 중앙은행의 금리 결정이나 환율 변화에 민감하게 반응하는 가장 큰 이유도 자기들이 얽매여 있는 금융계약의 가치가 영향을 받기 때문이다.

돈의 가치표시기능은 개별 금융계약에서 예상되는 미래현금흐름의 현재가치를 평가하여 거래가격을 도출하는 기능으로 이어진다. 이러한 가치평가 작업은 은행 등 금융회사가 전문적으로 하는 일이다. 은행은 여러 예금자로부터 돈을 모아서 이 돈을 가지고 대출해 주는 것을 핵심사업으로 한다. 대출은 대출수요자의 신용도에 대한 평가를 바탕으로 그 수요자에게 적용할 금리와 대출액을 결정하고 대출 후에는 이자와 원금을 차질 없이 되돌려 받도록 사후관리를 하는 일이다. 미래에 갚을 돈을 현재가격으로 평가해서 그만큼의 돈을 지금 빌려주고 그 금액에 이자를 더한 값을 미래에 되돌려 받는 방식이다. 이자수입이 대출의 유인이므로 "Money is Interest'ing"이라는 말이 틀리지 않다.

셋째, 돈의 **가치저장**(*store of value*) 기능은 '물건'의 교환매개와 지급결제를 가능하게 하는 전제조건이지만, 이 기능을 보다 **적극적인 관점**에서 보면 여윳돈을 가진 사람이 금융시장에서 저축이나 투자를 통해 돈을 불려 가는 **자본 축적**(*capital accumulation*) 활동을 의미한다.

가베 씨가 자기 돈을 지갑이나 장롱에 보관하고 있는데 그 기간에 커피 가격이 오르면 가베 씨가 그 돈으로 살 수 있는 커피의 양이 줄어든다. 그러므로 자기 돈의 가치를 지키기 위해서는 일반적으로 물가상승률만큼의 수익을 얻을 수 있는 금융상품에 저축 또는 투자해야 한다. 가령 가베 씨가 1,000만 원을 넣어둔 은행예금의 금리가 1년 동안 5%인데 1년 후에 가보니 지난 1년간 물가가 3% 올랐다면 돈의 금액으로는 1년간 50만 원을 벌었지만 그 돈으로 살 수 있는 물건의 가치를 기준으로 보면 가베 씨 돈의 실제가치는 2%만 증가하였다. 지금 1,000만 원이 1년 후에는 1,050만 원으로 늘어나지만(일단 1년간 은행이 망하지 않는다고 가정한다. 설령 은행이 망하더라도 예금보호제도에 의해서 원래 약정한 이자까지 다 받을 수 있다고 가정한다), 1년 동안 물건의 가격이 평균적으로 3% 올랐기 때문에 가베 씨 돈의 실질적인 가치는 약 2%(5%−3%) 증가한 셈이다. 1,050만 원으로 1년 전에 비해 3% 오른 물건들을 살 때 1년 전에 비해 2%만큼 더 많이 살 수 있다는 말이다(1,050/1.03 = 약 1,020).

금융상품의 명목이자율(r = *nominal rate of interest*)은 미래 어느 시점에 금융상품에 투자한 돈의 가치가 실제로 그만큼 증가하는지를 보장하지 못한다. 명목이자율에서 그 기간 동안의 물가상승률(π = *rate of inflation*)을 차감한 값이 내 돈의 실제가치가 어떻게 변동했는지를 제대로 알려 준다.

$$실제수익률(r) = 명목수익률(r) - 물가상승률(π)$$

어떠한 금융계약이라도 현재에서 미래로 향하는 시간의 흐름에서 벗어날 수 없으므로 미래예상수익은 어느 정도의 불확실성을 내포할 수밖에 없다. 일반적으로 기대수익이 클수록 불확실성도 증가한다. 따라서 수익성만을 기준으로 금융상품을 선택하는 것은 물건의 뒷면이나 속내가 어떤지를 신경 쓰지 않고 포장지 앞면만 보고 물건을 사는 경우와 비슷하다. 금융시장에 공짜가 없다는 말은 손실위험 없는 매력적인 기대수익이 없다는 뜻이다. 그러므로 금융상품을 고를 때는 수익성과 함께 안정성을 반드시 함께 고려해야 한다. 수익성과 안정성은 서로 반비례하는 경향이 있으므로 그 원리를 이해하고 자신의 투자성향에 맞는 적절한 균형점을 찾아야 한다.

돈의 가치저장기능은 돈이 부족한 사람이 여윳돈이 있는 사람으로부터 돈을 융통할 수 있게 유인하는 역할을 한다. 돈이 가치를 저장하는 수단이기 때문에 사람들은 저축이나 투자를 해서 돈을 불려 가고 싶어 한다. 자본주의의 핵심 원동력인 자본축적은 돈의 가치저장기능이 없이는 불가능하다. 자본축적이 가능한 이유는 돈에 이자가 붙어 돌아오기 때문이다. 다시 보아도 그렇다. Finance is Interest'ing.

돈과 금융의 기본 개념

1. 돈의 기능. 돈은 교환매개(*medium of exchange*), 계산단위(*unit of account*), 가치저장(*store of value*) 기능을 한다.

2. 금융의 정의. 금융이란 돈이 부족한 사람이 남의 돈을 빌려 쓰고 약속한 대로 되갚아 가는 활동이다. 금융의 의미를 광범위하게 넓히면 돈의 수입과 지출을 효율적으로 관리하는 활동도 포함시킬 수 있다.

3. 금융의 기능. 돈의 세 가지 기능은 금융의 관점에서 볼 때, 지급결제 (교환매개), 가치평가(계산단위), 자본축적(가치저장)으로 이해할 수 있다.

7

금융사면체

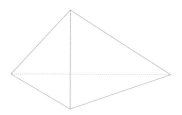

사면체는 꼭짓점과 면의 수가 모두 네 개인 입체도형이다. 네 개의 면이 각각 하나의 꼭짓점을 마주보고 있다. 정사면체의 모서리(변)는 여섯 개다. 여섯 개 중 세 개 모서리가 바닥을 깔아주면, 나머지 세 모서리는 바닥이 마주보고 있는 꼭짓점에서 주저 없이 만난다. 주저함이 없다는 건 장점이자 단점이 된다. 빨리 만날 수 있어서 좋지만 주변을 돌아보지 못하는 성급함도 보인다. 어쨌든 사면체에는 희생과 화합의 모습이 담겨 있다.

정사면체는 아이들이 공간의 개념을 익히고 수학계산을 정확하게 하는 데 도움이 되는 많은 문제들을 만들어 낸다. 예를 들어 한 변의 길이가 a인 정사면체의 부피는 얼마인가? 이 문제를 풀고 그 풀이를 남에게 설명할 수 있으려면 먼저 삼각형의 넓이를 구하는 방법을 알아야 한다. 원뿔, 삼각뿔 등 각 뿔 형태 도형과 원기둥, 삼각기둥 등 기둥 형태 도형의 관계도 알아야 한다. 마지막으로 바닥면과 마주보고 있는 점 사이의 거리를 구하는 방법을 알아야 한다. 물론 곱셈과 나눗셈은 기본이다. 결국, 사면체의 부피는 {(밑삼각형의 넓이)×(1/3)×(밑면과 꼭짓점과의 거리)} 이다. 한 변의 길이가 a인 정사면체의 부피는 $\sqrt{2} \times a \times a \times a \div 12$ 이다. 한 변의 길이가 1인 정사면체의 부피는 0.118에 가깝다. 한 변 길이가 1인 정육면체 주사위의 부피는 비슷한 크기로 보이는 정사면체 여덟 개 보다 더 크다.

이 장에서는 금융을 보는 다양한 관점 중에서 금융의 **재료, 인간성, 시 · 공간성**을 살펴보고 이 세 가지 모습을 시스템 관점에서 통합해 보고자 한다.

첫째, '**금융의 재료**' 부분에서는 우리가 돈이라고 부르는 것이 만들어지는 과정을 설명한다. 돈의 재료를 구리나 종이로 보아서는 안 된다는 점을 보여 주기 위해서이다.

둘째, '**금융의 인간성**'에서는 돈을 빌리고 빌려주는 시장의 모습을 그려 본다. 돈을 빌리려고 하는 사람은 자기 신용의 가치를 은행에 가서 팔아야 한다. 은행의 평가점수가 높은 사람과 평가점수가 낮은 사람이 나중에 갚아야 하는 금액이 똑같더라도 지금 빌려 쓸 수 있는 돈의 크기는 다르다.

셋째, '금융의 시·공간성'에서는 이자를 지불하고 빌린 돈을 갚기로 한 시점에 대한 약속이 지켜지기 위한 전제조건으로 시간의 절대성을 간략하게 소개한다. 돈을 빌리고 빌려주는 사람들 간에 시간개념이 다르다면 금융은 애초에 생겨날 수가 없기 때문이다.

금융을 바라보는 세 가지 관점은 '금융삼각형'의 세 변을 이룬다. 세 변을 통합해서 한 차원 높은 곳에서 바라보면 '금융사면체'가 된다. 평면에서 입체로 점프를 할 수 있었던 이유는 세 가지를 통합해서 보려고 한 결과이다. 통합이 점프로 성공한 경우이다. 사면체에서 한 번 더 점프를 하면 무슨 도형이 나올지는 아직 말하기가 어렵다.

금융의 재료: 신뢰와 신용

돈은 사람들의 기본적 경제활동인 물품과 서비스의 교환이 가능하도록 매개하는 기능을 수행한다. 교환을 매개한다는 의미는 '물건'(경제적 가치가 있는 물품과 서비스를 합해서 이른다)의 값을 지불하는 수단으로 널리 받아들여진다는 말이다. 교환을 매개하는 돈의 기능은 물건의 대가를 지불함으로써 거래를 완성시킨다는 뜻을 가진 '지급결제'와 동전의 앞뒷면이라고 하겠다. 돈이 교환을 매개하는 본래의 기능을 하기 위해서는 사회구성원들 간에 그 돈에 대한 믿음(*trust*)이 공유되어야 한다. 물건을 교환하면서 그 반대급부로 편리하게 돈을 주고받기 위해서는 그 돈이 사회에서 공통적으로 인정하는 경제적 가치를 지니고 있어야 하고, 그 가치가 안정적으로 유지될 것이라는

금융은 풍선과 닮은 점이 있다. 공기(대출)를 불어넣으면 풍선(통화량)이 커지면서 풍선이 터질 가능성이 높아진다. '풍선효과'라는 말이 대출 규제와 관련해 많이 쓰인다. 풍선 한 쪽을 누르면 공기의 양은 줄지 않고 풍선의 다른 쪽이 더 늘어나듯이, 통화량을 줄이려고 대출 규제를 하면, 통화량은 줄지 않고 규제를 하지 않은 다른 종류의 대출이 증가한다는 의미이다.

믿음이 전제되어야 한다. 화폐는 사회구성원들이 그 화폐에 표시된 금액만큼의 가치가 있다고 '믿기 때문에' 화폐로서 기능한다. 화폐는 그런 믿음을 바탕으로 경제사회 내에서 교환의 매개물로 이용된다.

가베 씨가 커피가루를 사면서 지불하는 돈을 가게 주인이 별다른 거부감 없이 받는 것은 가게 주인이 그 돈을 신뢰하기 때문이다. 미국의 화폐인 달러의 동전이나 지폐에 새겨진 "IN GOD WE TRUST"라는 글귀는 화폐에 대한 미국인들의 그러한 믿음을 표시하고 있다. 한국 지폐에는 "하느님이 보우하사"라는 글귀가 없지만 한국 사람은 모두 그 종이가 가치 있는 것인 줄을 안다. 땅바닥에 떨어져 있는 돈을 발견하기가 어려운 이유이기도 하다.

▌은행의 신용창조 과정

중앙은행 → A은행 → 갑돌이 → B은행 → 을순이 → C은행 → 병팔이 …

한 사회(국가는 동일한 화폐를 사용하는 사회이다)에서 유통되는 돈의 양을 통화량(*money supply*) 또는 유동성(*liquidity*)이라고 일컫는다. 통화량은 그 사회구성원들이 경제활동을 하면서 지급결제수단으로 누구에게나 이용할 수 있는 돈의 총합이다. 한국은 그것을 '돈'이라 부르며 원(元)으로 표시하고, 미국은 'money'를 달러(*dollar*)로 나타낸다.

한 나라의 통화량(유동성)은 그 나라의 중앙은행에서 일반은행에 빌려준 돈에서부터 시작한다. A은행이 그 돈을 갑돌이에게 빌려주면 갑돌이의 돈이 대출기간 동안 그만큼 늘어난다. 갑돌이는 그 돈의 대부분을 B은행에 예금해 두고 필요할 때 인출해서 사용할 것이다. B은행이 갑돌이가 예금한 돈을 을순이에게 빌려주면 을순이의 돈이 늘어난다. 은행이 갑돌이나 을순이에게 대출해 주는 것은 갑돌이나 을순이가 빌려간 돈을 나중에 약속한 시점에 이자와 함께 갚을 것으로 믿기 때문이다. 갑돌이와 을순이는 은행이 그 돈을 약속한 기간 동안에는 돌려 달라고 하지 않을 것이라 믿고 사용한다. 그래서 대출을 신용(*credit*)이라 부르고 은행이 사람들에게 대출해 주는 행위를 '신용창조'라고 한다.

은행이 신용을 창조하기 위해서는 사람들이 대출받은 돈을 은행에 예금해야 하므로, 은행의 신용창조는 은행의 '예금창조' 과정으로 볼 수 있다. 앞의 사례에서 갑돌이가 A은행에서 빌린 돈을 자기 거래은행인 B은행에 예금해야 B은행이 을순이에게 대출할 수 있는 돈이 생긴다. 예금은 은행의 부채(*liability, source of funding*)이고 대출은 은행의 자산(*asset, use of money*)이다. 을순이가 대출을 받아 C은행에 맡긴 돈은 을순이가 당장 쓸 수 있는 돈이므로 그 경제사회의 통화량에 더해지지만, 을순이가 B은행에서 빌린 돈은 을순이의 부채이므로 그 부채금액이 통화량에 직접 더해지지는 않는다. 그 돈은 이미 갑돌이의 예금에 포함되어 있기 때문에 통화량에 잡혀 있는 셈이다.

그러므로 한 사회의 통화량은 중앙은행이 인쇄한 지폐의 양에만 달려 있지 않고 은행이 얼마나 많은 신용을 만들어 내느냐에 의해 결정된다. 중앙은행의 창구에서 나간 돈은 한 사회의 통화량을 만드는 주춧돌(*base*) 역할을 하므로 **본원통화**(*monetary base*)라고 한다. 본원통화는 통화량의 일부분일 뿐 그 자체가 통화량을 결정하지는 못한다. 본원통화가 통화량에서 차지하는 비중은 경제상황에 따라 개인과 기업 등이 은행에서 얼마나 많은 빚을 빌려 쓰느냐에 따라 계속 변하는데 대략 통화량의 1/20~1/30 정도밖에 되지 않는다. 그러므로 은행이 얼마나 많은 신용을 창조하였는가, 다시 말해 사람들이 가진 은행 빚의 크기가 바로 한 사회의 통화량을 결정한다고 볼 수 있다.

그러므로 우리 사회에서 흘러 다니는 돈의 대부분은 빚(*debt*)이라고 할 수 있다. 나는 빚지지 않았고 열심히 일해서 받은 월급으로 모은 돈밖에 가지고 있지 않다 하더라도, 그 돈은 누군가가 빌린 돈이 돌아다니다가 내 수중에 들어오게 된 것이다. 왠지 불안해 보이는 대

스페인 중세 요새도시 쿠엥카의 '허공에 매달린 집'(Hanging Houses of Cuenca, 2017.6.)
언제 지어졌는지 정확하지는 않지만 15세기부터 사용된 기록이 있으며 현재는 스페인 추상미
술관으로 사용되고 있다. 금융은 허공에 지은 집과 같은지도 모른다. 그 집 앞에서 우리는 다
짐을 하고 삶을 주고받는다. 오래 전에 지은 이 집은 여러 번의 수리를 거쳐 아직도 건재하다.

목이지만 현대사회는 이렇게 빚이 없으면 제대로 굴러가지 않게 되
어 버렸다. 우리가 가진 돈은 대부분이 누군가의 빚이었거나 내가 빌
린 돈이다. 빚은 멋지게 표현해 신용이다. 금융은 신뢰(*trust*)와 신
용(*credit*)을 기본원소로 한다. 미국 달러는 신(God)을 믿지만 그 달
러를 기반으로 작동하는 금융은 아무래도 불안하다. 각 나라 정부가
예금보호제도를 시행하고 은행의 건강상태를 지속적으로 감독하는
이유이기도 하다.

금융의 인간성: 사람을 사고판다

가베 씨가 슈퍼마켓에서 커피를 사는 행위는 대부분의 경우 계산대에서 돈을 지불하는 시점에 거래가 종결된다. 편리하고도 꼭 필요한 돈의 지급결제 기능 때문이다. 그런데 가베 씨가 지갑에서 현금을 꺼내 지불하지 않고 외상으로 물건을 사거나 신용카드로 결제를 하면 거래관계가 조금 복잡해진다. 결제가 완료되지 않고 '금융'이 끼어들기 때문이다.

금융이란 여윳돈을 가진 사람으로부터 돈이 모자라는 사람에게 얼마만큼의 돈을 이동시키고 나중에 약속한 시간에 돈을 되돌려 받는 활동이다. 가베 씨에 대한 가게 주인의 신뢰가 두터워 외상으로 사는 경우에는 가게 주인이 가베 씨에게 식료품 살 돈을 빌려준 것으로 볼 수 있다. 신용카드로 결제했다면 카드사에서 가베 씨에게 한 달여간 소비자금을 빌려준 것이다. 금융거래는 물건을 사고 현금을 지불해서 거래를 완료하는 경우와 본질적으로 다르다. 그래서 복잡한 인간사가 끼어들 여지가 있다. 현재시점에 돈을 빌려주고 미래시점에 돌려받는 것이므로 불확실한 미래를 향해 흐르는 시간과 불가분의 관계에 있다.

은행에서 돈을 빌리는 것을 쉽게 이해할 수 방법은 무엇일까? 돈을 지금 확보하는 대신에 나중에 이자를 더해서 갚아야 하니까 돈이라는 '물건'을 외상으로 구입하는 것으로 볼 수 있을까? 그렇게 볼 수도 있겠지만 돈으로 돈을 산다는 말이 어딘가 개운하지 않은 부분이 있다. 돈으로 같은 돈을 사는데 왜 신중하게 고민을 해야 하느냐는 부

은행과 예금자 · 차입자의 만남

분에서 설명해야 할 점이 있다. 이렇게 보는 건 어떨까? 은행 대출창구는 내가 은행에서 어떤 것을 사는 곳이 아니라 내가 은행에 무언가를 파는 것이다. 사고파는 주체가 바뀐다. 은행에서 무엇을 사는 게 아니라 나에 대한 채권(債權, credit)을 은행에 파는 것이다. 채권이란 다른 사람에게 돈이나 물건의 지급 등 어떤 행위를 청구할 수 있는 법적 권리이다. 슈퍼마켓에서는 내 돈을 가지고 물건을 고르는 일이므로 나에 대한 정보를 알릴 필요는 없지만, 은행 창구에서 돈을 빌릴 때는 나에 대한 채권을 은행에 팔아야 하므로 은행은 나의 신용(*credit*)에 관한 정보를 알고 싶어 한다.

은행 창구에 가거나 웹사이트를 보면 대출상품을 광고하면서 마치 슈퍼마켓에 진열된 커피처럼 은행이 물건을 파는 것과 같은 인상을 준다. 하지만 대출창구는 내가 상품을 살 수 있는 곳이 아니라 은행이 나에 대한 채권을 사는 곳이다. 은행이 홍보하는 대출상품은 내가 그 가격에 살 수 있는 상품이 아니다. 은행에 돈을 예금하러 갈 때는 옷을 별로 신경 쓰지 않아도 무방하지만 대출창구에 갈 때는 일요일에 교회에 가는 사람들처럼 말끔하게 입고 가는 것이 좋다.

은행은 예금을 팔고 대출을 산다. 은행의 거래 상대방인 소비자는 예금 채권을 사고 대출채권을 판다. 예금은 은행이 자신의 신용을 파는 것이 므로 은행의 부채가 되고, 대출은 은행이 다른 사람의 신용을 사는 것이므로 은행의 자산이 된다.

은행은 내가 팔려는 채권을 사지 않을 자유와 권리가 있다. 은행의 문턱이 높다는 말은 대출창구에서 사람들을, 그 사람의 미래시간을, 미래소득 창출능력을 각박하게 평가한다는 말이다. 나에 대한 채권을 은행에 팔기가 어렵거나 은행에서 아예 사지 않으려고 할 때 느끼는 심정을 표현한 말이다. 은행은 나의 미래소득의 일정 부분에 대한 청구권을 가능한 한 싼 가격으로 사려고 한다. 신용이 낮은 사람이 팔고자 하는 채권은 은행에 별로 인기가 없으므로 싸게 팔린다. 즉, 대출계약에 따라서 은행으로부터 받는 돈에 비해 훨씬 더 많은 금액의 빚을 져야 한다. 대출계약을 체결하면서 은행이 주는 돈이 바로 나에 대한 대출채권의 현재가치(P)이다. 그 현금(P)과 빚(미래에 갚을 돈, M)의 차이가 이자(R)이다. "싼 게 비지떡"이라는 말처럼 신용위험이 큰 사람에 대한 채권은 은행이 보기에 비지떡이라서 싼값에 거래된다. 즉, 대출채권의 이자율이 높게 매겨진다. 반면 수요자인 은행에 매력적인 채권은 가격이 비싸다. 미래에 갚을 돈이 고정되어 있다면 비싼 대출채권일수록 은행이 더 많은 돈을 빌려준다. 이러한 원리는 현금과 빚, 그리고 이자율의 관계를 보여 주는 **금융방정식**으로도 쉽게 확인할 수 있다.

은행의 힘은 돈을 빌린 후에도 계속 미친다. 내가 이자를 두세 번 제때 갚지 못하면 나에 대한 채권을 강제적으로 집행할 수 있는 권한을 가지고 있다. 은행은 그런 일을 전문적으로 하는 직원들을 고용하고 있다. 한두 번 경고장을 보낸 다음부터는 나의 월급이나 재산을 압류(押留, *seizure*) 하는 방법으로 나에게 불이익을 줄 수 있다. 그러고는 나의 신용등급을 떨어뜨려서 앞으로는 자기 은행은 물론 다른 은행에서 돈을 빌리지 못하도록 할 것이다. 많은 사람에 대한 채권을 사는 은행끼리 뭉쳐서 하는 공식적인 소비자보호운동이라고 할 수 있다.

물론 나도 은행에 채권을 팔지 않을 자유가 있지만, 대출상품을 찾는 사람들 대부분이 지금 꼭 필요한 자금이 부족해서 돈을 빌리려고 하는 상황이므로 은행에 비해 불리한 입장에 있다. 은행이 나의 신용도를 정확하게 평가하지 못할 가능성이 있을 뿐만 아니라, 은행이 평가하는 나의 신용도에 따라서 은행은 나에 대한 채권의 가격을 더 싼 가격으로 후려칠 태세를 하고 있다. 그러므로 가급적 이런 거래 장면을 만들지 않도록 미리미리 저축해서 대비하는 것이 가장 좋은 방법이다. 하지만 인간 역사의 기록만큼이나 오래된 금융의 역사가 보여주듯 일반 사람들이 급한 생활자금이나 사업자금을 빌려서 쓰는 일은 불가피하게 발생한다. 돈이 무엇인지 모르던 시기에는 곡식을 빌려서 생명을 유지해야 했다. 부족한 돈을 적절한 비용을 지불하면서 빌려 쓰고 약속한 대로 다 갚아서 채권자에게 괴롭힘을 당하지 않는다면, 금융이라는 것은 인간의 생활을 윤택하게 해주는 아주 유용한 것임에 틀림없다. 이러한 좋은 모습의 금융을 말할 때 키워드는 '적절한 비용'과 '채권자의 괴롭힘'이다.

시간은 누구에게나 똑같이 주어진다고 해도 그 시간을 살아가는 사람들의 형편은 각기 다르다. 미래의 특정시점에 얼마만큼의 돈을 가지고 있을까, 라는 문제는 그 사람의 재산과 소득수준, 사회와 경제구조의 안정성 등에 달려 있다. 갑자기 사고를 당해서 소득이 끊길 수도 있고 내 재산을 실은 배가 풍랑을 만나 항구에 도달하지 못할 수도 있다. 아무리 정직한 사람이라도 미래의 자기 소득을 100% 장담할 수는 없다. 금융은 이렇게 미래의 일을 두고 지금 당사자 간에 약속을 하는 것이므로 기본적으로 **불확실성**(*uncertainty*)을 내포하고 있다. 그래서 금융이 끼어들면 우리의 삶이 조금 복잡해진다. 희미한 거울처럼 미래를 알 수 없기 때문에 오늘의 삶을 더 열심히 살아가게 되는 것인지도 모르겠다.

금융은 꿈이 크거나 할 일이 많은 사람들 간에 이루어진다. 돈을 주고받는 시간과 방법에 관한 약속을 하는 것이어서 **금융계약**(*financial contract*)이라고 한다. 금융시장에서는 어떤 금융계약을 공급하는 사람과 그 계약을 구입하기 원하는 사람이 만나서 가격과 서비스의 품질을 결정한다. 금융계약의 체결 여부와 그 계약 가격의 책정 수준은 돈을 빌리려는 사람과 돈을 빌려주겠다는 사람 간의 의사소통과 신뢰도에 달려 있다. 상대방의 경제력과 진실성을 제대로 파악하기 위해서는 서로 믿을 수 있는 **의사소통**이 필요하다. 따라서 말이 잘 통해야 하고 미묘한 표정이나 몸동작까지도 알아차릴 수 있다면 더 좋다. 그 사회의 문화도 고려해야 한다. 돈 떼먹는 일을 대수롭지 않게 여기는 문화가 지배적인 사회라면 금융거래를 하기가 아주 어려울 것이다.

대규모 공장이나 발전소 같은 거대한 프로젝트에 돈을 대는 금융거래에는 다양한 서비스를 지원할 수 있는 네트워크를 갖춘 금융회사가 필요하다. 이러한 네트워크는 금융회사의 자금력과 그 돈을 움직일 수 있는 사람들에 대한 신뢰가 없이는 작동이 불가능하다.

증권시장에서 거래되는 주식, 채권 등은 사람들과 직접 대면하지 않고도 사고팔 수 있지만 이러한 거래는 전체 금융거래 중에서 특별한 경우에 해당한다. 거래 당사자들이 직접 만나지 않아도 되도록 증권에 대한 사전심사를 해서 어느 정도 믿을 만한 주식이나 채권 등만 매매되고, 증권을 발행한 사람, 즉 돈을 빌리는 사람의 형편에 관한 중요한 정보가 시시각각 증권시장에 공개되도록 규제되고 있다. 불공정 거래행위를 적발하기 위한 감시장치도 여러 단계로 마련되어 있다.

일반 사람들의 삶에 직결되는 금융의 핵심 분야는 금융소비자를 위한 제도가 잘 갖추어진 증권시장에서 조금 멀리 떨어져 있다. 그것은 집을 살 돈이나 학비 또는 생활비가 부족한 사람이 얼마만큼의 돈을 정해진 기간 동안 빌려 쓰고 약속한 시점에 갚기 위해 애쓰는 현장에 있다. 여기에서 이루어지는 금융활동은 사람을 사고파는 것에서 크게 벗어나 있지 않아 보인다. 한 꺼풀 걸어 내고 보면 증권시장도 사람을 사고판다는 사실을 알 수 있다.

금융의 시간과 공간: 그냥 분리되어 있다

금융은 서로 다른 공간과 서로 다른 시간을 이어 준다. A가 다른 마을에 사는 B에게 지금 돈을 빌려주는 것은 B가 그 돈과 더불어 이자를 약속한 미래시점에 A에게 되돌려 주는 것을 전제로 한다.

돈을 돌려받기로 한 시점을 지금 약속해야 하는데, 약속한 시간이 사람들마다 다르게 인식된다면 어떻게 될까? B는 매달 말일에 A로부터 이자와 원금의 일부분을 돌려받아 B의 의료보험료나 집세를 내야 하거나 C로부터 빌린 돈의 이자를 갚아야 하는데 A의 시간과 B의 시간의 흐름이 다르다면 어떤 일이 벌어질까? 애초에 금융계약 자체가 성립하기 어려울 것이다.

다행히 우리가 사는 지구의 모든 지점에서는 시간의 흐름이 동일하다고 봐도 된다. 현재 시각을 알려 주는 라디오 아나운서의 알림과 시청사의 종소리 때문일 수도 있다. 우리가 돈을 지출하고 돈을 빌려주면서 사는 일상에서는 시간의 흐름이 사람들 간에 구분 없이 똑같은 빠르기로 흘러간다고 보아도 아무런 문제가 발생하지 않는다. 오히려 사회의 질서를 유지하고 금융시장의 혼란을 방지하기 위해서도 이러한 시간의 불변성 또는 절대성은 반드시 전제되어야 한다.

과학에서 어떤 이론이든지 그 이론의 전제로 삼는 가정을 기본원리 또는 가설이라고 한다. 뉴턴의 물리학은 시간의 절대성을 기본원리로 한다. 20세기 아인슈타인의 상대성이론과 보어 등의 양자이론이 등장하면서 뉴턴의 운동이론을 대체하였다고 볼 수 있지만, 뉴턴 물리학은 우리 삶에 미치는 영향이 여전히 막대하다.

인공위성이나 비행기의 궤적을 계산하는 과학은 뉴턴의 운동방정식과 중력이론이다. 당구공이나 야구공의 운동을 정확히 분석하는 데도 뉴턴의 역학이면 충분하다. 아인슈타인이 주장한 시간의 상대성은 우리가 접하기 어려운 아주 빠른 운동과 관련이 있다. 아무리 빠른 야구공이라도 초속 200킬로미터를 넘지 못한다. 아무리 빠른 비행기도 우리나라에서 태평양을 건너가려면 10시간가량 걸린다. 아인슈타인이 고민했던 빛의 움직임은 그 빠르기가 가장 공을 잘 던지는 투수가 던진 야구공 속도의 2천 배가량 빠르다. 단 1초에 지구의 가장 긴 둘레를 7바퀴 이상 도는 속력이다. 그러니 우리가 평생 경험해 볼 일이 없는 상상의 세계의 일이라고 볼 수도 있다. 아인슈타인의 이론이 없더라도 인류는 잘 살아왔다. 중고등학교 물리교과서에서는 굳이 아인슈타인의 상대성이론을 가르치지 않는 경우도 많다. 우리의 일상생활에서는 시간의 절대성을 전제로 한 뉴턴의 운동이론으로 설명할 수 있는 것이 대부분이기 때문이다.

우리가 살아가는 데 필요한 돈을 다룰 때에도 시간의 절대성이 필요하다. 금융은 시간을 먹고 산다. 금융은 서로 다른 곳에 사는 사람들이 돈이 부족하다는 이유로 큰 고통을 당하지 않도록 돈을 매개로 시간을 빌려주는 거래라고 할 수도 있다. 그래서 옛날에는 신의 영역인 시간을 이용해서 돈을 빌려주고 이자를 받는 행위를 죄악으로 보고 금지한 종교적 규율과 관행이 있었고, 아직도 어느 종교에서는 특정한 형태의 이자를 금지하고 있다.

개개인마다 시간의 흐름이 다르게 느껴질 수는 있다. 사람마다 삶의 경험이 다르기 때문에 삶이 거쳐 지나간 시간의 속도도 다르게 느껴진다. 그러나 그런 느낌을 떠나서 누구든지 거절할 수 없는 시간의 기준이 있어야 우리 삶의 약속이 정확하게 이루어질 수 있다.

하루하루의 이자를 계산하는 금융세계에서는 절대적 기준이 되는 시간이 필수불가결하다. 그 시간은 지금 시점이나 1년 후, 10년 후나 30년 후에도 똑같은 시간이어야 한다. 시간이 사람마다 달라져

세종문화회관 뒤뜰에 오래된 시계들이
햇볕을 쐬고 있었다.(2017년 여름)

버리면 금융은 사라진다. 아인슈타인이 주목했던 아주 세밀한 부분
에서 시간이 절대적이지 않다고 해도, 적어도 우리가 금융을 주목할
때는 그런 부분은 고려할 필요가 없다. 금융은 너와 나의 시간이 동
일한 공간에서 이루어지는 활동이기 때문이다.

시간이 절대적이라는 말은 공간이 시간과 독립적으로 존재한다는
뜻이다. 우리는 지금 그 공간에서 미래를 향한 금융거래를 한다. 그
러므로 금융과 물리학이 닮은 점이 있다면, 금융에 관해 우리가 알아
야 할 지식은 고전물리학 또는 근대물리학의 근간을 이루는 뉴턴의
운동이론과 크게 다르지 않을 것이다. 20세기 초 아인슈타인의 상대
성이론이 나오기까지 사람들이 당연한 것으로 전제했던 시간의 절대
성과 공간의 삼차원성을 우리는 21세기에도 별다른 거부감 없이 받
아들일 수 있다. 적어도 돈을 빌려주고 이자를 주고받으면서 사는 세
계에서는 더더욱 그러하다.

한편, 고전물리학에서는 시간과 공간이 본질적으로 구분되지만,
금융의 세계에서 시간을 먹고 사는 돈은 특정한 공간에서 떼어내기

가 어렵다. 나라마다 자기 화폐를 고집하는 이유가 여러 가지 있겠지만, 자기 민족과 국가의 자존심을 화폐에 심어 둔 것도 중요한 이유이다. 경제와 정치가 불가분의 관계에 있는 근본적 이유가 어쩌면 그 자존심에서 비롯되는 것인지도 모르겠다.

그럼에도 불구하고, 서로 다른 나라들 간에 같은 화폐를 사용하자는 주장이 지속적으로 제기된다. 서로 다른 돈들이 국경을 넘나드는 비용이 만만치 않고, 세계 금융시장을 불안하게 만드는 요인의 상당부분도 그 점에 기인하기 때문이다. 하지만 돈은 사람처럼 국적을 버리기가 아주 어렵다. 유로(Euro)의 미래는 조금 더 지켜 볼 필요가 있다.

시스템 관점에서 본 금융

어떤 블랙박스가 있다면 그 박스에 들어가는 것이 투입(input)이고 나오는 것이 산출(output)이다. 블랙박스가 하는 일은 투입을 산출로 바꾸는 것이므로 전환(transformation)이라고 한다. 하나가 들어가면 하나가 나오는 관계를 함수(function)라고 한다. 하나를 투입했는데 산출물이 두 가지로 나오면 시스템이 복잡해진다. 단순한 함수이론으로는 설명하지 못한다. 다른 고상한 이름을 붙여야겠다. 트윈(twin)?

인체도 정교한 시스템으로 볼 수 있다. 인체는 여러 종류의 음식물을 섭취하면 이를 소화하여 에너지로 만들어 신경 전달, 근육 운동

등을 하면서 살아가는 데 필요한 활동을 한다. 지금 필자가 타자를 두드리는 일도 일종의 산출이다. 투입, 전환, 산출의 관점으로 보면 한 경제사회의 통화량도 산출이다. 멀리 보면 중앙은행의 본원통화가 투입요소이고, 가깝게 보면 각 은행의 예금계좌로 들어오는 돈이 투입요소이다.

지금까지 살펴본 금융의 다양한 모습은 '투입 ‒ 전환 ‒ 산출'이라는 시스템적 관점에서 다음과 같이 정리할 수 있다.

첫째, 투입. 금융이 작동하는 세계의 구성원이자 금융활동의 재료는 돈이다. 한 사회에서 유통되는 전체 돈의 대부분은 은행이 과거에 공급한 신용이고, 이 돈이 앞으로 새로운 금융활동에 투입할 수 있는 재료이다. 은행의 대출이 많을수록 그 사회의 통화량이 증가하고, 일반적으로 통화량이 많을수록 그 사회의 경제활동이 더 활발해진다.

통화량 = 본원통화 + 신용

둘째, 전환. 은행과 자본시장은 예금자나 투자자의 돈을 통화량에 포함되지 않는 돈으로 전환하는 기능을 한다. 금융계약은 당사자의 인간성과 미래현금흐름의 불확실성 때문에 다소 복잡해질 여지가 있고 이 부분을 줄이기 위해 사람들 간의 의사소통이 필요하다.

은행은 예금채권을 팔고 대출채권을 산다. 예금으로 들어간 돈은 대출로 나온다. 예금자들은 돈이 필요할 때 예금계좌의 돈을 사용할 수 있기 때문에 은행예금은 일반적으로 유동성(*liquidity*)이 높다고 한다. 유동성이란 즉시 물건을 살 수 있는 돈의 원초적 특성을 말하

투입 - 전환 - 산출의 시스템

| 투입 | → | 전환 | → | 산출 |

며, 또한 그런 특성을 가진 돈 자체를 부르기도 한다. 은행에서 돈을 빌리는 회사나 주택구입자 등은 일반적으로 1~30년 등 장기간의 대출을 희망한다. 은행은 돈을 빌려주면서 대출채권을 갖게 되는데 은행이 가진 대출채권은 유동성이 낮으므로 돈으로 인정받지 못한다. **은행은 유동성이 높은 예금을 유동성이 낮은 대출자산으로 전환하는 기능을 한다.** 마찬가지로 자본시장은 투자자들의 유동성을 회사의 주식이나 채권 등 비(非) 유동자산으로 전환하는 기능을 한다.

셋째, **산출.** 금융계약은 시간에 묶인 위험부담을 대가로 이자나 투자수익을 얻는 것을 목적으로 한다. 즉, 시간이 돈을 낳는다. 시간의 절대성을 전제하므로 이론이 너무 복잡할 필요는 없다.

은행이 평가한 개개인의 신용도에 따라 대출금액이 정해지면 이자도 그 신용도에 따라 결정된다. 이자율이 높을수록 미래에 갚을 돈에 비해서 지금 빌려 쓸 수 있는 돈의 양이 줄어든다. 자본시장에서는 기업의 수익성과 안정성을 평가해 주식의 가격이 정해진다. 사업의 예상수익이 클수록, 위험도가 낮을수록 주식의 가격이 높게 책정된다.[1] 위험도가 높다는 말은 사업이 실패할 확률이 크다는 의미이므로

---

1 금융이론에서 주식 등 특정한 금융상품의 위험도는 그 상품의 미래예상수익률 분포의 표준편차 값으로 계산된다.

지금 기대하는 미래현금흐름이 실제로 이루어지지 않을 확률이 상대적으로 높다는 말이다. 그러므로 위험이 높다는 말은 예상수익률의 분포가 넓게 퍼져 있다는 뜻이므로 큰 금액의 손실이 날 확률이 상대적으로 큰 동시에 대박을 만들 가능성도 있다는 말이다. 그러므로 위험을 적극적으로 감내할 의향이 있는 투자자들에게는 비교적 싼 값에 베팅할 수 있는 기회가 된다. "싼 게 비지떡"이라는 말의 금융적 의미는 구입부담이 적고 매력적으로 보이는 투자상품은 그만큼 위험이 크다는 뜻이다. 대출이든 주식이든 금융시장의 동력은 이자 및 투자수익의 크기와 그 가능성에 대한 각 사람들의 인식과 선호에서 나온다.

시스템 관점에서 본 금융

1. 투입. 한 사회에서 유통되는 돈의 전체 양은 대부분이 은행이 공급한 신용이다(Money flows, which is mostly Credit).

2. 전환. 금융시장은 소비자의 돈을 통화량에 포함되지 않는 돈으로 전환한다 (Markets transform Liquidity, thereby creating Credit).

3. 산출. 금융은 시간과 그것에 결부된 위험을 대가로 이자나 투자수익을 얻는 것을 목적으로 한다(Time and Risk produce Interest, which changes Wealth).

8
금융지식의
기본 틀

이 책의 기본적인 목적은 간단하면서도 포괄적인 개념 틀을 이용해서 돈의 특성을 이해하고 그 틀을 뼈대로 삼아 각자의 관심과 능력에 따라 살을 붙여 가면서 돈의 다양하고 복잡한 모습에 대한 이해의 폭을 넓혀 가도록 도움을 주는 데 있다. 모든 사람이 같은 수준의 금융지식을 가질 필요는 없다. 생계비를 벌기에도 바쁜 사람에게 복잡한 금융지식을 전달하려는 시도는 생산적이거나 효과적인 방법이 아니다. 삶의 스트레스와 엔트로피만 높일 뿐이다.

지금까지 살펴본 돈과 금융의 모습과 특성들을 다시 확인해 보자. 이를 토대로 각자 기호에 따라 금융지식의 기본 틀을 만들어 보고, 앞으로 기회가 될 때마다 자기 필요에 맞게 금융지식을 늘려갈 것을 권하고 싶다. 하지만 복잡한 금융지식보다 더 중요한 것은 이 책에서 소개하는 기초 금융지식이다. 어쩌면 더 중요한 것은 덧셈의 기회비용에서 살펴본 바와 같이 각자의 전문분야에 관한 지식과 기술이다.

대부분의 사람들에게 꼭 필요한 전문성은, 살아가는 데 필요한 돈을 꾸준히 벌고 쓰는 데 있지, 돈을 굴리거나 남의 돈을 빌리는 데 있지 않기 때문이다.

금융지식의 기본 틀 만들기

제1부에서는 사칙연산에 비유해서 소득과 소비, 저축 또는 투자, 그리고 대출의 특성을 살펴보고 기회비용의 관점에서 사칙연산과 관련된 금융의 원리를 정리해 보았다. 제6장과 제7장에서는 돈과 금융의 기능을 짚어보고 시스템의 관점에서 금융의 특징을 정리해 보았다. 이러한 내용을 바탕으로 선택하고 통합해서 각자 자기의 금융지식의 기본 틀을 만들어 볼 수 있다.

지금까지 복습한 내용을 바탕으로 이것들을 통합해서 각자 자기의 금융지식의 기본 틀을 만들어 볼 수 있다. 필자에게는 투입 - 전환 - 산출의 관점에서 정리한 내용에 특별히 끌리는 점이 있었다. 이 관점은 금융시장의 역동성을 잘 보여줄뿐더러 다른 사회과학이나 자연과학으로의 연결점을 찾기에도 유리할 것 같다. 사회과학의 기초인 심리학(心理學)은 사람의 마음이라는 블랙박스를 탐구하고, 자연과학인 물리학(物理學)은 물질의 상호작용이 일어나는 어떤 시스템 안에서 물질과 상태변화를 탐구한다고 할 수 있다.

지금까지 돈에 관하여 살펴본 사칙연산의 비유, 기회비용의 교훈, 돈과 금융의 기능, 시스템적 관점 등을 모두 이용하여 이른바 '금융지식의 기본 틀'을 필자 나름대로 만들어 보았다. '기본 틀'이라고 이름을 붙였지만 유일한 틀은 아니다. 누구든지 자기에게 맞는 기본 틀을 만들 수 있다. 여기서 제시된 틀의 키워드는 유동성(*Liquidity*), 가격(*Price*; *Valuation*), 수익(*Return*)이다. 유동성은 투입, 가격은 전환, 그리고 수익은 산출과 밀접한 관계에 있다.

여기 제시한 '금융지식의 기본 틀'의 키워드 중 유동성은 금융시장에서 흘러 다니는 돈(M), 가격은 금융계약의 현재가치(P)를 나타낸다. 수익(R)은 이자(이자율 = r)와 동등한 개념이다. 세 가지 키워드

▌ 금융지식의 기본 틀

1. 유동성과 돈의 가치.
   내가 쓸 돈을 벌어야 한다. 그리고 내 돈의 가치를 잘 보존하자.
   현금 관리와 재산 보호를 위해 은행계좌 등 금융서비스를 활용하자.

2. 신용과 가치 평가.
   금융시장에서 돈을 빌리려면 내 신용을 평가받아야 한다.
   신생업체나 저소득층에 대한 신용은 부족하고 불리하게 공급되는 경향이 있으므로 미리 준비하자.

3. 수익과 위험.
   싼 게 비지떡이다 (*Low Price=High Return=High Risk*).
   위험한 투자나 대출일수록 가격이 낮고 불확실성이 크며 외관상으로만 괜찮아 보일 수 있으므로 주의하자.

금융지식의 기본 틀 요약

사칙연산	(+ 소득 – 소비) × 저축 ÷ 대출		
금융방정식	$P = M / (1 + r)$ $P = $ 미래현금흐름(M)의 현재가치(할인율 $= r$)		
기회비용	시간과 돈, 불확실성, 암묵적 비용 등		
돈의 기능 (금융의 기능)	교환매개 (지급결제)	계산단위 (가치평가)	가치저장 (자본축적)
시스템 관점	유동성(투입)	신용(전환)	이자(산출)

▼

금융지식 틀 (Key Word)	유동성과 가치보존 (현금흐름 M)	신용과 가치평가 (가격 P)	수익과 위험 (수익률 r)

▼

금융방정식	$P = M / (1 + r)$

는 바로 사칙연산에 비유해서 금융지식을 만들면서 소개한 금융방정식을 이루는 세 변수와 동일하다. 금융방정식에서는 이 키워드가 미래현금흐름(M), 현재가치(P), 그리고 이자율(r)로 표현되어 있다. 금융방정식은 그 모양이 아주 간단하지만 지금까지 여러 가지 관점에서 살펴보고 만들어 온 금융지식의 기본 틀을 함축적으로 나타내고 있다. 금융방정식이 뉴턴의 운동방정식에 버금갈 만큼 간단하면서도 범용성을 가지고 있다고 말할 수 있을까?

지금까지 살펴본 돈과 금융에 관한 이야기를 요약하면 〈금융지식의 기본 틀 요약〉과 같이 정리해 볼 수 있다. 각 장에서 도출한 결과들이 금융방정식의 세 변수들과 밀접한 관련성이 있다는 점을 확인할 수 있다. '금융지식의 기본 틀'과 금융방정식은 언제라도 만날 수 있는 친한 사이이다. 그 둘 사이의 관계는 돈의 용모를 사칙연산에 비유(아날로그)해 본 시도에서 비롯되었다. 우리가 사는 세상은 디지털 기술이 좌우하는 것처럼 보이지만, 아날로그의 눈으로 보아야 세상이 돌아가는 이치와 원리를 더 쉽고 정확하게 파악할 수 있다.

금융지식 기본 틀 적용해 보기

OECD의 금융이해력 테스트 문제를 풀어보자.

소위 선진국 클럽이라 불리는 경제협력개발기구(OECD)는 각 나라의 금융이해력(*financial literacy*)과 금융포용(*financial inclusion*)의 수준을 평가해 비교분석하는 작업을 수행하고 있다. 2015년에도 국제비교평가가 있었는데, 각 나라별로 평가대상자 모집, 평가수행자 교육, 질문과 응답 수집·분석 등 작업이 방대해서 매년 수행되지는 못하는 것으로 알고 있다.

OECD에서 정의하는 금융이해력은 금융지식에만 국한되지 않고, 금융상황에 대한 인식과 그에 따른 구체적 행동 등 행태적인 면도 함께 중시한다. 2015년 평가문항[1](총 32문항) 중 심층 또는 선택적

---

1 www. oecd. org/daf/fin/financial-education/2015_OECD_INFE_Toolkit_Measuring_Financial_Literacy. pdf

(optional) 질문과 인구역학(demographics) 관련 질문을 제외하면, 특정한 상황에서 취하게 되는 행동(behavior)과 관련된 질문이 13개, 일반적인 금융지식(knowledge)에 대한 질문이 6개이다. 이 중에서 금융지식과 관련된 6개의 문제를 확인해 보고 각자의 실력을 테스트해 봄으로써 기초 금융지식을 가지고 있는지 가늠해 볼 수 있다.

OECD 금융이해력 테스트

각 질문의 아래에 필자의 설명을 덧붙였다.

문제 1. 다섯 명의 형제들이 1,000달러를 선물로 받았다. 그 돈을 다섯 명이 똑같이 나눠 가져야 한다면 각자 얼마를 가지게 될까?

수학 시험도 아닌데 느닷없이 나눗셈 문제가 나오니 의아해할 수도 있지만, 금융의 원리는 나눗셈과 아주 밀접하다는 이 책의 내용에 따르면 자연스러운 일이다.

문제 2. 그 다섯 형제들이 각자의 몫을 받기 위해 1년을 기다려야 한다. 1년간 물가가 2% 올랐다고 가정하면, 1년 후에 각자가 살 수 있는 물건의 양은 지금 사는 경우보다 많은가?

제 1장에서 다룬 돈의 가치와 물가의 관계에 관한 질문이다.

문제 3. 어느 날 저녁 친구에게 25달러를 빌려 주고 다음 날에 25달러를 돌려받았다. 친구가 준 이자는 얼마인가?

제 4장에서 소개한 간단한 이자계산식만 알면 풀 수 있다.

문제 4. 매년 2%의 이자를 받기로 한 은행계좌에 100달러를 저축하고
추가 입금이나 인출이 없었다. 1년 후 정상적으로 이자가 지급되었다면
이 계좌에는 얼마가 있을까? (세금과 수수료는 없는 것으로 가정한다.)

3번 문제와 마찬가지로 이자계산식만 알면 풀 수 있다.

문제 5. 5년 후에는 이 계좌에 얼마가 있을까?

① 110달러 이상　　　　　　② 정확히 110달러

③ 100달러 미만　　　　　　④ 주어진 정보로는 알 수 없음

⑤ 답하기를 거절함

제 3장에서 다룬 복리(compounding)의 문제이다. 5년간 매년
다섯 번 이자가 계산되는데 매년 초에 투자 원금이 달라진다는 점을
놓치지 않아야 한다.

문제 6. O / X 퀴즈

6-1. 누군가가 돈을 많이 벌 수 있는 기회를 권유한다면, 많은 돈을 잃게 될
가능성도 있다(기대수익이 높은 투자는 위험도 높다).

곱셈의 기회비용과 금융지식의 기본 틀 3번을 이해하면 된다.

6-2. 높은 인플레이션은 생활비가 급격하게 오른다는 것을 의미한다.

뺄셈의 원리와 돈의 가치에 관한 문제이다.

6-3. 한 곳이 아닌 여러 곳에 돈을 저축해 두면 돈을 모두 잃게 될 가능성이
줄어든다(여러 종류의 주식을 사면 주식투자의 위험을 줄일 수 있다).

'분산투자'에 관한 문제로 "계란을 한 바구니에 담지 말라"는 격언을
생각하면 쉽게 풀 수 있다.

금융방정식을 활용해서 중요한 금융문제를 풀어보자.

금융방정식 $[P = M / (1 + r)]$ 은 재무관리 (*financial management*) 의 제 1원리로 꼽을 수 있는 '현재가치평가모형'의 한 형태로 볼 수 있다. 같은 금액의 돈이라도 실제로 손에 잡히는 시점이 언제인지에 따라서 그 가치가 달라지는데, 현재로부터 가까운 장래에 생기는 돈이 먼 미래에 들어오는 돈보다 가치가 더 높게 평가되는 원리이다. 돈이 수중에 들어오기까지의 기간이 길수록 이자가 많아지고 이자율 (이자/원금) 이 증가하기 때문에 현재가치 (P) 가 낮아지는 원리가 금융방정식에 나타나 있다. 여러 기간에 걸쳐서 돈이 들어오는 경우에는 각 기간별로 나누어 현재가치 (P) 를 각각 계산하고 이 값들을 모두 더하면 된다.

금융 (*finance*) 또는 재무관리에 있어서 그 다음으로 중요한 원리는 위험과 수익의 상충관계 (*trade-off*) 이다. 투자자들은 불확실한 1원보다는 확실한 1원을 더 좋아한다는 원리이다. 앞에서 언급한 제1원리에서 먼 미래일수록 현재가치가 낮아지는 것도 미래의 돈이 현재의 돈보다 불확실하다는 점이 중요한 이유이다. 금융방정식은 위험과 수익의 상충원리를 미래의 수익 (M) 을 현재가치로 할인하는 이자율 (r) 을 조정하는 방식으로 소화해 낼 수 있다. 즉, 위험이 높은 투자 상품에 적용하는 할인율 (r) 을 높임으로써 현재가격 (P) 을 낮추어서 투자의 기대수익 (M-P) 을 높이는 방식이다.

따라서 금융방정식은 금융 또는 재무관리의 가장 중요한 두 가지 원리를 모두 품고 있다. 금융방정식을 이용해서 가장 기본적이고도 중요한 문제를 몇 개 풀어보자.

문제 1. 원금 10,000원을 연간 이자율 10%로 2년간 빌려주었다.
2년 후에 받게 되는 금액은 얼마인가?

문제 2. 3년 후 5,000만 원을 받을 수 있는 투자안의 현재가치는 얼마인가?
단, 3년 기간 중 이자지급은 없으며, 투자안의 위험도를 반영한
할인율은 연 15%이다.

문제 3. 1년 후에 3억 원, 2년 후에 4억 원, 3년 후에 3억 원을 지급하는
투자안의 현재가치는 얼마인가? 단, 투자안의 할인율이 1년 차에
8%, 2년 후에 대해서는 10%, 3년 기간에는 12%라고 하자.

문제 4. 1년 후부터 매년 주식 한 주마다 2,000원의 배당금을 지급하는 기업이
있다고 하자. 이 기업의 주식의 가치는 얼마로 평가하는 것이 이론적
으로 타당한가? 단, 이 기업의 미래 이익에 적용되는 할인율은 12%로
일정하다고 하자.

8장 마지막 페이지에 실린 정답 참고.

'양적완화'를 쉽게 이해해 보자.

21세기 들어 글로벌 금융위기를 겪으면서 미국, 일본, 유로지역 등
세계의 금융시장은 '양적 완화'(*Quantitative Easing*)라는 다소 어렵게
들리는 용어의 금융정책을 구사하고 그것의 효과를 탐구하였다. 양
적 완화란, 중앙은행이 금융시장에서 여러 가지 증권을 사들이면서
시장에 돈을 푸는 방법의 하나이다. 앞에서 만든 금융지식의 기본 틀
의 관점에서 접근하면 조금 더 쉽게 그 의미를 이해해 볼 수 있다.

양적 완화는 그 말의 문자적인 뜻 그대로 금융시장에 **유동성**
(*Liquidity*)을 공급하는 행위이다. 어떤 산출이 나오기를 기대하면서
시장이라는 박스에 무언가를 투입하는 행위로 볼 수 있다. 세계의 기
축통화를 보유한 주요 국가들이 연이어서 양적 완화를 시행함으로써
글로벌 금융시장에서 **유동성**을 대폭 늘린 것이다.

늘어난 유동성은 채권, 주식, 부동산 등 돈으로 투자할 수 있는 주
요 **자산의 가격**(*Price*)이 떨어지지 않도록 지탱해 주는 역할을 하였
다. 금융시장 참가자들이 다양한 금융자산을 평가함에 있어서 미래
를 암울하게만 보지 않고 많은 자산들의 가치가 적정하게 유지될 수
있을 것으로 예상하고 평가하였다는 의미이다.

자산의 가격이 급격하게 떨어지지 않은 것은 투자자들이 위험자산
에 투자할 때 요구하는 추가적인 **기대수익률**(*Rate of Return*), 즉 **위험
프리미엄**을 과도하게 높이지 않았기 때문이다. 즉, 시중에 늘어난 돈
을 수중에 가지게 된 투자자들이 지나치게 높은 이자율이나 수익률
을 요구하지 않고 채권, 주식 등을 사들였다는 말이다.

양적 완화를 이해하는 관점

시스템적 관점	양적 완화의 효과
유동성(투입)	글로벌 유동성 증가
가치평가(전환)	자산가격 지탱
이자, 수익(산출)	위험프리미엄 감소

　　양적 완화의 효과를 이렇게 정리하면, 양적 완화의 핵심 개념을 유동성 증가, 자산가격 유지, 위험프리미엄(요구수익률) 감소로 볼 수 있다. 이 세 가지 개념은 금융을 시스템적 관점으로 이해할 때의 핵심 개념인 통화량(투입), 가치평가(전환), 이자나 투자수익(산출)과 사실상 동일하다. 금융의 원리를 시스템적 관점으로 바라보면서 만든 앞의 기본 틀이 양적 완화와 같은 복잡해 보이는 금융 현상을 이해하는 데에도 도움이 된다는 점을 확인할 수 있다. 다음 장에서는 금리의 변화에 따른 돈의 가치 변화를 금융방정식을 활용해서 살펴볼 것이다.

▌ '금융방정식으로 풀 수 있는 금융문제'의 정답은 아래와 같다.

문제 1. M = P × (1 + r)이므로 이 식을 2년에 걸쳐 두 번 연속 적용하면 된다.

10,000 × (1 + 0.1) × (1 + 0.1) = 12,100원

문제 2. P = M ÷ (1 + r)이므로 이 식을 3년에 걸쳐 세 번 연속 적용하면 된다.

2년 후의 가치는 P_2 = 5,000 / (1 + 0.15) = 4,348만 원

1년 후의 가치는 P_1 = 4,348 / (1 + 0.15) = 3,781만 원

현재시점의 가치 P_0 = 3,781 / (1 + 0.15) = 3,288만 원

문제 3. 여러 기간에 걸쳐서 돈이 들어오는 경우이므로 각각의 현금흐름에 대해 금융방정식을 적용해서 합산하면 된다.

1년 후 3억 원의 현재가치 P_1 = 3억 / (1 + 0.08) = 2억 7,778만 원

2년 후 4억 원의 현재가치 P_2 = 4억 / $(1 + 0.10)^2$ = 3억 3,058만 원

3년 후 3억 원의 현재가치 P_3 = 3억 / $(1 + 0.12)^3$ = 2억 1,353만 원

3년에 걸친 투자안의 현재가치 P = $P_1 + P_2 + P_3$ = 8억 2,189만 원

문제 4. 영구적으로 돈이 들어오는 경우이므로 무한 개의 현금흐름에 대해 금융방정식을 적용해서 합산해야 한다. 고등학교에서 배우는 등비수열의 합의 공식을 이용하면 된다.

$P = M/(1 + r) + M/(1 + r)^2 + M/(1 + r)^3 + M/(1 + r)^4 + \cdots + M/(1 + r)^\infty$

$= M/r = 2,000/0.12 = 16,667$원

9

돈의 가치

나는 꽃시장에 가 보았지

그래 나는 꽃을 샀지

너를 위해

내 사랑아

나는 고철시장에 가 보았지

그래 나는 쇠사슬을 샀지

무거운 쇠사슬을

너를 위해

내 사랑아

그리고 나는 노예시장에 가 보았지

그래 나는 너를 찾아 헤맸지만

너를 찾지 못했지

내 사랑아[1]

세상에는 돈으로 살 수 없는 귀한 것들이 아주 많다. 하지만 돈이 없어서 가질 수 없는 소중한 것들 또한 많다. 돈의 가치는 무엇으로 알 수 있을까?

문제 두 개

돈의 가치는 무엇으로 알 수 있을까? 우리는 은연중에 금리가 돈의 가치를 나타낸다고 생각한다. 금리가 높아지면 돈을 빌리기가 힘들어지고 내가 가진 돈을 굴려서 얻을 수 있는 수익도 커지니까 그렇게 생각하는 경향이 있다.

한 나라의 중앙은행의 결정으로 그 나라의 기본금리가 1%p 상승하고, 이에 따라 대출금리가 일률적으로 2%p 상승했다고 하자. 이 나라의 돈의 가치가 갑자기 상승한 것일까? '문제에 답이 있다'는 말이 있다. 그런데 만약 객관식 문제에서 선택지를 제외하면, 문제가 완성되었다고 할 수 없다.

---

1 자크 프레베르의 시를 김화영 교수가 번역한 시 〈너를 위해 내 사랑아〉의 일부이다. 열화당에서 만든 시집 《절망이 벤치 위에 앉아 있다》에 수록되어 있다.

돈의 가치에 대한 문제

문제 1. 금리(*rate of interest*)란 무엇인가?

　　① 돈의 가격 또는 돈의 가치

　　② 돈을 빌리고 빌려주는 서비스의 대가

문제 2. 다음 중 돈의 가치를 가장 잘 나타내는 것은?

　　① 이자율

　　② 돈을 주고 그 대가로 받을 수 있는 다른 물건 등의 가치

　문제 1에서 "금리란 무엇인가?"라는 이 부분만 봐서는 도무지 답을 찾을 수 없다. 선택지 ①과 ②를 포함시켜야 문제가 완성된다. 제대로 만들어진 문제라면 ① 또는 ②가 답이니까 분명 문제에 답이 있다. 하지만 ①과 ②가 모두 금리의 올바른 정의가 아니라면 이 문제에는 답이 없으므로 제대로 만들어진 문제가 아니다. 그럴 경우에 대비해서 선택지 ③을 추가할 수도 있다. ③ ①과 ② 모두 아님.

　그런데 문제 1에는 선택지가 ①과 ②뿐이다. 이 문제를 만든 사람은 금리가 돈의 가격이든지, 아니면 돈을 빌리고 빌려주는 데 대한 대가라고 믿기 때문이다. 이 문제에 대한 정답을 골랐으면 문제 2도 풀어 보자.

　문제 1에서 ①을 택한 사람이 제정신이라면 2번 문제에서도 ①을 택할 것이다. 1번 문제에서 ②를 택한 사람은 2번 문제에서도 ②를 택할 가능성이 높다.

지금 내 손에 10만 원이 주어진다면, 그 10만 원의 가치를 어떻게 평가할 수 있을까?

　"10만 원의 가치는 10만 원이지"라는 말은 당연하지만 별다른 쓸모가 없다. 돈의 가치는 돈이 아닌 다른 방법으로 평가해야 할 것 같다.

　돈의 가치에 관하여 이런 말을 들어 보았을 수 있다. "예금금리가 너무 낮아져서 은퇴자들이 은행에 3억 원을 맡겨도 이자로 1년에 600만 원, 즉 한 달에 50만 원 받기도 쉽지 않다. 돈의 가치가 예전에 비해 너무 떨어졌다."

　이 주장의 논리는 다음과 같다.

　"금리가 낮아져서 이자수입이 줄어들므로 1년 후 손에 쥐는 돈도 줄어든다. 지금 내가 가진 돈이 이자를 낳는 능력이 줄어들었으므로 내 돈의 가치도 줄어들었다."

　별다른 손색없이 들린다. 그러니 이제 금리가 낮은 은행예금 대신에 주식투자를 하기 위해 펀드에 가입해야 할 시점인 것 같은 생각이 들기도 한다. 그러나 이 주장에는 몇 가지 고질적인 맹점이 있다. 돈의 가치를 돈의 금액으로 평가하는 문제이다. 내 돈의 가치를 묻는데, 내 돈의 1년 후 가치는 "원금＋이자"라고 말하는 식이다. "1년 후 내가 가진 돈의 가치는 1억 원이다"라는 말은 "~의 가치"라는 말을 빼면 아주 정확한 정보이다. 그러나 "~의 가치"라는 말 때문에 아주 모호한 주장이 되어 버렸다. 틀린 말이 아니지만 정답도 아니다.

쿠키 빌려 먹기

돈의 가치에 대해 알아보기 위해 쿠키의 예를 생각해 보자. 쿠키 외에는 먹을 것이 없는 마을에서 일어난 일이다. 구기 씨가 가베 씨에게 쿠키 12봉지를 빌려주면서 1년 후에 15봉지를 갚으라고 했다고 하자. 작년에 빌릴 때는 14봉지만 갚으라고 했는데, 올해는 1봉지를 더 달라고 요구한 것이다. 작년에 비해 올해 들어서 쿠키의 가치가 오른 것일까?

가베 씨는 한 달에 쿠키 1봉지씩을 먹고 사는데, 올해 연말에는 쿠키 12봉지를 빌린 대가로 3봉지를 돌려주어야 한다. 작년에는 쿠키 2봉지를 대가로 12봉지를 빌려 먹을 수 있었으니 1봉지를 대가로 6봉지를 빌릴 수 있었는데, 올해는 3봉지를 대가로 12봉지를 빌려야 하니 1봉지 대가로 4봉지밖에 빌릴 수 없게 된 것이다. 가베 씨가 느끼기에 쿠키의 가치가 33% 정도나 줄어든 것 같은 기분이 든다.

쿠키 부자인 구기 씨 입장에서는 작년에는 쿠키 12봉지를 빌려주면 1년 후에 2봉지의 수익이 추가로 생겼는데, 올해는 3봉지가 추가로 생길 것이기 때문에 쿠키를 조금씩 더 먹거나 조금 더 편한 마음으로 다른 사람들에게 맛보라고 건네줄 수 있게 되었다. 구기 씨가 느끼기에도 쿠키의 가치가 작년에 비해 조금 더 떨어진 것 같다.

반대 상황을 생각해 보자. 작년과 달리 올해는 쿠키 12봉지를 빌리는 대가로 1봉지만 더 돌려주면 된다고 하자. 구기 씨 입장에서는 1년 후 되돌아오는 쿠키가 작년에는 14봉지였는데 올해는 13봉지로 줄었기 때문에 쿠키를 더 아껴 먹어야 한다. 쿠키를 빌려주는 대가가 감소하니 쿠키 한 조각이 더 소중하게 보인다. 가베 씨는 쿠키 1봉지를 대가로 해서 12봉지를 빌려 먹을 수 있게 되었으므로 쿠키 1봉지의 무게감이 더 크게 느껴졌다.

쿠키를 마을 사람들에게 빌려주는 구기 씨의 사연을 보면, 쿠키를 빌려주는 대가를 금리에 비유해서 생각할 때 금리가 내려갈수록 돈의 가치가 올라가는 것 아닌가 하는 생각을 갖게 한다.

돈의 가치란 무엇일까? 돈의 가치가 오른다면 사람들의 행동이 어떻게 바뀔까? 아마 돈이 더 귀해졌기 때문에 돈을 더 아껴 쓸 것 같다. 그리고 돈의 가치가 오르면 돈을 벌기가 더 어려워질 것이므로 미래에 갚아야 할 돈이 있다면 더 큰 부담을 느낄 것이다. 다행히 미래에 받기로 되어 있는 금액이 확정되어 있다면 그 돈 때문에 느끼는 안도감이 더 클 것이고, 그 돈에 대한 기다림이 더 커질 것이다.

돈에 대한 사람들의 태도가 이렇게 변하는 때는 금리가 오를 때일까, 아니면 금리가 낮아질 때일까? 어떤 은퇴자가 은행예금에서 나오는 이자를 주된 수입원으로 생활하는데, 돈을 더 아껴 써야 하는 경우는 이자율이 내려갔을 경우이다. 금리가 내려서 이자수입을 만들기가 더 어려워졌으므로 지금 가진 돈이 더 소중해 보일 것이다. 확정된 금액(가령 2천만 원)을 1년 후에 갚아야 한다면 그 부담이 종전에 비해 더 커질 것이다. 금리가 높을 때보다 2천만 원에 대한 부담감이 더 커진 것이다. 2년 후에 만기가 돌아오는 예금이 있다면, 그 돈 때문에 느끼는 안정감이 더 커질 것이다. 이처럼 **금리가 내려가는 경우에 돈의 가치가 더 커지는 경험을 종종 하게 된다.**

금리가 오른다면 사람들은 돈을 빌려주는 데 더 많은 비용을 요구할 것이다. 돈을 빌리는 사람은 돈을 빌리는 대가로 더 많은 비용을 지불해야 한다. 빌려 쓰는 돈이나 그 대가로 지불하는 이자나 모두 같은 단위의 돈인데, 일정한 금액을 빌리는데 금리가 올라 이자비용으로 지불해야 하는 돈의 액수가 많아진다면 그 이자비용으로 지불되는 돈의 단위가치는 떨어진 것 아닐까? 가령, 종전에는 100만 원을 빌리면서 5만 원을 대가로 지불했는데 이제는 똑같은 100만 원을 빌리면서 10만 원을 지불한다면, 내가 이자비용으로 지불하는 돈의 가치가 종전에 비해 절반으로 줄어든 것으로 보인다. 금리가 오름으로써 돈의 가치가 줄어든 것이다.

또한 금리가 올라가면 돈을 지갑이나 장롱에 보관하고 있을수록 그만큼 손해를 더 많이 보게 된다. 즉, 금리가 올라갈수록 내 지갑에 있는 돈의 가치가 떨어지는 속도가 빨라진다. 한시라도 빨리 은행이나 다른 누군가에게 빌려주어서 이자를 받는 게 현명하다. 부지불식간에 느껴지는 것처럼 금리가 오르면 돈의 가치도 오른다고 생각하면 다음과 같은 이상한 결론이 도출된다.

'내 돈의 가치가 올라갈수록 나는 그 돈을 가지고 있으면 안 되고 누군가에게 빌려주어야 한다. 귀한 것이므로 자기가 직접 가지고 있는 것은 바보짓이다.'

금리가 오르면 돈의 가치도 오른다고 생각할 때 이러한 이상한 결론에 봉착하는 이유는 **돈의 가치를 돈의 크기로 평가하는 데서 비롯된 것이다. 돈은 돈이 아닌 다른 척도로 평가해야 이런 문제에서 벗어날 수 있다.**

어느 은행 창구에서의 대화

가베 씨가 1년 전에 금리 5%에 예금한 돈 100만 원을 찾아서 다시 예금하기 위해 은행에 갔다. 지난 1년간 번 이자 5만 원으로 간편식 커피제조기를 사고 원금 100만 원을 다시 예금하려고 하는데 은행 직원이 말하기를 이제는 이자율이 2%로 내렸다고 한다.

> 직원: 금리가 내려서 1년 후에는 이자로 2만 원을 받으실 수 있습니다.
>
> 가베: 내 돈 100만 원의 가치가 줄어든 것인가요?
>
> 직원: 고객님의 현재 돈 100만 원의 1년 후 가치는 105만 원이 아니라 102만 원입니다. 그러니까 3만 원만큼 줄어든 것입니다.
>
> 가베: 이자 말고 내 돈 100만 원의 가치가 줄어든 겁니까?
>
> 직원: 글쎄요, 100만 원의 이자가 3만 원만큼 줄어들었습니다.
>
> 가베: 원금 100만 원의 가치는 어떻게 되느냐 말입니다.
>
> 직원: 원금은 1년 후에도 100만 원입니다.
>
> 가베: 그러면 원금의 가치는 변하지 않은 거네요?
>
> 직원: 네. 그렇게 생각하셔도 됩니다.
>
> 가베: 정말 그런 거죠?
>
> 직원: 저는 사실 그런 생각을 깊이 해보지는 않았습니다만, 저희가 원금은 확실하게 지켜 드릴 수 있습니다.
>
> 가베: 도대체 왜 이자율이 낮아진 거죠?
>
> 직원: 물가도 낮아지는 추세이고, 시중에 돈이 많아져서 그런 것

같습니다. 그래서 저희 은행도 돈을 굴릴 데가 마땅치 않아서 더 힘든 상황입니다. 그러니까 고객님께 이자를 많이 드릴 수가 없습니다.

가베: 은행이 돈을 굴릴 데가 마땅히 없다는 말 같은데, 나한테 돈을 좀 빌려줄 수 있어요?

직원: 고객님의 경우 대출을 받으시면 이자율이 5%입니다. 빌린 돈을 가지고 무얼 하시려고요?

가베: 주식 투자를 할까 합니다.

직원: 네? 그렇다면, 이자율을 좀더 올려야겠는데요.

가베: 뭐 하자는 겁니까? 이자율을 그렇게 멋대로 결정해도 되는 겁니까?

직원: 그게 저희 은행의 멋입니다.

얼마든지 있을 법한 대화이다. 직원의 마지막 답변이 너무 멋스럽다고 생각하면 그 부분만 빼면 될 것 같다. 은행 예금금리는 금융시장의 자금사정을 신속하게 반영한다고 볼 수 있기 때문에 예금금리가 내려간 것은, 직원의 말처럼, 시중의 유동성이 풍부하고 물가상승률도 낮을 것으로 예상되기 때문일 것이다. 대화의 말들이 모두 맞는 것 같은데 무언가 답답함이 이어진다. 이 대화의 답답함을 해결하는 열쇠는 무엇일까?

금융방정식 활용하기

앞에서 미래현금흐름을 할인하여 현재 가치를 계산하는 관계식인 '금융방정식'을 소개하였다.

$$P = M / (1+r)$$

미래현금흐름(M)과 할인율(r) 및 그로부터 계산할 수 있는 현재 가치(P)는 금융거래의 기본요소이다. 미래현금흐름(M)과 현재가격 (P)을 알면 금융계약의 할인율을 계산할 수 있다. 미래현금흐름, 현 재가격 및 할인율, 세 가지 중 두 가지를 알면 나머지 하나를 간단한 수학연산으로 계산할 수 있다. 그래서 이 관계식을 방정식이라고 부를 수 있다.

돈을 은행정기예금에 맡겨 두는 경우 1년 후 원금과 이자의 합계가 미래현금흐름(M)이고, 미래현금흐름의 현재가치(P)를 계산하는 데 필요한 어떤 이자율(r)이 할인율(*rate of discount*)이다.

이자란 돈을 빌려주는 사람 입장에서는 돈을 빌려주는 혜택을 제 공함으로써 얻게 되는 수익이고, 빌리는 사람 입장에서는 돈을 빌려 쓴 대가로 지불하는 비용이다. 이자율, 즉 금리는 돈을 빌려주었을 때 빌려준 돈(원금, *principal*)에 더해서 추가로 받을 수 있는 돈(이자) 의 비율을 나타낸다. 이자율은 현재로부터 시간 흐름을 따라 불어나 는 돈의 증가율을 나타내므로 현재 주고받는 돈과 미래에 주고받는 돈의 크기를 연결시키는 역할을 하지만 시간의 방향을 반대로 생각해서 미래에 받기로 한 돈을 현재가치로 계산할 때에도 사용된다. 현재 돈의 가치가 미래의 금액보다 작은 이유는 앞에서 본 이자의 발생원리로 동일하게 설명할 수 있다. 그러므로 이자율이 미래의 돈의 현재가치를 계산하는 데 사용되는 경우 '할인율'(rate of discount)이라고 부른다. 할인율과 이자율은 동일한 어떤 것의 다른 이름이라고 생각해도 무방하다.

예를 들어, 내가 누군가에게 1년 후에 100만 원을 받기로 되어 있다고 생각해 보자. 1년 만기 정기예금에 가입한 경우와 사실상 같다. 1년 후 100만 원의 현재가치는 금융방정식에 따라 계산해 보면 이자율이 5%일 때에 비해서 2%일 때가 더 높다. 금융방정식이 맞으면 1년 후 내가 소유할 돈 100만 원의 현재가치는 금리가 내려감으로써 증가한다. 금리가 내려감으로써 내 재산이 증가하였으므로 금리와 금융계약의 가치는 서로 반대 방향으로 움직인다.

다른 예로, 종전에는 100만 원을 예금하면 매년 5만 원을 이자로 받았는데(이자율 5%) 이제 이자율이 내려서 100만 원을 예금하면 1년간 이자가 2만 원밖에 안 되는 경우(이자율 2%)를 생각해 보자. 이자가 5만 원에서 2만 원으로 60% 감소했으므로 100만 원의 가치가 60%나 떨어졌다고 말할 수 있을까?

이자율이 내려가기 전에는 1년 후 내 재산이 105만 원으로 기대되었는데 이제 이자율이 내려서 1년 후 기댓값이 102만 원으로 줄어들었다. 100만 원을 1년간 은행에 맡겨 봐야 2만 원밖에 안 주니 내 돈 100만 원의 가치가 줄어든 것처럼 보인다. 그렇지만 금융방정식에 따르면 이자율이 줄어들면 미래에 가지게 되는 일정한 금액의 돈의 현재가치가 늘어나는 효과가 있다.

이자만을 놓고 보면 분명 수입이 줄어들었다. 1년 후 받는 이자수익 5만 원을 종전 이자율 5%로 할인한 현재가치는 1년 후 2만 원을 새로운 이자율 2%로 계산한 금액보다 훨씬 크다. 현재의 돈 100만 원이 1년 후 만들어 내는 이자의 크기는 1년 후 시점 기준으로는 3만 원만큼 줄었고 현재시점 기준으로는 2만 8천 원 정도 줄었다.

$$5 / 1.05 - 2 / 1.02 = 약 2.8$$

내 돈을 은행 정기예금에 넣어 두어서 벌어들일 수 있는 이자수익의 크기가 줄어든 건 분명하다. 그러므로 내 돈 100만 원의 가치가 줄어든 것 아닐까? 이 문제의 몇 가지 함정 중 하나는 1년 후 이자를 제외한 원금 100만 원의 가치를 지금 계산해 보면 금리가 낮아진 경우에 현재가치가 더 크다는 사실에 있다. 금리가 낮아져서 받을 이자가 줄었지만(5만 원 → 2만 원), 원금의 현재가치는 이자율이 낮아질수록 커진다. 1년 후 원금과 각각의 이자를 합한 금액 105만 원과 102만 원의 현재가치는 각각의 할인율로 계산한 현재가치가 동일하다. 결국, 미래현금흐름의 현재가치를 계산하는 금융방정식에 따르면, 금리의 변화에도 불구하고 내 돈의 가치는 변하지 않았다.

비록 1년 후 원금과 이자를 합한 금액의 현재가치는 불변이지만, 이자율이 낮아지면 돈을 빌려주려는 사람은 예년보다 적은 금액의 이자를 받고 돈을 빌려주기가 꺼려진다. 나의 '귀한' 돈을 그 적은 금액의 이자를 대가로 빌려줄 수 없다는 생각이 든다. 차라리 내 돈으로 다른 곳에 투자해야겠다는 생각이 든다. 다른 데 투자해서 연 2%를 넘는 수익을 거둔다면 1년 후 내 돈의 가치는 종전 이자율 5%에 예금했을 때보다 더 커지게 된다. 은행예금이 아닌 다른 투자처를 알아보는 일은 많은 사람들에게는 귀찮은 일이라서 비록 낮은 이자율이지만 1년 후 받을 돈의 현재가치는 동일하므로 그냥 예금에 넣어두는 게 편하다고 생각할지도 모른다.

앞에 소개한 가베 씨와 은행 직원 간에 오고 간 대화의 답답함을 해결하는 열쇠는 1년 후 이자를 제외한 원금 100만 원의 가치가 어떻게 되느냐에 달려 있다. 이자율이 내려가면 미래현금의 현재가치가 증가한다는 금융방정식의 원리 말이다.

1년 후 100만 원의 현재가치는 종전 이자율이 5%였을 때의 금융시장 상황에 비해서 이자율이 2%인 지금 시점에 오히려 증가했다. 두 가지 경우를 금융방정식$[P = M / (1+r)]$에 대입해 보면,

현재금액 = (원금 + 이자) / (1 + 이자율)
= 원금 / (1 + 이자율) + 이자 / (1 + 이자율)

① 종전 이자율 5%
현재금액 $100 = 100 / 1.05 + 5 / 1.05 =$ **95.24**+**4.76**

② 현재 이자율 2%
현재금액 $100 = 100 / 1.02 + 2 / 1.02 =$ **98.04**+**1.96**

이 2개 식의 맨 오른쪽 항들은 종전과 현재의 이자율 하에서 원금과 이자의 현재가치를 표시한다. 종전 이자율이 5%일 때에는 은행에 예금해서 1년 후 100만 원을 만들기 위해서는 95.24만 원을 예금해야 하지만, 이자율이 2%로 낮아진 현재에는 98.04만 원을 예금해야 한다. 시간의 방향을 반대로 생각해 보면, 1년 후에 당신이 가지게 되는 100만 원의 현재가치는 이자율이 낮아짐으로써 2.8만 원 (98.04−95.24)만큼 증가한 것이다. 반면 이자만 놓고 보면 이자율이 낮아져서 1년 후에 3만 원을 덜 받게 되는데, 그 차액의 현재가치 차이가 2.8만 원(4.76−1.96)이므로 결국 원금과 이자를 합한 금액의 가치를 보면 이자율의 변동에도 불구하고 내 재산의 가치는 줄어들지 않았다. 결론적으로, **금융방정식에 따르면 현재 내 돈의 가치는 금리의 변화에 비례해서 커지거나 작아진다고 볼 수 없다.**

돈의 가치는 제각각인가?

돈의 가치를 돈으로 평가하는 것은 돈에 대한 일종의 **환상**(*delusion*)에서 비롯한다. 돈의 금액이 더 클수록 돈의 가치가 크다는 생각은 일정한 금액의 돈으로 살 수 있는 물건이나 서비스의 양이나 품질이 항상 동일하다는 암묵적 가정을 전제한다. 그러나 우리가 자주 경험하듯이 금리가 변하는 경우에는 물가도 함께 움직이는 경우가 많다. 명목금리(*nominal*)에서 물가상승률을 차감한 값이 **실질금리**(*real*)인데 명목이자율보다 물가상승률이 더 큰 경우에는 이자수익으로 내 돈의 금액은 커지지만 그 돈으로 살 수 있는 물건의 양은 줄어드는 상황이 되므로 내 돈의 가치가 줄어든다.[2]

  돈의 가장 기본적인 용도는 필요한 물건 등을 구매하는 데 있다는 점에 착안하면 돈이 가진 물건이나 서비스의 **구매력**(*buying power*)으로 돈의 가치를 평가하는 것이 자연스럽게 보인다. 물건들의 가치가 돈으로 매겨져 있기 때문에 돈의 가치를 돈과 바꿀 수 있는 물건들의 가치로 계산할 수 있다. 가령 돈 100만 원으로 살 수 있는 우유가 몇 리터, 빵이 몇 개 하는 방식으로 돈의 가치를 매길 수 있다. 내 돈으로 빵이나 우유를 얼마나 살 수 있는지, 어떤 자동차나 집을 살 수 있는지가 바로 돈의 가치라고 할 수 있다.

  금리가 오른 이유가 앞으로 1년간 우유 가격 등 물가가 더 많이 오를 것이 예상되기 때문이라면 1년 후에 100만 원으로 살 수 있는 우유 등의 양이 더 줄어들게 된다. 그러므로 내가 돈을 은행이나 다른 금융상품에 투자하지 않고 그냥 가지고 있다면 금리가 오를수록 내 돈의 가치는 더 빠른 속도로 줄어든다.

  아주 드문 경우이지만, 물가수준은 동일한 상태에서 금리가 현재 2%에서 1년 후에 5%로 올랐다고 가정하자. 경제의 생산능력이 급속도로 커지는 단계에서 기업의 투자수요가 커져서 시중의 자금이 부족해지는 상황이라고 가정해 보자. 그러면 내 돈의 가치가 증가한 것일까? 1년 후 물가수준이 동일하다면 내 돈의 가치는 증가한 것이 맞다. 그러나 이 가정이 현실에서 이루어질 가능성이 얼마인지는 알

---

2 제 6장 마지막 부분에서 설명하였다: 실제 수익률 = 명목 수익률 - 물가상승률

수 없다. 이 가정의 가장 큰 맹점은 이자율이 5%로 오른 **현재시점에서는 1년 후의 물가수준을 정확히 알 수 없다는 점**이다. 그러므로 내 돈의 가치가 올랐는지, 줄어들었는지 지금 판단하는 것은 불가능하다. 1년 후, 예상대로 물가가 지금과 동일하고 5%의 이자를 받았다면 1년 후 시점에 내 돈의 가치가 지금보다 높아질 것이다. 그러나 현재시점에서는 이러한 판단을 할 수가 없다. 1년 후에 더 늘어난 이자수익(원금 100만 원에 추가된 이자수익 3만 원)으로 더 많은 물건을 살 수 있게 되었다면 내 돈의 가치가 늘어난 이유를 금리 인상 때문이라고 볼 수도 있겠지만, 더 근본적인 이유는 1년간 물가가 그대로 유지되었다는 점이다. 만약 물가가 금리상승분보다 더 크게 상승하면 금리 인상의 효과를 상쇄하고 오히려 내 돈의 가치가 줄어들 것이다. 미래의 물가는 현재시점에 알 수 없다. 그러므로 내가 가진 돈은 금리 변화 때문에 즉각 그 가치가 변하지 않는다. 미래 물가는 현재시점에서 **예상**할 수 있을 뿐이고 금리 변화의 실제 효과는 시간이 흐른 후에야 알 수 있다. 사람마다 필요한 물건의 종류가 다르기 때문에 사람에 따라 물가수준에 대해 느끼는 바도 조금씩 다를 것이다.

시장금리가 전반적으로 오르는 경우라면 내가 가입한 은행 정기예금의 금리도 같이 오를 것이다. 경기가 호황이라서 은행에서 돈을 빌리려는 대출수요가 증가하고, 물가가 상승할 것으로 예상되기 때문에 중앙은행에서 금리를 올리는 경우일 가능성이 크다. 그런 경우에는 실제로 1년 후에 가서 보면 금리 인상으로 추가로 얻은 이자수익의 효과는 물가상승에 의해 대부분 상쇄되고 말 것이다. 그러므로 내가 가진 돈의 1년 후 이자수입은 증가했지만 그 돈으로 살 수 있는 물건이나 서비스의 양은 별로 달라진 게 없게 된다. 금융방정식에 적용해 보면, 1년 후 가지게 되는 돈의 양(M)은 이자상승분(원금× 금리변동분)만큼 증가했지만 할인율(r)도 함께 올라갔기 때문에 원금과 이자의 합계의 현재가치(P)는 별로 달라진 게 없다.

현재가치 = (원금 + 종전 금리이자 + 금리상승분 이자) / (1 + 할인율)

가령 정기예금 금리가 2%에서 5%로 올랐고, 물가예상수준을 감안한 시장의 할인율도 5%로 올랐으면 원금 100만 원의 1년 후 원리금의 현재가치는 현재 가진 원금과 동일하다.

현재가치 = (100 + 2 + 3) / (1 + 5%) = 100

그러나 만약 미래에 받을 돈이 미리 정해져 있는 경우라면 시장금리 상승으로 할인율이 올라갈 때 그 돈의 현재가치는 줄어든다. 표면금리와 원금이 확정된 채권의 가격이 금리와 반대방향으로 움직이는 원리와 동일하다. 금융방정식에서 확인할 수 있듯이 받을 돈이 고정된 상태에서 할인율이 커지니 현재가치가 줄어드는 것이다.

현재가치 = 받을 돈 / (1 + 할인율)

미래에 받을 돈이 미리 정해진 상품으로 정기예금과 국채를 생각해 보자. 이미 가입한 정기예금은 정해진 예금기간이 다 지나기 전에는 다른 사람에게 팔 수 없으므로 물가예상의 변화에 따른 할인율(시장이자율)이 변해서 예금의 현재가치가 변하더라도 그 가치변화의 손해와 이익을 정기예금 만기까지 예금자가 지고 가야 한다.

반면 국채와 같은 채권(bond)은 원금과 이자가 정해져 있지만 시장이자율(할인율)에 따라 국채의 가치가 변할 때 채권 만기 이전에 그 가치 변동에 따른 이익과 손해를 실현할 수 있다. 다른 사람에게 그 금융자산을 그때의 시장가격(현재가치)에 팔 수 있기 때문이다.

'저축'과 '투자'라는 용어를 엄격하게 구분해서 사용하자면, '저축'은 정기예금같이 계약 체결시점에 정해진 이자수익만을 목표로 돈을 굴리는 것을 일컫고, '투자'는 국채같이 국채의 발행조건에 따라 정기적으로 받을 수 있는 이자 외에도 국채 자체를 매각하여 얻을 수 있는 이익(자본이득, capital gain)도 기대할 수 있는 돈 굴리는 방법이다. 저축상품보다 투자상품이 금융시장 정보에 더 민감하고 활발하게 반응하는 특성이 있으므로 '투자'로 돈을 굴릴 때에는 전문가에게 수수료를 주면서 맡기는 경우가 많다.

한편 내가 미래시점에 갚아야 하는 돈이 정해져 있다면 금리가 오를수록 그 채무의 부담이 줄어든다. 1년 후에 100만 원을 갚아야 하는 경우라면 금리 인상으로 인해서 앞으로 1년간 100만 원을 만들기가 더 쉬워졌다는 의미이다. 금융방정식을 다음과 같이 해석해서 미래부담이 고정되어 있고 할인율이 증가하는 상황에서 현재 부담이 감소하는 현상을 확인할 수 있다.

$$현재\ 부담 = 미래\ 부담\ /\ (1 + 할인율)$$

정리하면, 금리가 내려가는 경우 현재 가진 돈의 가치는 변하지 않지만, 미래에 받을 돈의 가치와 미래에 **갚아야 할** 돈의 가치는 증가한다. 그러므로 미래에 **받기로** 한 돈이 갚아야 할 돈보다 많은 사람은 금리가 낮아질수록 더 유리해진다. 금리가 내려가면, 미래에 갚아야 할 돈의 금액이 확정되어 있는 사람은 갚을 돈을 마련하기 위해 더 많이 노력해야 하고 소비지출에도 더 신경을 써야 한다. 새로 돈을 빌려야 하는 사람은 미래 갚을 돈에 비해 이전보다 더 많은 금액의 돈을 빌릴 수 있으므로 그만큼 유리해진다. 물론 돈을 빌릴 수 있는 경우를 두고 하는 말이다. 하지만 이 경우에도 금리가 낮아지면 미래에 갚아야 할 돈을 스스로 만들기가 더 어려워진다는 점은 주의해야 한다. 그러므로 금리가 낮다고 돈을 함부로 빌려 써서는 안 된다.

마지막으로, 외국인이 느끼는 우리나라 돈의 가치는 금리가 내려가면 덩달아 하락하는 수가 있지만 이 경우는 우리나라 돈과 외국 돈의 환율이 고정되어 있거나 선물거래 등을 통해 환율을 고정시킬 수 있는 상황을 전제로 한다. 하지만 금리가 내려가는 시기에 환율이 고정되어 있다는 가정은 비현실적이다. 금리 인하는 물가가 낮아지는 상황에서 흔히 경기 진작을 위해 행해지는데, 물가가 내려가면 구매력 기준으로 우리나라 돈의 가치가 올라가므로 환율은 내려가는 경향이 있다. 환율이 내려가는 것은 국내에서 한국 돈을 기준으로 이미 투자한 외국인 입장에서는 예전보다 유리한 상황이므로 선물거래 등을 통해 환율을 고정시킬 유인도 별로 없다. 가령 종전에는 국내에 1,000원이면 1달러를 바꿀 수 있었는데, 환율이 900원으로 내려가면 국내에서 900원만 벌어도 1달러로 바꿀 수 있기 때문이다. 요컨

금리 변화에 따른 돈의 가치 및 소비행위의 변화

돈의 종류	금리 인상 시 돈의 가치 → 소비의 변화	금리 인하 시 돈의 가치 → 소비의 변화
현재 가지고 있는 돈	불변 → 소비 증가 (이자 벌기가 쉬워짐)	불변 → 소비 감소 (이자 벌기가 어려워짐)
미래에 받기로 확정된 금액의 돈(채권자)	감소 → 소비 감소 (채권의 현재가치 감소)	증가 → 소비 증가 (채권의 현재가치 증가)
미래에 갚기로 확정된 금액의 돈(채무자)	감소 → 소비 증가 (빚 부담 감소)	증가 → 소비 감소 (빚 부담 증가)
새롭게 빌릴 돈	감소 → 소비 감소 (갚을 돈 대비 적은 돈 받음)	증가 → 소비 증가 (갚을 돈 대비 많은 돈 받음)
외국인이 보는 돈	증가 → 국내 소비? (환율 고정 가정)	감소 → 국내 소비? (환율 고정 가정)

대 외국인의 시각에서 보더라도 금리 인상이나 인하가 우리나라 돈의 가치를 증가 또는 감소시킨다고 일률적으로 말하기는 어렵다.

다소 복잡해 보이지만 지금까지 설명한 금리변화에 따른 돈의 가치 변화는 금융방정식을 이용해서 이해할 수 있다. 몇 가지 상황에 따른 돈의 가치 변화와 그것이 소비에 미치는 영향을 표 〈금리변화에 따른 돈의 가치 및 소비행위의 변화〉와 같이 정리해 볼 수 있다.

참고로 변동금리부(*floating rate*) 대출의 경우 금리가 오르내리면서 채무자의 이자 부담이 증가하거나 감소하는데, 이 문제는 돈의 가치평가의 관점에서 접근하기보다는 이자비용의 규모 자체가 채무자의 소비여력에 미치는 영향을 단순하게 보면 된다. 금리가 오르는 만큼 이자비용이 늘어나므로 그만큼 소비여력이 줄어들고, 금리가 낮아지면 이자비용도 줄어들므로 소비할 수 있는 여지도 증가한다.

돈의 가치 (정리)

금리가 내려가면 돈의 가치도 떨어진다는 생각은 사람들이 예금금리가 내려가는 경우에 돈을 더 아껴 쓰고 예전보다 돈 벌기가 더 어려워지는 상황을 설명하기가 쉽지 않다. 가치가 떨어진 것을 더 아껴 쓴다는 점, 가치가 떨어진 것을 더 구하기 힘들어진다는 점이 자연스럽게 와 닿지 않는다.

금리가 내려가면, 이자 수입을 주 소득원으로 하는 사람은 이자소득이 줄어든다. 하지만 물가가 예상만큼 오르지 않으면 물가 부담이 줄어드는 긍정적 효과가 이자 수입 감소의 부정적 효과를 상쇄할 수 있다. 금리가 오르면, 늘어난 이자 소득의 효과보다 물가 상승으로 인한 구매력 감소 부담이 더 클 수 있다. 그러면 금리상승 이후에 오히려 돈의 가치가 줄어든 것처럼 느껴진다. 이와 같이 금리가 내려가든 올라가든 돈의 가치를 생각할 때 가장 중요한 기준은 물가다.

돈이 가진 구매력 때문에 우리는 돈을 가치 있게 여기고 돈을 주고받는 거래를 한다. 그러므로 물가를 생각하지 않고 돈의 가치를 논하는 것은 공허한 일이다. 돈이 가진 구매력이 미래에도 어느 정도 보장되기 때문에 돈을 받기 위해서 내 노동력과 시간을 공급하고 필요한 물건을 구입하면서 내 돈을 건네줄 수 있다. 돈이 많은 사람이 다른 사람들의 부러움을 사고 행복해 보이는 이유는 그 사람이 가진 돈으로 살 수 있는 물건들이 많기 때문이다. 그 사람이 가진 돈이 나에게 있다면 내가 그 돈으로 구매할 수 있는 물건이 많아지기 때문에 그 사람의 형편이 부러워지는 것이다.

예금이자율이 5%에서 2%로 내렸다고 내 돈의 가치가 줄어든 게 아니다. 내 돈의 가치는 내가 그 돈으로 살 수 있는 물건의 양으로 따져 볼 일이므로 현재와 미래의 물가(物價)가 돈의 가치를 가늠하는 가장 핵심적인 판단지표이다. 이자율은 미래에 내 은행계좌에 있게 되는 돈의 현재가치를 평가하는 수단이다. 따라서 이자율이 내려갈 경우 내 은행계좌에 들어오는 돈의 양은 줄어들 수 있지만 그 돈의 현재가치는 이자율의 변동에도 불구하고 동일하므로 이자율 인하로 내 돈의 가치가 줄어들었다고 말하는 것은 정확하지 않다.

정리하면, 돈의 가치는 그 돈으로 살 수 있는 물건이나 서비스의 가치로 평가하는 게 바람직하다. 금리(金利)는 금융서비스의 대가로 주고받는 돈이며 금융방정식에서의 쓰임과 같이 미래의 현금흐름을 현재의 금액으로 평가하기 위한 수단이다. 이자율 자체가 돈의 가치를 알려주지는 않는다.

돈의 가치

1. 금리(*rate of interest*)는 돈을 빌리고 빌려주는 행위의 대가이며, 미래의 돈을 현재의 돈으로 전환하는 데 필요한 할인율(*rate of discount*)이다.

2. 돈의 가치는 그 돈으로 살 수 있는 다른 물건이나 서비스의 가치, 즉 구매력(*buying power*)으로 판단할 수 있으며 금리가 돈의 가치를 일률적으로 나타내지는 않는다.

제 3 부 　금융교육에

관한

단상

10

이미 우리는
알고 있다

실제로 하는 말

"고객님, 힘내세요. 우리가 있잖아요. 필요하신 돈을 빌려 드릴게요.
고객님의 신용을 감안해서 최대한 고객님께 유리한 조건으로 빌려 드리
는 겁니다."

실제로 못한 말

"금리가 높지만 고객님 신용을 우리가 잘 모르기 때문에 (또는 신용등급
이 별로라서) 어쩔 수 없습니다. 방금 서명하신 대로 이자와 원금을 약
속한 시간에 다 갚으셔야 합니다. 못 갚으시면 끝까지 괴롭힐 겁니다.
못 갚으시면 인간답게 살기 힘들 겁니다."

앞으로 우리 자녀들이 살아가야 하는 세상도 이와 비슷한 모습일 것
이다. 더 심해지지 않을까 우려스럽다. 아이들에게 꼭 필요한 금융

지식을 잘 가르쳐 주지 않으면 아이들이 나중에 어른이 되어서 금융의 깊은 함정에 빠져 허우적거릴 수 있다. 아이들에게 꼭 필요한 지식은 금융의 함정에 빠지지 않는 방법과 혹시라도 함정에 빠졌을 때 거기서 나오는 방법이다. 함정의 잔혹한 풍경을 보여 주지 않거나 건너편에 먹음직스러운 포도송이를 달아 놓고 함정으로 유인하는 교육은 양의 탈을 쓴 늑대와 다를 바 없다. 포도송이를 탐내면서 망설이고 있는 여우는 보통 늑대보다 순하고 때때로 현명하다.

모르면 위험한 금융지식

금융시장은 왜 이렇게 빠른 속도로 커져 왔는가? 지금은 금융, 투자 또는 재테크라는 말들이 일반 사람들 모두 알아야 하는 것처럼 되어 버렸다. 250여 년 전 아담 스미스가 간파했던 노동의 효율적 분화의 결과일까? 점점 더 복잡해 보이는 금융상품들이 등장하고 그 상품을 파는 사람들이 우리에게 말을 걸어오는 횟수도 점점 많아진다. 이러한 현실이 맘에 들지 않아도 누구를 탓하기는 어렵다. 개인의 자유를 중요하게 생각하는 시장경제시스템은 개개인의 혁신을 밑거름으로 물질적인 면에서 비약적으로 발전해 왔다. 그 혁신의 원동력이자 결과물인 돈이 물처럼 흘러 다니는 자유로운 금융시장에서 새로운 '혁신적인' 상품은 자연스럽게 생겨나고 장려되기도 한다.

혁신의 속도가 빨라질수록 금융시장은 점점 더 복잡해지고 시장의 속도를 따라 잡지 못하는 대부분의 사람들은 '신들의 마당'에서 점점 멀어지고 소외감을 느끼게 된다. 그럴수록 그 신(神)들이 산 아래 사람들에게 말을 걸어올 때가 점점 더 많아진다. 새로운 조건으로 돈을 빌려서 새로 나온 좋은 물건을 사용해 보라고 귓가에 속삭인다. 여윳돈을 맡기면 산 아래에서 더 풍족하고 안전하게 살 수 있도록 산 위에서 보살펴 주겠다고 한다. 자기 이익을 위해서 자유롭게 움직이는 몸(身)들의 자연스러운 행동이다.

우리는 지금 금융회사의 대출 권유나 광고가 넘쳐나는 시대를 살고 있다. 그 많은 광고 문구들은 세련된 교육을 받은 카피라이터들이 사람의 마음이 움직이는 원리와 약점에 관한 최신 이론을 이용해서 만들었을 것이다. 하고 싶은 말과 실제로 하는 말이 다를 수밖에 없다.

금융시장이 복잡해 보이지만 시장이 돌아가는 기본원리가 변하지는 않는다. 대체로 믿을 만한 사람에게 돈을 빌려주고 이자를 더해서 되돌려 받는 금융거래의 원칙은 그대로이다. 물론 그렇지 않은 경우도 있다. 믿을 만하지 않아도 약정한 이자보다 훨씬 높은 연체이자율을 받을 수 있기 때문에 돈을 빌려주는 악덕 금융회사들도 있다.

금융회사는 이자 수입을 얻기 위해서 가급적 많은 사람들에게 돈을 빌려주려고 한다. 여윳돈이 있는 사람들의 돈을 모아 사업자금이 필요한 기업이나 목돈이 필요한 사람들에게 빌려주는 일을 한다. 이러한 금융회사의 기능을 **금융중개**(*financial intermediation*)라 하고, 이 시각에서 금융회사를 금융중개기관(*financial intermediaries*)이라 부르기도 한다. 한때 미국 정부의 규제로 예금금리가 낮아서 미국 국민들이 은행에 돈을 맡기지 않고 증권에 투자를 더 많이 해서 은행의 금융중개 기능이 줄어드는 때가 있었다. 이 현상을 멋진 말로 '탈중개화'(*disintermediation*) 라고 불렀는데,[1] 이 말이 바로 금융의 본래 기능이 중개(*intermediation*) 라는 점을 보여 준다.

어쩌면 금융회사의 중개기능이 줄어드는 것보다 그 활동이 과도해질 때가 더 문제일 수 있다. 사람들이 남의 돈 빌려 쓰는 것을 쉽게 생각하고 그 행위의 기회비용을 정확하게 판단하지 못하게 되어 돈을 무분별하게 빌려 쓰고 난 후에 예상치 못한 어려움을 당하게 되는 상황에는 실물 경제에 거품이 만들어지기가 쉽다. 거품이 점점 커지다가 급기야 터지면서 빌린 돈을 못 갚는 사람들이 많아지고 돈을 빌려준 금융회사들이 문을 닫게 되면서 경제위기가 발생할 수 있다.

금융시장이 위기에 취약한 이유 중에서 가장 고질적이고 근본적인 문제는 돈을 빌려주는 사람(금융회사) 이 돈을 빌려 쓰려는 사람의 돈 갚을 능력을 잘 알 수 없다는 점이다. 어떤 사람이 미래에 돈을 갚을 능력과 의지가 얼마나 되는지를 판단하는 일이 쉬운 일은 아니다. 금융회사들은 그런 일을 전문적으로 할 것으로 기대되지만 소비자 신용에 대한 판단능력이 주먹구구나 가위바위보 수준에 머물러 있는 금융회사를 골라내기가 어렵지 않다. 금융업에 진입하는 데 사실상의 장벽이 있는 상황에서 나라의 특별한 허가를 받아 대출영업을 하는 회사라면 소비자 신용을 심사하고 관리하는 일에 관하여 남다른 전문성을 키우는 데 노력을 아끼지 않아야 한다. 그것이 금융시장의

---

1 1986년 미국 정부는 예금 금리의 상한을 규제하던 'Regulation Q'를 폐지하면서 미국 금융시장에서 은행의 기능을 복원하려고 노력하였다. 미국의 자본시장이 다른 세계의 국가들보다 발전한 중요한 이유들 중 하나가 바로 그때까지 활약했던 'Regulation Q'라고 말하는 이들이 많다.

질서와 도덕성을 지키는 길이다. 그러나 소비자들의 신용에 관한 정보는 금융회사들이 가지고 싶어 해도 금융시장에 충분히 공급되기가 어려운 점이 있다. 개인의 과거 부도 경력 등 소비자에게 불리한 정보를 찾아내는 것은 상대적으로 쉽지만, 개인의 성실성, 미래소득 창출능력 등 유리한 정보는 현재시점에 확인하기가 어렵다. 그래서 금융회사들은 일반적으로 현재 가진 재산이 적거나 안정적인 직장이 없는 사람에게는 돈을 빌려주려고 하지 않는다. 이런 사람들은 아무리 많은 이자를 내겠다고 해도 은행에서 돈을 빌리기가 어렵다. 마지못해 법에서 허용한 최고금리나 그 이상의 불법금리를 주고 빌려 쓰게 되기도 한다. 정상적인 금융회사 입장에서는 신용정보가 부족한 사람에게 돈을 빌려주는 것이 결과적으로 손해라고 판단한다. 이와 같이 신용등급이 낮은 사람들에 대한 대출시장이 제대로 작동하지 않는 현상을 소비자들이 넘지 못할 절벽에 빗대어서 **신용절벽**(*credit cliff*) 이라고 부를 수 있겠다.

신용절벽이 어느 한 시점에 나타나는 문제라면, 돈을 빌려주고 난 후 시간이 흘러가면서도 비슷한 문제가 발생한다. 경제 전반적으로 활기가 있을 때에는 은행 입장에서는 돈을 떼일 염려가 적으므로 더 많은 돈을 더 낮은 이자에 빌려주는 경향이 생긴다. 시장에 유동성(돈)이 늘어나는 때이다. 유동성이 과다해지면 거품이 만들어진다. 그런데 경기가 나빠질 조짐이 보이면 금융회사는 예전처럼 대출기간을 연장해 주거나 반복해서 대출해 주지 않으려고 한다. 빌려간 돈을 제때에 갚도록 압력을 가하고 다시는 빌려주지 않겠다는 입장을 보인다. 이른바 '**비 올 때 우산 뺏기**'라고 비판 받는 행태이다. 돈을 빌려

주는 은행 입장에서는 빌려준 돈을 떼이지 않기 위해 그렇게 행동하는 것이지만, 경기가 좋았을 때 돈을 빌려 쓴 사람은 경기가 안 좋을 때 빌린 돈을 다 갚아야 하고 예전처럼 돈을 빌릴 수 없게 되면 아주 고통스러운 상황에 처하게 된다. 은행은 자기 나름대로 합리적으로 행동한 것이라 하겠지만 '우산을 빼앗긴' 개인이나 사회 전체에 미치는 영향은 파괴적일 수 있다. 부분적으로 합리적일 수 있는 행동이 전체적으로는 무리한 결과를 초래하게 된다. 은행이나 카드사 등이 사람들의 피 냄새를 좋아하는 상어 떼처럼 일하기 때문에 그런 것이라고 단정하기는 어렵다. 경기가 안 좋아질 때에는 돈을 빌려 쓰는 사람의 갚을 능력에 대한 믿음을 갖기가 어렵기 때문에 그렇게 행동하는 것이다. 이러한 문제를 신용 공급이 경기순환(*economic cycle*, 경기)에 동조해 함께 들쭉날쭉하면서 순환의 폭을 증가시킨다는 의미에서 **경기순응성**(*procyclicality*)이라고 한다.

신용절벽과 경기순응성의 문제는 금융시장, 특별히 대출시장이 그다지 매력적이지 않고 성질상 불안하다는 사실을 보여 준다. 우리는 부지불식간에 금융시장이 효율적으로 자산을 배분한다는 선입견을 가지고 있다. 그런데 시장에서 중요한 상품이 제대로 공급되지 않거나 불안정한 모습을 보인다면 굳이 그 시장이 효율적이라는 수식어를 붙여 줄 필요는 없다. 설령 대출시장이 아닌 주식시장이 효율적인 면이 많다고 해도 '앙꼬(대출)가 빠진 찐빵'에 후한 점수를 주기는 어렵다.

또한 금융시장은 경기가 좋을 때는 전반적으로 대출이 늘어나 시장에 돈(유동성)이 갑자기 많아져 주식이나 부동산 등의 가격을 비정상적으로 올렸다가 어느 순간 갑자기 사람들 마음이 바뀌면서 투자 자산의 가격을 떨어뜨리는 식으로 사람들의 **군집행동**(*herd behavior*) 때문에 경제에 큰 충격을 주는 위기를 반복해 왔다. 금융시장에서 드물지 않게 일어나는 거품 붕괴 현상(*boom-and-bust*)을 어떻게 받아들여야 할까? 금융시장은 가격이 그렇게 빨리 변할 수 있기 때문에 효율적인가? 효율적이면 불안해야 하는 것일까?

때때로 신용절벽 아래에 있는 사람에게 대출 동아줄이 주어지는 경우가 있다. 하지만 많은 경우 그 동아줄은 그리 튼튼하지 않으므로 조심해야 한다. 일단 이자율이 아주 높을 것이다. 금융회사 입장에서는 직설적으로 말을 안 했을 수는 있지만, 빌려준 돈을 못 받게 될 확률(위험)이 높기 때문에 높은 금리를 적용해서 나중에 갚아야 하는 돈에 비해 훨씬 적은 금액의 돈만 빌려준다. 돈을 못 갚게 될 확률이 클수록 갚을 돈과 빌려주는 돈의 차이가 커진다. 그 차이가 바로 이자이다(이자 = 미래에 갚을 돈 – 현재 빌리는 돈).

이자는 명시적인 비용이다. 명시적으로 드러난 비용부담이 크기 때문에 동아줄을 잡고 절벽을 기어 올라가기 위해 조심하고 신경 쓸 일들이 아주 많다. 100만 원을 빌려 쓰고 10만 원을 이자로 갚을 때보다 20만 원을 이자로 갚아야 하는 상황이 훨씬 더 팍팍하다. 높은 이자율이 동아줄을 약하게 만들어 놓았다.

그런데 시장이 요구하는 명시적인 금리부담 외에도 다른 **암묵적인 부담**이 도사리고 있다. 그 비용은 동아줄에 매달린 사람이 약속한 이자와 원금을 제때 갚지 못했을 때 제 모습을 드러낸다. 절벽에 매달린 사람은 원래 이자의 부담이 크기 때문에 이자와 원금을 약속한 대로 갚지 못할 가능성이 크다. 감당하기 어려운 명시적인 비용 때문에 암묵적인 기회비용이 실제로 발생할 확률이 더 높아진다. 동아줄에 의지해서 절벽을 다 올라가지 못하고 줄은 점점 약해지고 동아줄에 지탱하기 위해 필요한 몸의 에너지는 줄어드는 상황이다.

암묵적인 비용은 대출계약서 어딘가에 이해하기 쉽지 않은 용어로 표시되어 있다. 이자율처럼 정확한 수치로 드러나 있지는 않다. 급하게 돈을 빌리는 사람은 나중에 돈을 못 갚게 될 경우를 생각하고 싶지 않아 별로 신경 쓰지 않는 부분이다. 당장에 높은 이자를 어떻게 감당할까를 생각하느라 나중에 이자와 원금을 갚지 못할 경우에 당하게 될 피해를 생각할 마음의 여유가 없다. 어떻게든 갚을 수 있는 방법이 있겠지, 이자 한두 번 못 낸다고 설마 날 잡아먹지는 않겠지, 라고 생각할 수 있다.

하지만 대출계약서에는 이자를 두세 번 못 낼 경우 이자부담이 갑자기 커질 수 있다고 적혀 있을 것이다. 이자율이 올라가면 그 높아진 이자를 먼저 갚아야 하기 때문에 이전 수준의 이자로 돌아가는 것도 쉽지 않다. 이자부담이 늘어나면서 결국 원금을 갚는 일을 포기해야 하는 상황이 생길 가능성이 커진다. 이제부터 빚은 더 빠른 속도로 늘어나서 도저히 못 갚을 지경에 이를 수도 있다. 채무자의 신용등급은 이자를 한두 번 못 갚으면서 이미 강등되었다. 앞으로는 은행에서 돈을 빌리기가 불가능해진다. 직장이 있다면 직장에 나의 신용불량 사실이 알려지고 내 월급에서 아직 내가 못 갚은 이자부터 빼갈 것이다. 월급이 없다면 나의 얼마 안 되는 재산을 조사하고 그것들을 헐값에 빨리 팔아서 그 높은 이자부터 차례로 계산해서 챙겨갈 것이다. 앞으로 어떻게 살라고 이렇게도 모질게 하냐고 항변해도 별 소용이 없을 수 있다.

　그런 암울한 상황에 처해질 것으로 예상되면 미리 돈을 빌려준 금융회사에 찾아가서 솔직하게 사정을 이야기하고 대출기간이나 이자를 갚아야 하는 시기를 조정해 보거나 '신용회복위원회'라는 데에서 상담을 받아 보는 게 꼭 필요하다. 문제가 이미 심각한 상황이면 더 늦기 전에 법원에 회생이나 파산신청을 해서 괴로운 빚 독촉에서 벗어나는 것이 상책이다.

　금융시장은 돈을 빌려주고 이자를 받는 게 주된 기능인데 그 기능이 작동하는 데는 수면 위로 드러나지 않은 비용이 이처럼 크다는 사실을 주목할 필요가 있다. 신용등급이 낮아서 대출금리가 올라갈수록 암묵적 기회비용이 현실화될 가능성은 더 커진다. 그러므로 신용등급이 낮을수록 금융의 기본원리에 관해 반드시 알아 두어야 할 지식이 더 중요하게 다가온다. 나라에서 금융소비자를 위한 교육을 해야 하는 가장 현실적인 이유가 바로 여기에 있다고 생각한다. 돈이 넉넉하지 않은 사람들에게 가장 필요한 금융지식은 돈을 빌릴 때 부담해야 하는 실제적인 비용에 관한 것이다. 소비자는 알 권리와 배울 권리가 있다. 높은 산에서 내려와 물을 달라고 하며 목소리를 높이는 '신들의 말'에 홀리지 않고 내 우물과 분수를 지키려면 대출의 비용에 대해서 잘 알고 있어야 한다. 마을 사람들이 자기의 소중한 우물을 지키려는 노력을 나라에서 관심을 가지고 도와줘야 한다.

금융교육의 목적과 내용

21세기에 들어서면서 미국, 영국, 네덜란드 등 선진국과 월드뱅크, 국제통화기금, 유엔 등 국제기구를 중심으로 금융교육의 중요성이 더욱 강조되고 있다. 더구나 2008년 글로벌 금융위기를 경험하면서 금융서비스를 이용하는 일반 사람들이 금융의 위험성과 장점을 잘 이해하고 이것을 신중하게 이용해야 금융시장이 안정적으로 작동할 수 있다는 인식이 더 보편화되었다. 날로 복잡해지고 다양해지는 금융서비스를 이용하는 소비자의 권리와 이익을 보호하는 것이 금융산업의 지속적인 발전에 필수불가결한 요소라는 점이 강조되고 있다.

금융소비자를 보호하기 위한 다양한 정책과제들 가운데 소비자들이 자신의 필요에 맞게 금융서비스를 선택하여 이용하고 자신의 선택에 책임질 수 있도록 하기 위해서는 금융서비스의 기본적인 특징에 관한 교육이 필요하다는 점은 두말할 나위가 없다 하겠다. 하지만 생계비를 벌기 위해 거의 모든 시간과 정력을 들여야 하는 서민들은 자발적으로 많은 시간을 내어서 금융에 관해 공부할 수 있는 여유가 없다. 더구나 어려운 경제 여건 때문에 마음이 복잡한 가운데 금융서비스를 충동적으로 이용해서 더 어려운 처지에 처하게 될 위험성도 크다. 그러므로 서민들의 이러한 형편을 고려한 금융교육 프로그램을 만들어야 한다.

아직 본격적인 경제활동을 시작하지 않은 청소년들의 경우에는 상급학교 진학이나 취업준비에 몰두하다 보니 학교 교과과정 이외에 별도로 금융에 관한 공부를 할 시간을 내기가 쉽지 않을 것이다. 그런데 청소년들은 독립적인 경제주체로서 사회생활을 시작하는 순간부터 금융시장의 복잡한 용어와 광고 공세를 대해야 한다. 무엇보다도 청년들은 돈 쓸 곳에 비해서 돈을 벌 수 있는 능력이 아직 부족한 상황이기 때문에 신용카드나 대부업자 대출 등에 관한 광고를 접하면서 강한 유혹을 느낄 것이다. 높은 금리에 돈을 쉽게 빌려 쓰고 갚지 못해 신용불량자라는 낙인이 찍히면 정상적인 금융서비스를 이용할 수 있을 때까지 훨씬 더 먼 길을 가야 한다. 사회에 발을 내딛는 순간에 섣불리 한 결정으로 오랜 기간을 두고 후회를 하게 될 수 있다. 그러므로 청소년들이 성년이 되기 전에 대출의 기회비용에 관한 기초지식을 갖출 수 있도록 최소한 학교 교육과정에서도 그러한 내용을 가르쳐 줄 필요가 있다. 다른 교과목들과 마찬가지로 실생활에 도움이 되기 위해서는 가르치는 내용과 방법에 세밀한 주의를 기울여야 한다. 너무 많은 내용을 가르치려고 하면 학생들의 부담이 커지고 오히려 관심이 줄어들어 교육의 효과가 줄어들 우려가 있다. 그러므로 적절한 균형점을 찾아야 한다. 학생들이 부담을 느낄 정도로 많은 내용을 짧은 시간에 가르치고 나서는 시험을 보고 성적 순서를 매기는 방식은 적어도 우리에게 필요한 금융교육으로서는 바람직하지 않다. 생활에 꼭 필요한 글 읽기와 사칙연산을 가르치듯이 기본적이고 핵심적인 내용을 반복해서 재미있게 가르쳐 주는 교육방식이 되어야 하겠다.

금융교육은 금융시장에서 금융회사에 비해 약자인 금융소비자를 보호하기 위한 관점에서 이루어져야 한다. 다른 분야의 소비자 보호 운동이 경제적 약자에 주된 관심을 두어야 하는 것과 마찬가지로 금융교육의 우선적인 대상도 경제력이나 여유시간이 부족한 서민층과 청소년이어야 한다. 금융교육은 이런 계층의 사람들이 현재 또는 장래에 자신의 재산을 보호하면서 경제력을 확장해 갈 수 있도록 대출, 저축, 투자 등 금융시장에 공급되는 금융서비스의 특성을 올바로 이해하고, 특히 자기가 선택하는 금융행위의 기회비용을 잘 알면서 각자의 필요와 능력에 맞게 금융서비스를 이용할 수 있게 하는 데에 최우선의 무게를 두어야 한다. 이를 통해서 궁극적으로 금융소비자와 금융회사가 경제성장의 과실을 함께 누릴 수 있게 하는 데에 금융교육의 참된 가치가 있다고 본다.

여기서 주의할 점은, 청소년들이나 서민들은 금융에 관한 공부를 할 여유와 관심이 별로 없는 경우가 많고, 설령 관심이 있는 경우에도 배우는 내용을 제대로 이해하고 기억하는 경우는 더욱 드물기 때문에 금융교육에 대한 접근을 아주 신중하게 해야 한다.

금융시장의 규모는 날로 커져서 이미 포화상태에 이른 것처럼 보인다. 하지만 앞으로 금융상품이 어떻게 모습을 바꾸면서 새롭게 우리에게 다가올지는 미리 알기 어렵다. 어려울수록 기본으로 돌아갈 필요가 있다. 쿠키를 좋아하는 구기 씨(Mr. Cookie)의 재산 목록을 들여다보면서 가장 중요한 금융 지식의 영역을 찾아보자.

앞에서 살펴본 바와 같이 금융의 핵심영역은 쓰고 남은 여유자금이나 쓸 데에 비해서 모자라는 돈을 잘 관리하는 데 있다. 구기 씨의 재산목록 중에서 투자와 대출(표에선 강조된 항목)이 여기에 해당한다. 그 외의 항목들에 대해서도 간략히 살펴보자.

구기 씨 재산의 원천과 사용처

원천	사용처
① 근로 또는 사업소득 (income)	① 소비지출 (consumption)
차입 (borrowing)	**이자비용 (interest)**
이자수익 (return) + 기초재산	**저축 & 투자**
② 보험금, ③ 보조금 등	② 보험료, ③ 기부 등

먼저 볼 것은 앞에서 덧셈과 뺄셈과 관련해서 다룬 소득과 지출 항목(①)이다. 구기 씨가 직장이나 사업장에서 버는 돈의 크기와 자기가 번 돈의 범위 내에서 소비하는 돈의 양을 결정하는 데 있어서 금융이 직접적으로 미치는 영향은 별로 없다. 다만, 소득 중에 얼마를 남겨서 저축할 것인가의 문제는 저축과 투자의 문제로 넘어간다. 번 돈을 받아서 보관하고 소비 등에 필요한 결제(*payment*)를 안전하고 편리하게 하는 일이 금융서비스와 관련되어 있지만, 돈을 빌리고 이자를 주고받는 돈의 융통과는 거리가 있다. 따라서 금융의 핵심영역은 아니다. 월급이 은행계좌로 입금되고 학원비, 통신비, 카드사용료 등이 은행계좌에서 빠져나가지만 이러한 입출금을 위해 매번 은행직원과 상담을 하거나 인터넷뱅킹 화면을 앞에 두고 금융과 관련한 중요한 의사결정을 해야 하는 것은 아니다. 월급의 크기나 소비규모는 구기 씨의 주된 관심사이지만 금융이 영향을 미칠 수 있는 부분은 별로 없다. 소득과 소비는 금융보다는 실물경제와 훨씬 가깝다. 뺄셈과 덧셈은 금융에 문외한인 사람이라도 하고 있으며 계속해야 하는 우리 삶의 숙명이다. 뺄셈과 덧셈을 모를 것 같은 야생의 동

물들의 숙명도 마찬가지이다.

다음으로 보험〔*insurance* (②)〕을 생각해 보자. 과수원에 우박이 퍼부으면 그해 작황이 엉망이 된다. 집에 불이 나거나 홍수로 물이 차면? 자동차 사고를 일으키거나 사고를 당해서 차가 못 쓰게 되었거나 병원 신세를 져야 한다면? 이런 불의의 사고를 당한 경우를 대비해 미리 보험료를 납부하고 그런 사고를 당했을 때 적절하게 보상을 받을 수 있게 대비하는 것은 사실 모든 사람에게 필요하다. 어쩌면 이러한 보험은 가난한 사람들에게 더 필요하겠지만, 가난한 사람은 바로 눈앞에 닥치지 않은 일에 돈을 쓸 만큼 여유롭지가 않다.

순수한 의미의 보험은 미래의 재난에 대비하여 가입자들 간에 공동의 기금을 마련하고 실제로 사고가 발생한 사람에게 사고에 따른 어려움을 극복할 수 있도록 금전적 지원을 하는 것이므로 일정금액의 돈을 빌려주고 나중에 원금과 이자를 돌려받는 것을 의미하는 전형적인 금융행위와는 다소의 거리가 있다. 자동차 보험회사가 보험가입자들로부터 모은 돈을 굴리기 위한 금융투자행위는 금융시장에서 중요한 부분을 차지하지만, 자동차 보험회사와 보험가입자가 마주하는 상황은 금융의 핵심영역에서는 다소 떨어져 있다. 보험사고의 발생을 대출의 경우 채무불이행(*default*) 발생과 비슷하게 보고 분석할 수도 있지만, 우려했던 사고가 발생하지 않은 경우에 보험가입자가 되돌려 받을 것이 없게 되는 점은 보험이 대출이나 저축과 근본적으로 다른 점이다. 보험은 일반적으로 사고가 발생해서 보험금을 받는 경우보다 사고가 발생하지 않아 보험금을 받지 않는 경우가 선호되는 특성이 있다. 이와 같이 미래의 사고에 대비하기 위한 상호부조 성격의 보험을 '보장성

보험'이라 한다.

반면 퇴직 후 노년의 소득을 미리 준비하기 위해 가입하는 연금 (pension) 등과 같은 성격을 가지는 '저축성 보험'은 저축상품과 유사하므로 앞의 분류에 따른 '저축 & 투자'의 개념에 포함하여 기초 금융교육의 대상에 포함시킬 필요가 있다.

마지막으로 구기 씨가 정부 보조금을 받거나 자선단체에 기부금을 내는 활동(③)도 본격적인 금융의 영역은 아니다. 금융은 미래의 현금흐름과 현재의 현금흐름이 반대방향으로 흘러야 하는데 기부나 보조금은 현재의 일방적 흐름밖에 없다. 기부에 따른 소득공제도 세금이라는 지출을 줄이는 효과가 있지만 엄밀한 의미에서 금융의 영역이 아니다.

금융교육의 주된 영역은 대출과 저축(투자)이다. 이 중에서도 앞에서 보았듯이 암묵적인 기회비용을 알기가 어려운 분야인 대출에 관한 교육이 더 중요시되어야 한다. 무언가에 대한 지식을 가져야 하는 이유는 그것의 장점을 적극적으로 이용하기 위해서이기도 하지만 그것의 부정적인 면을 알아서 지나치게 그것에 의존하는 실수를 범하지 않기 위한 점도 있다.

아울러 구기 씨가 도난이나 사기 등으로부터 자기 재산을 안전하게 지킬 수 있도록 각종 금융사기의 유형과 대응방법에 대해서도 지속적으로 알려야 한다. 소중한 재산을 억울하게 잃어버리는 일이 발생하지 않도록 금융사기를 적발해서 엄벌하는 일은 정부가 절대로 소홀히 할 수 없는 기본적인 책무이다.

소비자와 금융회사 간의 이해상충

금융의 본류인 대출과 저축(투자)의 거래상대는 금융회사다. 금융회사의 주된 영업이익은 대출금에 부과되는 이자와 투자상품 등을 판매하면서 챙기는 수수료이다. 이 중에서 일반적으로 서민들과 사회새내기들이 가장 쉽게 접하는 것이 대출이다.

한국신용정보원에서 2015년 6월 현재 우리나라 금융회사로부터 받은 대출을 보유하고 있는 전체 약 1,800만 명의 거래행태를 분석한 바에 따르면, 청년층(19세~35세)의 경우 연령 증가에 따라 대출보유율과 대출잔액이 증가하였는데, 35세는 대출보유율이 55%, 평균 대출액이 6,780만 원이었다. 중장년층(36~60세)의 경우 대출보유율과 대출잔액이 계속 높은 수준을 유지하였는데, 대출보유율은 54%로 1인당 평균 8,000만 원 이상의 대출을 보유하고 있었다. 노년층은 연령 증가에 따라 대출보유율이 감소하여 85세 이상은 6% 정도였고 대출잔액은 83세의 경우 1인당 약 6,300여만 원이었고, 연체율은 65세 이후 추세적으로 증가하였다.

은행은 주된 수입원인 대출의 재원을 마련하기 위해 가급적 많은 수의 사람들로부터 낮은 이자율에 예금을 받기 위해 노력한다. 은행원의 업무성과는 일차적으로 대출 집행액의 규모에 달려 있고, 다음으로 그 대출이 부실화되지 않고 원금과 이자를 예정대로 발생시키는 것이 중요하다.

또한 은행과 증권회사는 투자상품을 판매한다. 투자자들에게 투자상품을 홍보하고 판매하고 계좌관리를 해주면서 수수료를 받는 영업이다. 투자상품의 경우에는 대출상품과 달리 수익률(이자율)이 투자시점에 확정되지 않고 미래의 주식 가치 등에 따라 변동하며 그 가치변동의 위험을 투자자가 부담하는 경우가 많으므로 증권회사나 은행의 입장에서는 가급적 수수료가 많은 투자상품을 개발하여 판매하려는 유인이 항상 있다.

예금자의 입장에서는 가능한 한 높은 이자율에 예금이나 저축을 하고, 돈을 빌리는 차입자는 낮은 이자율에 대출을 받고 싶어 한다. 투자상품의 소비자도 높은 수익을 낼 가능성이 크면서도 손실위험이 낮고 수수료가 적은 상품을 선호한다. 이와 같이 대출과 저축, 투자에서 금융회사의 기본적인 유인구조는 고객과 상충된다.

따라서 이자율과 수수료율, 대출의 기회비용과 투자상품의 손실가능성이 금융소비자들이 가장 정확하게 알아야 하는 지식이지만, 금융회사 입장에서는 이런 부분을 고객에게 정확히 알려줄수록 대출이나 투자상품을 판매하는 일이 번거로워지고 더 많은 시간이 걸리므로 그러한 정보를 정확하게 밝히고 고객에게 확실하게 전달하려는 노력을 강화할 유인이 기본적으로 크지 않다. 그래서 개별 금융상품의 특징에 대한 정보를 공개하고 설명하도록 강제하는 규제가 시행되고 있지만, 이러한 규제가 소기의 목적을 달성하기 위해서는 공급되는 정보의 내용이 정확하고 명료해야 하고, 정보수요자가 그 정보를 이해할 수 있는 인지수준을 가지고 있어야 하는 전제조건이 충족되어야 한다.

이러한 전제조건을 어떻게 충족시킬 수 있을까? 대출이나 투자와 관련한 개개인의 의사결정은 가베 씨가 커피를 고르는 일과는 차원이

다르다. 거액의 자금이 연관되는 경우가 많고 일생에 걸쳐 자주 발생하는 일이 아니다. 효용 대비 비용을 계산하는 것도 만만한 일이 아니다. 대출을 이용하는 소비자의 경우 지금 당장 필요한 돈을 사용하는 효용이 크지만 그에 수반하여 부담해야 하는 비용을 정확히 가늠하기가 어렵다. 소득이 안정적이지 않은 사람에게는 자기의 미래소득을 잘못 예측해서 대출을 받은 후에 원금과 이자를 제때 갚지 못할 경우 당하게 될 어려움의 크기를 과소평가할 가능성이 항상 열려 있다. 긍정적인 사고방식이 '부자아빠'가 되는 데 필요한 요소이기는 하겠지만, 남의 돈을 빌려 쓰려는 사람은 그 결정을 하기 전에 빌린 돈을 제때 갚지 못했을 경우 당하게 될 불이익이 어떤 것인지에 대해서 잘 알고 있어야 한다.

한편 돈을 남에게 빌려주거나 투자하는 경우에도 미래에 그 돈을 돌려받지 못할 위험성을 꼭 염두에 두어야 한다. 금융회사에 소속된 판매원이나 소규모 투자자문회사 '부티크'에서 일하는 이른바 '전문가'의 그럴듯한 말을 그대로 믿고 노후생활 자금을 고위험 투자상품과 바꾸었다가 큰 손실을 입고 나서 여생을 후회와 자책으로 보내야 하는 사례들도 많이 발생하였다. 이러한 달콤한 유혹의 손짓은 인류 역사가 지속되는 한 앞으로도 계속될 것이다.

조금이라도 더 많은 수익을 낼 수 있는 방법으로 투자(저축)하고 싶고, 조금이라도 더 낮은 금리로 돈을 빌리고 싶은 것이 인지상정이다. 하지만 거래상대편인 금융회사는 가급적 낮은 이자를 대가로 돈을 모으고 높은 이자율에 돈을 빌려주어야 다른 금융회사와의 경쟁에서 살아남을 수 있다. 수요공급곡선에 있는 이편의 생각과 저편의 마음은 누가 누구를 먼저 탓하기가 어렵다.

누구의 잘못도 아니지만, 2017년 추석처럼 긴 연휴를 보낸 후에 은행과 대출자가 느끼는 심정도 정반대이다. 은행은 휴일동안 전기료 등의 관리비용을 쓰지 않았고 고객들과 실랑이를 벌이는 수고로움도 없었는데, 휴일이 끝나고 와 보니 번 돈이 많이 늘어나 있다. 예금이자와 대출이자의 차이가 고스란히 차곡차곡 쌓여 있다. 반대로, 은행에서 돈을 빌려 가게를 운영하는 사람은 그 기간 동안 돈 벌 기회도 별로 없었는데, 가게를 열어 돈을 벌던 평상시와 마찬가지로 긴 휴일 기간에도 이자가 쌓여만 갔다.

금융계약을 하면서 기대하거나 예상했던 대로 되지 않았을 때 발생할 좋지 않은 일들에 대해서 큰 관심을 가지거나 강조해서 밝히기 싫은 것 또한 인지상정이다. 그러나 금융소비자와 금융회사가 맞닥뜨리는 투자와 대출 계약의 현장에는 소비자에게 일방적으로 불리하지만 눈에 잘 띄지 않는 점이 있다. 투자나 저축을 하는 경우에는 원금이 깎일 위험이, 대출의 경우에는 이자와 원금을 제때 못 갚게 되었을 때 겪게 되는 어려움이 도사리고 있는데, 그 위험과 어려움이 실제로 발생했을 때 미치는 영향은 소비자에게 훨씬 크게 나타난다. 소비자 개개인의 재산에 비해서 금융회사 재산의 규모가 훨씬 크기 때문이다.

금융회사 입장에서는 개인과의 개별 거래에서 얻게 되는 수입이 전체 영업규모에 비해 그리 크지 않다. 은행이 어느 한 사람의 대출 원금과 이자를 받지 못하게 되더라도 많은 경우 담보물을 처분해서 원리금의 상당부분을 회수할 수 있을 뿐만 아니라, 담보가 부족하거나 없는 경우에도 전체 영업이익의 아주 작은 일부분만을 차지하는 손실금으로 처리하면 된다.

반면 대출금을 제때 갚지 못한 개인은 기존 빚에 더해진 가산금리(penalty)까지 지불하기 위해 원래 생각했던 것보다 훨씬 더 힘든 생활을 감당해야 한다. 또한 '신용불량자'라는 낙인을 받아 오랜 기간 동안 금융서비스를 정상적으로 이용하지 못하고 사회의 낙오자로 마음을 움츠리고 생활할 수도 있다. 투자상품의 경우에도 금융회사가 투자상품을 팔아 얻는 이익은 투자자가 맡긴 금액의 1% 내외의 수수료 정도이지만 투자결과가 기대와 달라져 노후 생활자금을 잃게 된 투자자는 여생을 절망 가운데 살아야 할지도 모른다.

이와 같이 개별 대출과 투자 의사결정에 따른 기회비용이 금융회사에는 일상 업무의 작은 부분을 차지하는 반면 개인에게는 매우 큰 잠재적 비용이기 때문에 금융소비자가 금융회사를 상대로 중요한 금융계약을 할 때에는 그 피할 수 없는 이해상충관계에 대해 각별히 유념할 필요가 있다. 마찬가지로 일반 서민들과 청소년들을 위한 금융교육을 추진함에 있어서도 금융회사의 자원과 협조를 이용할 때에는 금융교육을 위해 마련된 장소가 금융회사의 대출이나 투자상품을 홍보하는 기회로 활용되지 않도록 주의해야 한다. 우리는 모두 자연스러운 상태에서는 인지상정에 따라 움직이기 때문이다.

"경제적 독립이 정신적 독립에 우선한다"라는 말이 맞다면, 합리적이고 건전한 금융의사결정을 통해 경제적으로 자립한 사람들이 많을수록 정신적으로도 독립한 사람들이 많아져서 그 사회의 문화와 정치가 더 높은 수준으로 발전할 수 있을 것이다. 금융교육의 원대한 목표는 경제적 약자와 청소년들을 경제적으로 독립한 자유시민으로

길러 내는 것이다. 금융위기를 겪으면서 전 세계적인 유행어가 된 '포용적 금융'(*financial inclusion*)은 경제적으로 어려운 사람들이 금융 서비스를 잘 이용해서 경제적인 면에서 함께 성장해 가도록 돕는 것을 의미한다. 우리나라에서도 서민금융과 금융소비자 보호 정책으로 구현되고 있다.

금융회사와 소비자가 맞닥뜨리는 현장은 불가피하게 서로 이해가 상충하기 때문에 참된 포용을 위해서는 포용의 대상에 대한 이해와 양보와 희생이 필요하다. 우리 사회에 필요한 금융교육도 그런 시각에서 추진되어야 한다. 다른 관점에서 이루어지는 금융교육은 불필요하거나, 우리 삶의 더 큰 부분처럼 결국은 배타적이 되기 쉽다.

금융교육을 하기 전에 생각해 볼 것들

1. 신용절벽, 비 올 때 우산 뺏기, 경기순응성, 신용회복 등 모르면 위험한 금융 지식은 한 가지 공통점이 있다. 돈 빌리는 것을 쉽게 여기지 말라.

2. 금융교육은 장차 채무자가 될 가능성이 크고 금융공부를 할 여유가 부족한 청소년과 저소득층을 상대로 대출과 저축에 관하여 우선적으로 이루어질 필요가 있다.

3. 금융의 주된 영역인 대출과 투자에서 소비자와 금융회사의 이해는 기본적으로 상충되는 관계에 있으므로 소비자가 금융회사를 상대할 때 각별한 주의가 필요하다.

촛불의 바람이 뜨거웠던 2017년을 뒤로 하고 새해를 맞았다. 이 책을 발간하고자 했던 내 꿈도 벌써 여러 해를 지났다. 이번 겨울은 비트코인(Bitcoin), 이더리움(Etherium), 리플(Ripple) 등 매혹적인 이름을 단 이른바 '암호화폐'나 '가상통화'의 광풍이 뜨겁게 휘몰아쳤다. '돈'인지 아닌지 논란이 되는 희한한 물건이 사람들 사이에서 단연 제일의 이야깃거리가 되었다. 미래의 가치가 지금의 수십 배 이상으로 커질 것이라는 주장이 있는 반면, 비트코인으로 대표되는 대다수 암호화폐들의 가치는 결국 영(0)으로 떨어질 것이라는 정반대의 주장이 날카롭게 대립하고 있다.

필자가 개인적으로 생각하기에는, 현재 유통되고 있는 대부분의 암호화폐의 가치에는 지나치게 많은 거품이 끼어 있는 것 같다. 필자의 신념으로는, 미래는 알 수 없는 것이다. 그래서 현재의 사건들에 일희일비하지 않겠다는 의지를 되새기며 살아가려고 한다. 암호화

폐의 성패는 미래의 신기술과 밀접하게 결부되어 있다고 하니, 미래
는 알 수 없는 것이라는 평소 신조에 따르면 그냥 사태의 진행을 지
켜볼 일이다. 그런데 돈(화폐)이 무엇인지에 대한 책을 내는 마당에
많은 사람들이 그 실체와 미래 가치를 궁금해 하는 암호화폐에 대해
아무런 언급을 하지 않는 것은 아무래도 비겁하다고 생각한다. 미래
는 정확히 알 수 없는 것이기 때문에 지금 생각을 밝히는 것을 미래
에 후회할지도 모르겠다. 아니다. 필자는 미래의 암호화폐에 대해서
라기보다는 현재의 그것에 대한 개인적인 생각을 간략하게 소개하고
자 한다. 다시 밝히거니와, 필자가 다니는 직장이나 다른 어느 기관
의 입장과 얼마든지 다를 수 있는, 전적으로 개인적인 견해이다.

비트코인, 이더리움 등은 블록체인(block-chain)이라는 혁명적인
기술을 이용하는 미래의 화폐로 일부에서 칭송받고 있다. 여기서 블
록(block)은 어떤 네트워크를 이루는 구성원들 사이에서 일정한 시간
동안 이루어진 거래정보를 묶어 놓은 것이고, 그런 거래정보의 묶음
들을 연결해 놓아 체인(chain)이라고 한다. 거래정보가 중앙 서버에
집적되지 않고 참여자들 간에 공유되므로 '탈중앙집권 분산네트워크
장부 공유 기술'이라고 말할 수 있다. 거래를 연결하고 확인해주는
역할을 하는 중앙센터가 없으므로 거래당사자들이 공개키와 암호키
를 이용해 거래의 진실성을 확인하는 암호화 과정이 필요하다. 암호
화된 거래정보는 구성원 간에 공유되는 블록에 저장되기 때문에
위·변조나 해킹을 성공하기가 거의 불가능하다고 한다. 블록체인
기술을 이용한 '화폐'의 종류는 이미 천 개를 넘어섰다. 이것들을 통
틀어서 '블록체인코인'이라고 부를 수도 있겠다.

'블록체인코인'은 결국 어디에 쓰는 물건일까?

블록체인코인은 전자파일로 표시되는 무엇이다. 유형(有形)이냐 무형이냐 물어보면 무형(無形)의 물건이라 하겠다. 지면이나 스크린에 등장하는 세련된 모습으로 그려진 동전 모양의 그림은 허상(虛像)일 뿐이다. 실제 만질 수 있는 블록체인 동전은 없다. 보기 좋고, 만지고 싶고, 꾸미고 싶은 금(gold)과 직접 비교하기는 어렵다. 그 전자파일은 어떤 쓸모가 있을까? 그것을 돈처럼 받아 주는 가게가 있다면 물건을 살 수 있으므로 그만큼의 가치가 있다. 블록체인코인의 최종적인 쓸모는 **결국** 물건을 사는 구매력 외에는 찾기가 어려울 것 같다.

일본에서는 법률(자금결제법)을 개정해서 블록체인코인을 물건과 서비스를 사고팔 때 이용할 수 있는 결제도구로 인정해 주었다고 한다. 우리나라에는 일본의 자금결제법과 같은 법률이 없으므로 제도적으로 허용하는 절차가 불필요하다. 그래서 이미 우리나라에는 물건 값으로 비트코인을 받아주는 가맹점이 있다. 그런데 문제는 가맹점 수가 너무 적어서 블록체인코인의 실제 쓸모는 아직 아주 미미하다.

필자가 비트코인 가맹점 주인이라면 어떨까? 손님이 비트코인으로 결제하겠고 하면 많이 고민할 것 같다. 비트코인으로 물건 값을 받은 후 얼마나 오랜 동안 가지고 있어도 되는지, 비트코인 가치의 변동성이 커서 물건 값을 얼마나 더 비싸게 불러도 되는지, 물가상승을 상쇄할 만큼 비트코인을 안정적으로 저축할 방법이 있는지, 아니면 바로 취급업소(소위 '거래소')에서 한국 돈이나 미국 달러로 바꿔야 하는지 등 불편한 점이 많을 것 같다. 이유는 간단하다. 비트코인이 우리 사회에서 보편적으로 인정해 주는 '돈'이 아니기 때문이다.

블록체인코인은 '돈'으로서 사회적으로 수용될 수 있는가?

블록체인은 개방형과 폐쇄형으로 나눌 수 있다. 개방형은 모든 사람이 이용할 수 있는 것이고, 폐쇄형은 특정한 그룹 내에서 허락을 받은 사람들만 이용할 수 있다. 요즘 투자광풍을 불러일으키고 있는 블록체인코인은 대부분 개방형 블록체인을 기반으로 한다. 개방형 블록체인에서 생기는 코인은 블록이 새로 만들어지고 네트워크가 유지되는 데 필요한 유인장치(incentives)로 기능하기 때문에 블록체인 기술의 발전에 필요한 요소라고 한다. 그래서 정부가 블록체인코인의 거래를 규제하려 하니 기술의 발전을 가로막는다고 비판한다.

하지만 현재와 같은 투자광풍은 아무래도 이상해 보인다. 코인의 가치가 결국 구매력으로 결정된다면, 그 구매력을 누가 결정해 줄 수 있을까? 시장에 맡겨두라고? 정작 그 코인으로 살 수 있는 물건이 별로 없는 마당에 구매력이라는 말이 허망하게 들릴 뿐이다. 시간이 지나면 가맹점이 늘어나고 사회에서 수용도가 높아질 것이라고 생각할 수도 있다. 탈중앙집권 기술혁명을 주창하는 사람들 사이에서 가맹점이 늘어날 여지가 없지는 않다. 그러나 한계가 있을 것이다. 지금 나와 있는 블록체인코인을 마음 편하게 보유할 수 있는 사람의 수가 어떤 이유에서든 제한적이라면, 그 한정된 네트워크 내에서 부분적으로 화폐와 비슷하게 사용되는 정도일 것으로 예상된다.

블록체인코인의 가치가 과연 언제라도 안정적으로 유지될 수 있을까? 비트코인의 가치가 한동안 1천만 원으로 고정되어 있다고 가정해 보자. 얼마나 많은 사람들이 1천만 원을 돈으로 받는 대신에 비트코인을 받으려 할까? 송금의 편리성 때문에 송금하는 데 필요한 짧은 시간동안 비트코인을 이용할 수는 있겠지만, 자기 재산을 저장하는 수단으로 비트코인을 가지고 있으려는 사람들이 얼마나 많을지 짐작하기 어렵다. 그 가치가 떨어져도 하소연할 데가 없기 때문에 불안감이 가시지 않을 것이다. 이런 생각을 하는 사람들이 많아지면 가치가 잠시 안정적으로 유지되다가도 언제든지 다시 떨어질 수 있다. 이런 이유로 인해서 비트코인의 가치는 결국 안정적으로 유지되지 못할 수 있다. 안정적으로 유지되려는 순간 곧 떨어질 이유가 생긴다면 결국 안정적인 가격은 이룰 수 없는 꿈일지도 모른다. 어쩌면 가치가 안정적으로 유지되는 것을 바라는 사람이 그리 많지 않을 수도 있다.

지금 거래되고 있는 개방형 블록체인코인의 또 다른 문제점은 코인의 초기 분배가 공평하지 않다는 점이다. 누가 얼마나 가지고 있는지 정확히 알지 못하는 경우도 많다. 사실인지 확인하기 어렵지만, 비트코인의 경우 약 1천 명이 40%를 가지고 있다는 풍문이 있다. 세계적인 경제전문지인 〈포브스〉가 2018년 1월에 발표한 바에 따르면, 리플의 창업자인 크리스 라센이 약 8조 7천억 원 가치의 코인을 가지고 있다고 한다. 최근 〈뉴욕타임스〉에서도 지적하기를, 민주적이고 공평한 부의 분배를 기치로 내건 것과는 달리 코인을 만든 사람과 초기 투자자들이 가장 많은 부를 차지하고 있다고 비판적으로 언급하였다. 현재 유명해진 블록체인코인들이 사회적으로 통용될 수 있는 화폐로 받아들여지기 어려운 이유들 중에 중요한 부분이다.

생각건대, 이러한 문제를 해결하기 위해서 어느 국가나 중앙은행이 나서서 블록체인 기술을 이용한 새로운 화폐를 만들고 그 나라의 개개인들이 현재 가지고 있는 돈만큼의 새로운 화폐를 나눠주는 것이 기술적으로 가능해 보인다. 하지만 국가 또는 중앙은행이 만든 새로운 블록체인화폐는 지금 열광적으로 거래되는 블록체인코인과는 기본 철학과 탄생배경이 다르므로 비교대상이 될 수 없다.

폐쇄형 블록체인은 어떤 기업이나 조직으로부터 사전에 허락을 받은 사람들 사이에서 이용되는 기술이다. 물건의 이력이나 품질을 정확하게 관리하거나 거래정보의 흐름을 안전하고 투명하게 관리하는 시스템으로 이미 구현되고 있다. 가령, 다이아몬드 세공업이 발전한 네덜란드에서는 가짜 다이아몬드에 대한 사람들의 우려를 없앰으로써 다이아몬드에 대한 투자를 확대시키기 위해 블록체인기술을 이용해 다이아몬드 거래방식을 바꾸려는 시도가 진행되고 있다.

서울시 노원구에서는 블록체인기술을 활용해 '노원'(NW)이라는 가상통화를 만들었다. 노원은 돈이 필요없다는 'NO-WON'을 의미한다고 한다. 미리 정해진 곳에서 자원봉사나 재능기부 등을 하면 일정액의 노원(NW)을 지급받는데, 개개인의 전자지갑에 적립된 노원으로 지정 가맹점에서 물건 값의 일부(예: 10%)를 결제할 수 있고 개인 간 주고받기도 가능하다. 비트코인과의 큰 차이는 1NW의 가치가 1원으로 고정되어 있다는 점이다. 앞으로 노원처럼 상품권과 유사한 형태의 가상통화가 많이 생겨날 것으로 예상된다. 하지만 상품권은 그 자체의 힘으로 돈을 대체할 수는 없다. 그 사회에서 통용되는 '돈'의 가치를 일시적으로 제한된 범위에서 나타내는 증표일 뿐이다.

제6장에서 돈의 기능을 살펴보며 **계산단위**(*unit of account*) 로서의 기능이 아주 중요하다고 하였다. 한국에서는 '원'(WON) 이 계산단위이다. 현재 나와 있는 블록체인코인이 한국 사회에서 '원'을 대체할 만큼 사회적 수용성이 생길 수 있을까? 계산단위를 '원' 대신 다른 것으로 바꿀 만한 사회적 공감대가 만들어지기는 어려울 것 같다. 초기 분배에 대한 공정성 시비가 있다면 이것 또한 사회적 수용성을 저해하는 요인이 될 수 있다. 어떤 블록체인코인 하나의 가격이 몇 원의 가치를 가진다고 말할 수는 있겠지만, '비트코인' 같은 새로운 계산단위가 '원'을 대체하여 한국 사회에 광범위하게 받아들여지는 것은 현재로서는 상상하기 어렵다. 이미 일부 국가에서 시도하고 있듯이 국가 또는 중앙은행이 나서 새로운 이름의 블록체인화폐를 만들고 그 블록체인화폐 1단위와 그 나라 법정화폐의 교환 비율을 정해주고, 그 화폐로 세금을 납부할 수 있다고 법으로 정한다면 몰라도 말이다.

옛날 네덜란드에서 튤립의 가격은 왜 그렇게 올랐을까?

17세기에 네덜란드를 대표하는 화가들 중에는 페르메이르(Johannes Vermeer, 1632~1675) 가 있었다. 그는 네덜란드에서 가장 아름다운 도시[1]로 불렸고, 맥주와 모직물, 그리고 도자기로 유명했던 델프트

---

[1] 필자는 2007년부터 2009년 2년간 네덜란드 로테르담에 살았는데, 가장 아름다운 도시가 어디냐고 물어본다면 델프트를 꼽을 것이다. 로테르담과 델프트는 기차로 5분 거리이다. 델프트 외에도, 하를럼(Haarlem), 레이던(Leiden), 위트레흐트(Utrecht), 하우다(Gouda) 등 아름다운 도시들이 참 많다.

(Delft)에서 태어났다. 그가 그린 〈진주 귀걸이를 한 소녀〉(푸른 터
번을 두른 소녀)는 헤이그(The Hague)의 마우리츠하위스 미술관
(Mauritshuis)이 소장하고 있다. 미술관의 설명에 따르면 이 작품은
이제 너무 유명해져서 '더치 모나리자'로 불린다고 한다. 미술관은
페르메이르가 그리 길지 않은 일생을 보낸 델프트의 강 건너편에서
시내를 조망하며 그린, 프루스트가 소설 〈잃어버린 시간을 찾아
서〉에서 극찬한 〈델프트 풍경〉도 소장하고 있다. 마우리츠하위스는
네덜란드의 국회의사당, 총리부, 외무부 등 주요 중앙관청이 모여
있는 빈넨호프(Binnenhof, 영어로 풀면 *inner garden*) 안에 있는 왕립
미술관이다. 헤이그 중앙역에서 도보로 10여 분 거리에 있고, 이준
열사 기념관과의 거리도 엇비슷하다. 터번(*turban*)을 머리에 두르고
있는 그 소녀의 모습에는 17세기 중반 북해 연안의 네덜란드와 흑해
연안의 터키 사이에 활발한 교류가 있었음을 짐작해 볼 수 있는 분위
기가 배어 있다.

튤립은 원래 산이 높고 골이 깊은 히말라야 서쪽에서 자랐고, 아직
도 야생 튤립의 40퍼센트 가량이 그 지역에서 자란다고 한다. 그런
데 오늘날 세계에서 가장 많은 튤립을 생산하는 곳은 평평하고 낮은
땅, 네덜란드이다. 우리에게 익숙한 모습의 튤립은 12세기부터 터키
에서 재배되었고, 네덜란드에는 1594년 레이덴대학교 식물원으로
처음 들어왔다고 한다. 그 꽃의 이름은 터키인들이 머리에 두르는 터
번과 닮았다고 해서 '튤리판'(*tulipan*)이라고 지어졌다고 한다.

당시는 네덜란드의 황금시대였다. 그 즈음 세계 최초의 증권거래
소가 암스테르담에 설립되었고, 초기 자본주의 신흥세력(*bourgeois*)

계층 사람들 집의 정원은 아름다운 튤립으로 장식되기 시작했다. 날로 더 많은 돈을 벌게 된 사람들의 과시욕과 탐욕에 힘입어 희소하고 매혹적인 튤립 가격은 계속해서 올라갔다. 시장의 수요가 많아질수록 새로운 품종이 만들어졌고 한때는 무려 350여 종의 튤립이 거래될 때도 있었다. 가격이 계속 오르는 것을 보고 더 많은 사람들이 몰려들면서 튤립은 이제 아름다운 꽃이라기보다는 일확천금을 가져다줄 것 같은 투자대상일 뿐이었다. 꽃으로서의 매력보다는 흥정꾼들의 선전 때문에 튤립 가격은 더욱 더 올라갔다.

어느 돈 많은 선주가 딸에게 암스테르담에서 가공한 다이아몬드 대신에 값나가는 튤립 구근을 결혼선물로 주기로 결심하고, 델프트 블루(Delft Blue)로 불리는 도자기 접시 위에 튤립 구근을 올려놓았다. 그런데 결혼식 하객 중에 어떤 항해사가 결혼식 음식으로 나온 북해산 청어(헤링, *herring*)를 먹고서는 입안에 감도는 비린내도 없앨 겸해서 그 접시 위에 놓인 튤립 구근을 양파인 줄 알고 껍질을 까서 먹어버렸다. 그 소식을 듣게 된 사람들은 그토록 값비싼 튤립의 정체가 과연 무엇일까에 대하여 다시금 곰곰이 생각하게 되었다.

어느 날, 튤립시장에 새로운 정보가 들어 왔다. 시장에 공급되고 있는 고급품종 튤립의 수확량이 앞으로 얼마든지 늘어날 만큼 충분하다는 소문이 돌았다. 사람들은 자기가 가지고 있는 튤립의 가치를 다시 생각해 보았다. 내가 이것을 언제까지 가지고 있어야 할까? 도대체 이 튤립 구근이 자전거 100대나 청어 2천 마리, 또는 양파 5천 개의 가치가 있는 것일까? 사람들이 튤립의 가치를 되묻기 시작하면서 튤립 가격은 떨어지기 시작했다. 너도 나도 자기가 가진 튤립을

네덜란드 쾨켄호프(Keukenhof) 공원의 튤립 꽃 길(2008.4.)

팔려고만 하니 시장에서 거래되는 가격은 바닥을 모를 정도로 떨어졌다. 급기야 양파 5개 정도의 가격에서 낙하를 멈추었다. 얀 브뤼겔(Jan Breughel)이 1640년경에 그린 〈튤립 광풍 풍자〉(Allegory on Tulipmania)라는 그림에는 당시 튤립 때문에 발생했던 '웃픈' 이야기들이 여기저기에 세밀하게 그려져 있다.

오늘날 네덜란드는 세계에서 튤립을 가장 많이 수출하는 나라이다. 튤립 한 송이의 가격은 1달러 이하에서부터 수십 달러에 이르기까지 다양하지만, 그 옛날 한때 집 한 채의 가격만큼이나 높았던 튤립 가격은 '믿거나 말거나'의 역사가 되었다.

'아날로그'와 '사랑'

필자가 처음에 이 책 제목으로 생각했던 것은 '돈 아날로그'이었다. 돈의 다양한 쓰임새를 아이들이 수학 수업시간에 배우는 사칙연산에 '비유'해서 설명하기 때문이다. 인터넷뱅킹, 신용카드, 무통장 송금 등 요즘의 돈은 훨씬 많은 부분에서 디지털 형태로 거래되고 있지만, 돈의 기본적인 속성은 아날로그에 터를 잡고 있다.

아날로그(*analogue*)란 여러 가지 의미를 붙여서 사용할 수 있는 말이지만, 가장 근원적인 점에서는 '비유'를 의미한다. 바다가 숨을 쉬며 만들어 내는 파도를 아이가 구불구불한 선으로 도화지에 그대로 옮겨 그리는 것이 아날로그의 본래 의미이다. 그대로 그리니까 비슷하고, 그래서 비유이고 아날로그이다.

아이의 눈높이에서, 돈이 우리 주변을 흘러 다니며 만들어 내는 여러 가지 모양의 이야기들 가운데 핵심적인 부분들을 찾아서 그대로 종이에 옮겨 보려고 하였다. 물결치는 파도처럼 돈의 모양과 색깔도 각양각색이지만, 빨강색(지출), 검은색(수입), 흰색(투자), 그리고 고동색(대출) 2의 네 가지 색 크레파스를 가지고 돈이 만드는 파도를 그려 보았다. 아날로그의 원래 의미가 파도[浪]에서 비롯되었으므로 '돈 아날로그'는 '돈 사랑'(四浪) 이다. 돈을 사랑한다면, 돈을 더 잘 이해할 수 있을 것 같다.

---

2 빨강색은 적자(赤子), 검은색은 흑자(黑子), 흰색은 구르는 눈뭉치를 생각해서 골랐다. 나눗셈은 빨강색(지출)과 회색(불확실한 미래수입)을 합한다는 뜻에서 고동색으로 표시해 볼 수 있다.

TGIF

사칙연산만큼은 자신 있다고 하는 아이들에게 기회가 닿는 대로 책 내용을 말해 주었다. 읽어보라 하고 어려운 부분이 있으면 말해 달라고 했지만, 아이들은 내가 생각하는 것보다 훨씬 더 자기 일에 바빴다. 아내는 필자가 이 책에 앞서 먼저 쓸려고 했던 책에 대한 생각을 자연스럽게 접게 했다. 책 내용에 대한 설명을 관심 있게 듣고 나서는, 돈에 대해 알기 위해서 왜 뉴턴의 운동방정식을 알아야 하는지 독자들을 설득하기가 어렵지 않겠냐고 말했다. 아차, 하는 순간 (*epiphany*)이었다. 그 때 미안했었기 때문인지 이 책에 대해서는 좋은 말을 많이 해 주었다. 나름대로 긴 시간의 작업을 끝내면서 돌이켜 생각해보면, 바쁜 아이들의 흘려들음과 아내의 충고와 칭찬이 모두 나를 단련하고 자극을 주고 격려해 주는 역할을 하였다. 접었던 내 꿈은 언제라도 다시 살아나서 사막의 땡볕과 추위를 견뎌내고 다시 오아시스를 만나게 될지 모르겠다. 낙타에게 길을 물어보아야겠다.

처음으로 책을 내는 일은 가슴 벅찬 일이었다.

Thank God, it´s finished!

Thank God, it´s fantastic!

왜곡된 스튜어드십 코드와 국민연금의 진로

신장섭(싱가포르 국립대) 지음

기관투자자 행동주의에 경도된 국민연금이 초래할 위기!
정부 주도의 '연금사회주의'를 비판한다

한국의 스튜어드십 코드는 폐기되어야 한다! 스튜어드십 코드란 기관투자자가 고객을 위하여 투자 대상 기업과 긴밀히 상호작용할 책임을 뜻한다. 그러나 우리나라에서는 기업에 대한 정부의 압력을 강화하는 도구로 변질되고 말았다. 저자는 해외에서 스튜어드십 코드가 왜곡되며 일으킨 재앙적 역사를 검토한다. 이 연구서는 늘 논란의 대상이 되는 연금제도의 기금운용을 이해할 토대를 마련할 것이다.

신국판 I 308면 I 20,000원

경제민주화 … 일그러진 시대의 화두

신장섭(싱가포르 국립대)

위기의 한국경제, 돌파구는 어디인가?
경제민주화의 진실과 한국경제의 돌파구

저자는 미국 경제민주화의 실패 사례를 상세하게 소개한 뒤 한국 경제민주화의 시작과 현재의 실패까지 적나라하게 파헤쳤다. 경제민주화를 고집하는 이에게 객관적 자료와 논리적 근거를 바탕으로 따끔한 일침을 가한다. 이 책은 실패한 '경제민주화'라는 비생산적 논의에서 벗어나 한국경제의 성장·고용·분배의 문제를 어떻게 개선할 것인지에 대한 실질적이고 건설적인 논의의 장(場)을 열 것이다.

신국판 I 262면 I 20,000원